초국적 가족과 돌봄 문화

'고려인마을' 고려인 동포들의 이야기

초국적 가족과 돌봄 문화

'고려인마을' 고려인 동포들의 이야기

인쇄 2021년 1월 15일
발행 2021년 1월 20일

저자 김경학
발행인 정성택
발행처 전남대학교출판문화원

등록 1981. 5. 21. 제53호
주소 61186 광주광역시 북구 용봉로 77
전화 (062) 530-0571~2 **마케팅** 530-0573
팩스 (062) 530-0579
홈페이지 http://www.cnup.co.kr
이메일 cnup0571@hanmail.net

값 17,000원

ISBN 978-89-6849-768-1 (93300)

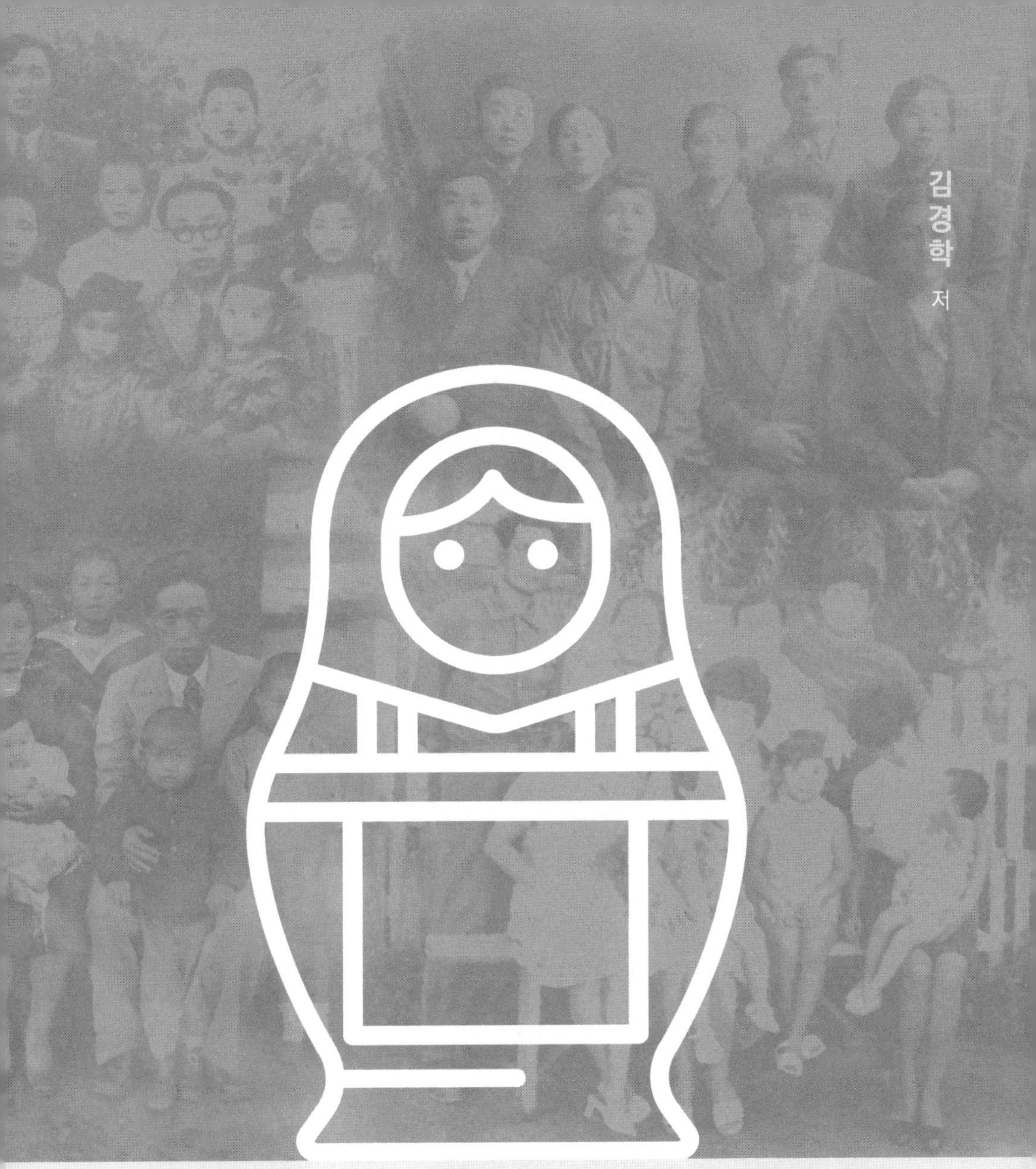

김경학 저

초국적 가족과 돌봄 문화

‘고려인마을’ 고려인 동포들의 이야기

전남대학교출판문화원

머리말

이 책은 광주광역시 광산구 월곡동 '고려인 마을'의 고려인과 중앙아시아 우즈베키스탄에 사는 이들의 가족과 친족 구성원을 대상으로, 필자가 '고려인 초국적 가족과 돌봄 문화'라는 큰 주제를 세우고 2014년부터 6년 동안 인류학적 현장 조사로 연구한 결과물이다. 국내 고려인은 1990년대 초 소련 붕괴 후 러시아와 한국 등에서 일자리를 찾기 위해 국제 이주하고 있다. 특히 한국에 이미 정착한 가족과의 재결합을 위한 고려인의 국내 입국은 오늘도 진행되고 있다. 필자가 이른바 '고려인 마을'에 사는 몇몇 고려인을 만나, 한국으로 이주하게 된 사연을 듣고 고려인 가족을 연구하기 시작한 2014년 초반 무렵 국내 고려인 인구수는 약 2만 명에 불과했다. 2020년 9월 현재 국내에 약 8만 5천 명의 고려인이 체류하고 있으니, 짧은 기간에 정말 많은 수의 고려인이 한국으로 이주했음을 새삼 실감하게 된다.

필자가 고려인 이주자의 가족과 돌봄 문화에 학문적 관심을 두게 된 것은 아이 둘에 아내와 함께 월곡동에 살던 2014년 당시 34살의 백세르게이(가명)의 이주 배경에 관한 이야기를 듣고부터서다. "타슈켄트에 계시는 어머니의 환갑잔치 비용 마련을 위해 한국에 왔다."라는 그의 말에 사실 필자는 적지 않게 놀랐다. 요즘에 한국에서는 환갑잔치를 거의 하지 않는 데다가, 한국까지 와서 공장에서 일하며 재원을 마련해야 할 만큼 큰 규모의 환갑잔치를 해야 하는지 필자로서는 쉽게 이해되지 않았기 때문이다. 필자가 광주광역시와 우즈베키스탄의 고려인들과 깊이 있는 이야기를 나누고 그들의 다양한 가족 행사를 참여 관찰하면서 이런 궁금증은 조금씩 풀리기 시작했다.

고려인이 1937년 러시아 연해주에서 중앙아시아로 강제 이주 후 약 60년의 소련 시절 그리고 소련 붕괴 후 우즈베키스탄 등 독립 국가 시대라는 격변의 시대를 살면서, 이들이 경험적으로 체득하게 된 것은 가장 확실히 믿을 수 있는 대상은 국가가 아닌 가족이라는 점이었다. 특히 1991년 독립 국가 형성 후 소수민족에 대한 다양한 차별 정책과 극심한 경제난으로, 고려인은 '살기 위해' 일자리를 찾아 러시아 일대와 한국 등으로 뿔뿔이 이주했다. 가족 구성원이 국제적으로 이산離散된 상황에서도 고려인들은 '가족다움'을 유지하기 위해 본국에 남아 있는 노부모를 초국적으로 봉양하고, 노부모는 자녀와 손자녀를 돌보러 한국으로 이주하며, 가족의 돌잔치와 환갑잔치의 경비를 서로 지원하고 국경 넘어 잔치에 직접 참여하는 일을 마다하지 않는다. 이처럼 세대 간에 돌봄을 제공하기 위한 고려인 가족의 초국적 실천은 끊임없이 지속되고 있다. 환갑상을 받지 못하고 돌아가신 부모에게 사망 이후라도 '환갑 제사'의 형태로나마 환갑을 기념하는 고려인 자녀의 부모에 대한 돌봄 문화는 어머니의 환갑잔치 재원 마련을 위해 멀리 한국에 온 백세르게이 부부를 어느 정도 이해하게 하는 대목이었다.

가족 돌봄과 생존을 위해 국경을 넘나들며 한국과 구소련권 국가들 사이를 횡단하는 고려인 가족의 삶이 늘 서로 연결돼 있기에, 가히 고려인 가족은 '초국적'transnational이라 불릴 만하다. 한국에 일자리를 찾아온 성인 자녀는 한국 생활에 안정을 찾아가면서 본국 부모에게 맡긴 자녀를 데려온다. 이들은 본국 노부모와 국경을 두고 떨어져 있어도 송금과 선물 증여, 국제전화와 SNS를 이용해 일상적으로 노부모의 안녕을 묻는다. 외국인 신분이라 한국 정부의 각종 돌봄 지원에서 배제된 성인 자녀의 이민 생활을 돕기 위해 손자녀를 돌보고 가사를 전담할 노년 세대의 한국 가족과의 재결합이 이어진다. 이처럼 고려인 가족은 노년 세대가 합류하면서 한국에 고려인 3세대 가족 유형이 늘어간다. 많은 가족원이 한국에 살면서 고려인의 한국 생활은 더 길어지고, 나아가 이민법이 허용한다면 이들은 영구 정착도 꿈꾸고 있다.

필자는 고려인 마을의 청장년 고려인이 중앙아시아의 노부모를 국경 너머 다양한 방식으로 돌보고, 남아 있는 손자녀를 돌보는 노부모를 만나기 위해, 우즈베키스탄 타슈켄트에 가서 십여 가정의 노부모를 직접 만날 수 있었다. 이들 노부모는 자녀와 손자가 사는 한국에서 온 필자를 무척 친근하게 느끼고 정성껏 고려인식 밥상을 차려주시는 등 후한 대접을 마다하지 않으셨다. 자녀가 지내던 빈방을 필자에게 보여주며 보고 싶은 간절한 마음을 애써 감추고 싶었지만, 결국 눈시울을 적시고 마는 노부모도 있었다. 필자는 연해주에서 중앙아시아로 와 살게 되고, 또한 독립 국가 형성 후 '살아남기 위해' 가족들의 이산과 그 쓰라림을 참아야만 하는 고려인 가족의 숙명을 순간 느낄 수 있었다. 다시 한번 필자에게 따뜻한 '밥과 시락장물(시래기

된장국)'을 챙겨주시며 가족 이산이란 쉽지 않은 이야기를 자상하게 해주신 타슈켄트의 고려인 노년 세대에게 이 자리를 통해 깊은 감사를 표하고자 한다.

필자는 지난 6년 동안 광주광역시 고려인 마을에서 고려인의 삶을 참여 관찰하고 그들의 이야기를 청취하는 등 '연구'라는 이름으로 월곡동을 누비면서, 청장년, 노부모 그리고 초중등학교 아동을 포함한 많은 고려인으로부터 정말 큰 도움을 받았다. 멀리 자신의 나라에 계시는 부모님의 이야기를 해준 고려인 청장년들, 낯선 한국에서 심신이 고달파도 자녀와 손자를 위해 하루하루를 보내는 고려인 노인분들 그리고 어른 못지않게 한국 생활에 적응하느라 애쓰는 고려인 아동들이 펼치는 세대 간 돌봄 문화에 관한 이야기가 이렇게 지면으로 부족하나마 선보일 수 있게 해준 고려인 마을의 고려인 주민들에게 따뜻한 고마움을 표한다. 이들에게 한국이 언젠가 떠나야 할 곳이 아니라 시간이 지나면서 안정된 가족의 삶을 이어갈 수 있는 그런 희망의 땅이 될 날이 머지않아 오기를 필자는 간절히 바라고 있다.

그리고 새로운 삶을 찾아 멀리 한국에 이민 온 수많은 고려인에게 물심양면의 도움을 주는 고려인 마을 '고려인종합지원센터'의 이천영 이사장, 신조야 센터장, 박용수 고려인동행위원장, 김병학 고려인유물전시관장, 리안드레이 고려인청소년문화센터장, 서이리나 고려인청소년오케스트라 '아리랑' 단장을 비롯한 많은 고려인종합지원센터 관계자의 도움이 없이는 필자의 광주광역시 월곡동 고려인에 관한 연구는 가능하지 않았을 것이다. 이 자리를 빌려 이분들께 깊은 감사의 말씀을 전하고 싶다. 끝으로 이 책이 나오는 데 도움을 준 전남대학교 출판문화원 모든 관계자에게 깊은 감사를 드린다.

2021년 1월

김경학

차례

1장

고려인 초국적 가족과 돌봄 문화

고려인의 귀환

한국에 형성된 이중화된 노동시장의 소위 기피 업종에 종사할 비숙련 단순 노동력의 절대 부족으로 1990년대 초부터 다양한 노동이민정책을 통해 주로 아시아 국가들로부터 단순 노동력이 국내에 유입되고 있다. 이들 아시아 노동이주자들과는 달리 중국 조선족과 함께 구소련권의 고려인의 국내 유입은 역사적 조국으로의 귀환이라는 점에서 소위 '민족적 귀환 이주'로 생각된다. 다른 아시아 국가 이민자보다 인종적으로나 문화적으로 한국인과 동질성이 높아 이민자 유입으로 사회통합에 심각한 문제를 일으키지 않을 것이라는 암묵적인 전제로 중국의 조선족과 구소련권의 고려인에게 '방문취업제'가 도입되었다. 그러나 노동 이민정책의 하나로 고려인의 국내 유입을 허용하는 한국 정부나 이주하는 고려인 모두에게 경제적 이유가 이주의 주요 배경이 된다는 점에서, 고려인의 한국 이주는 '민족적 귀환 이주의 경제학'economics of ethnic return migration(Tsuda, 2009)이라는 틀 내에서 이해할 수 있다.[1]

이 책은 우즈베키스탄과 카자흐스탄을 포함한 중앙아시아를 비롯한 구소련권 국가 출신 고려인이 한국으로 이주하고 정착하는 과정 및 초국적 상황에서도 가족관계를 형성하고 유지하는 데에 바탕이 되는 '세대 간 호혜적 돌봄' 등의 이야기를 중심으로 "고려인의 초국적 가족과 돌봄 문화"를 이해하고자 한다. 1991년 소련 붕괴 후 우즈베키스탄 등의 독립 국가가 건설된 이후 각국에서 소수민족에 대한 정치, 경제, 교육 등 다양한 영역에서 일련의 차별정책이 진행되었다.

새로운 사회·정치적 질서에 대한 적응 부담은 고려인에게는 중앙아시아로 강제 아주 이후 또 하나의 새로운 심리적 트라우마로 작용했다. 예컨대 우즈베키스탄 고려인은 이슬람과 우즈베크 민족을 중심으로 하는 '종족·종교 민족주의'ethno-religious nationalism의 영향으로 이제 '이등 시민'으로 전락할 수도 있는 위기를 심각하게 느끼기 시작했다. 특히 독립 국가 형성 이후 만성적 실업 등 국가 경제 상황의 악화와 정치적 불안정은 고려인에게 러시아 연해주와 로스토프 등의 남부 농촌 일대 그리고 한국으로 이주하게 하는 주요 동기로 작용했다.

사실 강제 이주 후 고려인은 거주 지역에서 1953년 스탈린 사망 이후에야 비로소 이동의 자유를 누릴 수 있었다. 고려인은 강제 이주로 인한 심리적 트라우마를 안고서도 1980년대 말까지는 소비에트 체제에 적극적으로 동화하면서 근면히 살았다. 소련 붕괴와 새로운 독립 국가의 탄생으로 고려인, 특히 젊은 청장년 세대 고려인은 '생존을 위한' 재정착 전략을 세워야만 했다. 러시아 일대로 대규모 재이주에 이어 2000년대 들면서 한국으로 이주하는 고려인의 규모가 커지고 있는데, 이는 심리적 트라우마를 경험하는 고려인의 생존을 위한 노력으로 이해된다.

고려인이 한국으로 귀환 이주하는 데는 경제적인 어려움이 가장 중요하게 작용한 것으로 보인다. 필자가 광주광역시 고려인 마을에서 만났던 많은 고려인은 "윗대 어른들이 늘 말씀하시던 역사적 모국인 한국에 한 번쯤은 관광하러 올 생각은 해본 적이 있다. 그러나 지금처럼 한국에 와서 공장이나 건설 현장에서 고된 일만 하며 살리라고는 꿈에도 생각해본 적이 없다."라고 말한다. 한편 소련 붕괴와 우즈베키스탄 등의 독립 국가의 형성은 고려인에게 구소련권뿐만 아니라 한국이라는 새로운 지역으로 사회적 연결망을 확장하는 예상치 못한 계기가 되었다.

고려인의 국제 이주 현상에 관한 연구들 대부분은 고려인의 러시아 연해주와 볼고그라드 등 구소련지역으로의 재이주에 관한 것이었다. 그러나 고려인의 한국 이주가 심화하면서 한국으로의 이주와 정착 등에 관한 연구들이 늘고 있다. 고려인의 국내 이주에 관한 연구는 유입 경로와 정착 등에 대한 거시적 수준에서의 논의뿐만 아니라, 고려인 개인, 가족과 친족, 공동체 차원에서의 고려인의 삶에 관한 경험들이 미시적 수준의 질적 연구를 통해 규명되고 있다. 이 책은 고려인 국제 이주, 정착 과정, 본국 귀환 이주, 가족 별거와 재결합 등의 '초국적 가족'transnational family의 역동성을 '돌봄'care이라는 주제를 중심으로 분석함으로써, 고려인의 가족문화와 '세대 간 호혜적 돌봄' 등에 관한 관념과 실천행위 등을 규명한다.

한국으로 이주하는 고려인은 구소련권 국가에서 직접 이주하는 사람이 대부분이나, 중앙아시아에서 러시아 일대로 이주해 일정 기간 그곳에서 이주 생활을 한 후 한국으로 재이주하는 고려인도 적지 않다. 한국의 대부분 고려인 가족에게는 중앙아시아의 특정 국가와 러시아 일대 및 한국에 흩어져 사는 가족 구성원이 있다. 이에 따라 한국과 중앙아시아 국가 및 러시아 일대를 연결하는 고려인 '초국적 사회공간'transnational social space이 형성된다. 고려인의 초국적 사회공간에서 수행되는 초국적 네트워크 유지를 위한 실천 내용과 특성을 규명하는 일은 소련 붕괴 이후 고려인이 직면한 사회·경제적 어려움과 이를 극복하기 위한 개인과 가족 및 공동체의 실천 양상을 생생히 보여주는 작업이 될 것이다.

한국의 고려인 가족은 2007년 도입된 특별고용허가제인 '방문취업제'를 통해 입국한 중장년과 만 60세 이상의 고려인에게 발급되는 '재외동포비자'를 소지한 노년층 그리고 이들이 동반한 아동들로 구성된다. 2020년 6월 말 현재 중앙아시아 국가들과 러시아 일대에서 온 국내 거주 고려인 인구수는 83,863명(출입국 외국인 정책 통계 월보, 2020년)이다. 출신 국가별로는 우즈베키스탄 고려인이 전체의 약 42%를 차지하는 다수집단이며 러시아 출신이 약 35%로 뒤를 잇는다. 그러나 소련 해체 후 많은 수의 우즈베키스탄 고려인이 러시아 일대로 재이주를 떠나고, 이들의 일부가 다시 한국으로 입국하는 현실을 고려하면 국내 우즈베키스탄 출신 고려인이 차지하는 비율은 이보다는 더 높을 것으로 추정된다.

국내 고려인이 집중적으로 거주하는 소위 고려인 집거지는 경기도 안산시 '땟골마을', 광주광역시 '고려인 마을', 인천광역시 '함박마을'에 있는 것으로 알려졌다. 이 가운데 고려인을 위한 주민 조례제정 등에서 가장 발 빠른 움직임을 보였으며, 고려인 주민을 위한 의료·법률·노동·문화·교육 분야에서 적극적 지원체계를 갖춘 곳은 광주광역시 '고려인 마을'이라 생각한다. 광주광역시 광산구 월곡2동의 '고려인 마을'은 2000년대 중반부터 소수의 고려인이 정착하기 시작하여, 이들의 가족과 친족 및 지인들이 연쇄 이주하면서 고려인 식당 등의 편의시설이 자리해 이제는 어엿한 고려인 민족 집거지로 변모해 국내 대표적인 고려인 동포의 생활 중심지가 되었다.

그림 1. 월곡2동 고려인종합지원센터(고려인 마을 홈페이지 사진 자료실)

광주광역시 '고려인 마을'

동일 민족집단이 고도로 밀집된 물리적 공간은 흔히 '에쓰닉 엔클레이브'ethnic enclave(민족집단 거주지)로 불린다. 특정 민족집단이 밀집된 이러한 집거지는 주류사회와 사회·문화적으로 격리되고, 이런 집거지의 발전은 특정 민족 이주자의 경제적 자립도와 밀접히 연관되는 것이 일반적이다. 따라서 민족집단 거주지는 독특한 문화적 정체성과 경제활동이 겸비된 지리적으로 한정된 공간을 의미한다Abrahamson, 1996. 특정 민족집단 이주자는 일정한 지리적 공간 내로 밀집함으로써 자신들의 유용한 자원과 지식 및 정보의 교환을 통해 이주 비용을 낮출 수 있는 '대인관계 체계'로 볼 수 있는 '이주자 네트워크'를 발전시킨다. 이들이 상호 교환하는 정보에는 고용 기회, 적절한 가격대의 주거지, 지원 프로그램과 협력 NGO 등에 관한 것이다Messey, 1999.

민족집단 집거지의 개념은 이민 사회에 성공적으로 편입되어야 할 후속 이민자의 이주 비용을 낮출 수 있어 이민자의 이주와 정착 과정에서 매우 중요하게 언급된다.

광주광역시 광산구 '고려인 마을'에 2016년 8월에는 약 3천 명의 고려인이 거주했으나, 2020년 9월 현재 약 7천 명의 고려인이 거주하는 것으로 알려졌다. 고려인 관련 주요 시설은 월곡2동에 있지만, 인근 월곡1동, 산정동, 우산동 일대에도 소수의 고려인이 거주한다. 고려인이 광산구의 월곡동에 밀집해 사는 것은 광산구의 하남공단, 평동공단, 소촌공단 등의 광주광역시 주요 공단이 인근에 있기 때문이다. 2000년대 초에 고려인 마을과 인근 지역에 고려인을 비롯한 외국인 노동자들이 거주하기 시작했다. 이곳에 2층 단독주택단지가 밀집해 있고 이들의 월세가 매우 저렴했기 때문이다. 대부분의 고려인 가족은 층별 독채 또는 한두 개의 방을 월세로 살고 있으며, 일대에 원룸 빌딩과 같은 다세대 주택이 들어서면서 많은 수의 고려인이 TV, 세탁기, 냉장고 등 가전제품이 붙박이 되어 있는 원룸 빌딩으로 옮기고 있다. 그러나 많은 고려인 가족이 단독주택이든 원룸 빌딩이든 가족 수에 비해 좁은 공간을 이용하고 있는 것이 현실이다.

월곡2동은 1987년 광주광역시 최대 공업단지인 '하남공단'의 배후 주택단지로 개발되었다. 하남공단 입주 전에 농촌 마을에서 농사하던 주민들이 집단으로 옮겨 재정착한 곳이 월곡2동이다. 월곡2동에 건평 약 60평 규모의 같은 모양의 2층 단독주택단지가 조성되었다. 개인 주택지로 개발되어 당시 입주했던 가옥 소유주는 대체로 노년 세대가 되었다. 이곳은 하남권의 상업중심지 역할을 부분적으로 하고 있지만, 택지 개발된 지 오래되어 주거환경은 좋은 편이 아니어서 저렴한 집값이나 좁은 평수의 주택이 대부분이다. 그러나 2000년대 중반 이후 공단에서 근무하는 외국인 이주노동자의 유입과 특히 2010년대 이후 구소련권 고려인 이주자의 수가 급격히 늘면서 주택과 택지의 가격이 상승하였다. 가족 규모가 커지면서 월곡2동 내에서 집을 이사하는 빈도가 늘어가지만, 고려인들은 월곡2동을 벗어나지 않으려 한다. 고려인 인구의 밀집으로 기존 개인 주택이 원룸 빌딩으로 이미 개조된 곳도 있지만, 이러한 개조작업은 진행 중이며 이에 따라 월곡2동의 주택 경관은 최근 5년 사이에 원룸 빌딩 숲으로 변화하고 있다. 낡은 주거지와 도로 등 기반시설이 낙후된 시점에서 생활환경 개선과 지역 상권과 주민공동체 활성화를 목표로 2023년까지 진행될 국토부의 '월곡 2동 도시재생 뉴딜사업'이 결정되어 현재 진행 중이다. 이 사업은 생활환경 정비와 보행환경 개선 등 기반 시설 사업이 주를 이루고 있지만, 선주민인 한국인 거주자와 고려인을 비롯한 다양한 국적의 이주민들이 함께 어울릴 수 있는 상생의 플랫폼 역할을 할 이주민들의 문화적 공간도 조성될 것으로 알려졌다. 또한 2021년 초에 개관을 목표로 준비 중인 '고려인역사전시관'은 오랜 기간 각종 수난 속에서 오늘의 고려인과 고려인 문화를 지켜온 데에 대한 자부심의 전시장이 될 것으로 보인다. 이곳을 방문하는 한국인에게도 말로만 전해들은 고려인의 역사와 문화를 직접 볼 수 있는 훌륭한 역사 학습의 장이 될 것으로 전망된다.

고려인 마을 고려인 주민의 수가 증가하면서 이들과 관련된 고려인식당, 고려인카페, 잡화점, 여행사, 미용실, 고려인 반찬가게 등의 상업과 편의를 위한 공간이 늘고 있다. 또한 고려인 수가 증가하면서 이들을 대상으로 한국인이 운영하는 인력사무소도 늘었다. 육체적으로 고되지만 일당이 10~15만 원으로 높은 편이라 인력사무소를 통해 건설 현장에서 일용직으로 일하고자 하는 고려인 청장년층이 많이 있다. 고려인 마을 60대 이상의 노년 고려인들도 인력사무소를 통해 시간제 일에 나가 용돈을 번다. 영유아 손자녀를 돌보거나 건강상 문제가 있는 노년 세대를 제외하고, 낮 동안 손자녀가 보육과 교육기관에 다니는 노년 인구는 시간제로 모텔과 원룸 등의 청소 일을 하거나, 농번기에 배와 아로니아 등 과일 농장과 채소 농장에서 시간제 일을 하여 일당은 5~6만 원을 번다. 고려인 노인들은 용돈 벌이로 꽤 괜찮은 일이라 생각한다.

고려인마을종합지원센터 인근에는 고려인 유아를 돌보는 센터직영 유료 '새날어린이집'과 무료 '지역아동센터'와 중등생을 위한 '청소년문화센터'가 있다. 종합지원센터에서 직영하는 새날어린이집은 한국어와 러시아어로 어린이를 보살피지만, 러시아어로 진행되는 프로그램이 더 많아, 자녀를 한국 초등학교에 보낼 계획이 있는 고려인 부모들은 최근 자녀의 한국어 습득을 위해 한국유치원으로 옮기는 일이 많다. 새날어린이집은 오전 7시부터 밤 10시까지 아동을 돌봐줄 수 있다는 장점 때문에 잔업이 많은 공장에서 근무하면서 아이를 돌봐줄 노년 세대가 없는 부모는 새날어린이집을 여전히 선호한다. KB국민은행 지원으로 2017년 1월에 개소한 공립형 지역아동센터는 다문화가정의 아동을 포함한 고려인 아동들을 돌볼 수 있는 공간이지만, 지역아동센터가 고려인 마을 내에 자리 잡고 있어 고려인 아동들만 이용하고 있다. 보육 기관 외에 고려인 마을이 위치한 광산구에는 고려인 마을과 협력체계를 맺고 있는 병·의원, 외국인 노동자건강센터가 가까이에 있다.

한편 외국에서 광주광역시로 유입되는 중도 입국 자녀를 위한 정부 인가 위탁학교인 '새날학교'가 광산구 삼도동에 자리 잡고 약 120명의 다양한 국적의 학생들이 재학하고 있는데, 이들 중 반수를 훨씬 넘는 학생들은 고려인들이다. 새날학교에 입학하고자 하는 고려인 아동들은 한국어 능력이 부족하여, 고려인 마을 인근의 초·중등학교에 진학을 꺼리는 학생들이다. 이들은 새날학교에서 일정 기간 한국어 학습을 중심으로 교육을 받은 후 고려인 마을 인근의 초·중학교로 진학한다. 그러나 고려인 아동들의 이주가 급증하면서 새날학교에 입학할 수 없는 학생들이 늘어나 한국어 실력이 부족한 상태에서 인근의 초·중학교로 직접 입학하고 있다. 고려인 아동들은 고려인 마을 인근 8개의 공립초등학교와 4개의 중학교에 재학하고 있다. 일반 고등학교는 한국어 구사 능력이 떨어지고 학력 차이가 있는 고려인 학생을 수용하지 않기 때문에, 일반 학교에서 중학교를 졸업한 고려인 아동은 새날학교 고등학교 반으로 진학하는 것이 현실이다.

고려인마을종합지원센터가 운영하는 인터넷 방송인 '나눔방송'은 2011년 이래 고려인을 포함한 이주노동자, 새날 학교, 재외동포 이민 정책에 관한 뉴스를 내보낸다. 나눔방송은 특히 고려인 마을 동향과 동포 비자 문제 등 고려인 기사를 가장 비중 있게 다룬다.[2] 2016년 9월에 센터가 운영하는 고려인 라디오 '고려 FM'이 개국한 바 있다.

그림 2. 월곡2동에서 개최된 '고려인가족 한마당축제'(필자 촬영)

고려 FM 애플리케이션을 설치하면 국내와 중앙아시아의 고려인도 방송을 청취할 수 있는데, 방송프로그램의 약 70%는 러시아어로 30%는 한국어로 진행된다.

광주광역시의 지역사회가 '고려인 마을' 존재에 주목하게 되는 것은 고려인마을종합지원센터가 고려인 관련 행사를 끊임없이 만들어내기 때문이다. 2013년 10월 20일 '광주광역시 고려인 주민 지원조례' 제정 기념 '제1회 고려인의 날' 행사가 시작되었으며, 매년 고려인의 날 행사는 진행된다. 또한 센터는 설과 추석 등에도 고려인잔치 명목의 행사를 대대적으로 진행함으로써 국내 언론의 주목을 받기 시작하면서 광주뿐만 아니라 전국적으로 고려인 존재를 알리고 있다.

또한 3.1운동과 8.15광복 기념일에는 고려인 마을 내 공원에서 항일 운동과 독립을 기념하는 태극기 흔들기 행사를 함으로써 고려인이 항일 독립군 후손이라는 이미지를 강화하고 있다. 특히 고려인 강제 이주 80주년이 되던 2017년에는 '고려인 강제 이주 80주년 기념 사업 추친위원회'를 결성하여 "나는 고려인이다."라는 제목으로 강제 이주의 역사와 광주지역의 정착까지를 내용으로 하는 연극을 공연하고 '고려인영화제'도 개최했으며, 국립아시아문화전당 내에서 고려인 역사 관련 전시회를 개최한 바 있다.

초국적 가족과 돌봄의 이론적 배경

초국적 가족과 초국적 돌봄

국제 이주에 관한 기존 연구는 민족집단이나 공동체를 주요 연구의 단위로 간주하고 가족과 가구처럼 미시적 수준에서 행해지는 초국적 과정에 대해서는 상대적으로 관심을 보이지 않았다Owig, 2002 : 216. 가드너Garner, 2002 : 191는 초국가주의가 지닌 의미와 함의를 국제 이주에 참여하는 평범한 사람의 관점에서 적절히 이해하기 위해 가구와 가족 내의 다양한 초국적 활동에 주목해야 한다고 역설하였다. 기존 국제 이주 관련 대다수 연구는 정착 국가의 시각에서 이주자의 사회·문화적 적응과 갈등 또는 노동시장 고용 등을 분석하였다. 반면 이주 당사자가 본국에 남아 있는 미성년 자녀나 노부모와 유지해 온 가족관계나 유대를 규명한 연구는 상대적으로 소수에 한정되었다.

다양한 목적의 국제 이주자가 증가하면서 가족 구성원이 국경을 두고 서로 떨어져 지내는 '초국적 가족'과 가족원 간의 '초국적 돌봄'transnational care의 실천에 대한 학문적 관심이 높아지고 있다. 초국적 가족과 초국적 돌봄에 관한 기존 연구Al-Ali, 2002; Bryceson and Vuorela, 2002; Baldassar, 2007; Zontini and Reynolds, 2007에 따르면 '초국적 가족'은 국제 이주로 가족 간에 떨어져 지내더라도 가족 공동의 복지와 가족이란 소속감을 지니고 살아가는 가족을 의미한다. 지리적으로 떨어져 지내지만, 초국적 가족 구성원은 본국에 남아 있는 자녀와 노부모에게 경제적 지원을 하고 다양한 통신수단을 통해 정서적으로 상호 지지하고 직접 방문하는 등 다양한 형식으로 초국적 돌봄을 실천하고 있다.

국제 이주의 맥락에서 수행되는 초국적 가족의 돌봄에 관한 연구 중 '전 지구적 돌봄 고리'global care chain의 개념을 통해 전 지구화와 돌봄 및 이주를 통합적으로 규명한 연구들Hochschild, 2000, 2005; Dreby, 2006; Parrenas, 2001, 2005; Yeates, 2009, 2012은 초국적 부모 중 특히 어머니의 본국에 남아 있는 자녀에 대한 초국적 돌봄 실천 양상의 분석에 관심이 있었다. 초국적 가족의 돌봄에 관한 연구는 부모, 특히 엄마의 국제 이주로 발생하는 '돌봄 유출'care drain 상황에서 자녀에 대한 '초국적 엄마 노릇'transnational mothering을 분석한 '전 지구적 돌봄 고리'Hochschild, 2000의 개념이 널리 적용되면서 활기를 띠었다. 이 개념이 적용된 초국적 돌봄에 관한 연구들은 북반구의 전일제로 직업을 지닌 여성의 자녀를 돌보기 위해 남반구의 여성이 북반구로 이동하고, 남반구 여성의 본국 자녀는 다른 대리 여성이 돌봄으로써 돌봄의 고리가 전 지구적으로 형성됨을 주장한다.

'전 지구적 돌봄 고리' 개념은 전 지구적으로 남반구에서 북반구로 여성의 고리를 타고 돌봄이 일 방향적으로 흐르는 이동을 전제하고 있는데, 고리의 한쪽으로는 돌봄이 흐르고 반대 방향으로는 송금이 이루어지는 '돌봄의 상품화'를 강조한다. '전 지구적 돌봄 고리'의 개념은 두 가지 항목, 즉 이주자와 이주자 자신의 신체적 돌봄과 본국으로 보내는 이주자의 수입인 현금이 서로 다른 방향의 고리를 따라 이동함을 전제한다. 사실 '전 지구적 돌봄 고리'의 분석 틀은 주로 '초국적 엄마 노릇'에 초점을 맞춰 돌봄의 상품화를 규명함으로써, 전 지구적인 돌봄의 정치경제학을 이해하게 하였으며, 또한 계급·인종·종족성·젠더라는 사회적 분화를 기반으로 하는 전 지구적으로 구조화된 불평등을 강조하고 있는 점에서 유용한 개념이라 생각된다.

그러나 국제 이주의 맥락에서 '전 지구적 돌봄 고리'의 개념으로 돌봄을 연구할 때 드러나는 한계에 대한 비판적 목소리도 있다.[3] 특히 발다사와 메라Baldassar & Merla, 2014는 돌봄 교환이 '고리'라는 원리를 넘어서까지 확장되기 때문에, 실제로는 초국적 돌봄이 다양하고 확대된 가족 구성원 간에 '순환하고'circulate 있다고 주장한다. 돌봄이 순환됨을 강조하는 연구자들은 '돌봄 고리'가 이주자와 남아 있는 가족이라는 구분된 두 부류의 행위자들 사이, 즉 '쌍대적'dyadic 관계만을 전제하는 것에 문제의식을 느낀다. 이들은 돌봄이 다양하고 확대된 가족 구성원 간에 '다중 방향적'으로 이동하며 순환하는 것이 현실적이라고 생각한다. 돌봄이 순환된다는 연구는 돌봄이 초국적 가족과 친족 네트워크 안에서 비대칭적인asymmetrical '일반적 호혜성'generalized reciprocity[4]의 원칙을 따름을 강조한다. 돌봄을 순환한다고 바라보는 연구들은 이주자와 이들의 가족과 친족들이 돌봄의 제공자이면서 동시에 수혜자로 생각한다. 이 연구들은 돌봄이 일반적 호혜성의 성격을 띠고 있지만 여러 세대의 구성원 간에 동시에 그리고 통시적diachronic으로 비대칭적(또는 불균등하게)으로 이동함을 강조한다. 따라서 한 사람이 특정한 시기에 특정 가족원에게 주었던 돌봄은 또 다른 가족 구성원에 의해 비대칭적인(불균등한) 내용으로 자신에게 돌아올 수 있다는 것이다.

'돌봄 고리'의 개념은 '돌봄 유출'이 일어남으로써 가족, 특히 부모와 자녀뿐만 아니라 송출 국가에 부정적인 결과를 가져옴을 전제하는 경향이 있다. 부정적인 시각으로 초국적 가족을 바라보는 것은 돌봄이 지리적으로 근접한 상황에서만 실천된다는 것을 전제하기 때문이다. 그러나 초국적 가족은 '초국적인 사회적 장'에서 다양한 형식으로 초국적 돌봄을 수행할 수 있으며, 이러한 돌봄이 근접한 상황에서 행하는 돌봄보다 항상 질적으로 떨어진다고 생각될 수도 없다. 이는 초국적 상황에서 물질적 지원과 정보통신기술을 이용한 가족 구성원 간의 '가상적 친밀함'virtual intimacy의 공유, 돌봄 목적의 본국 방문 등의 초국적 돌봄이 초국적 가족 내의 공유된 소속감의 형성과 유지에 중요한 역할을 하고 있기 때문이다. 다시 말해 돌봄 제공을 지리적 근접성이란 조건에 제한시키거나 초국적 가족 간의 돌봄 제공을 위기에 놓여 있는 불안정한 성격의 것으로 반드시 전제할 필요가 없다는 주장이다.

사실 '돌봄 고리'의 개념은 모든 초국적 가족에서 '돌봄 유출'[5]이 일어나는 것을 전제한다. 여기서 '유출'은 본국에서 자신의 가족 구성원을 위해 수행되어야 할 돌봄 인력이 본국을 빠져나가 가사노동자나 노인 요양 인력의 자격으로 다른 국가, 특히 부유한 국가의 가족 구성원을 위한 돌봄 인력으로 활용되고 있음을 의미한다. 그러나 모든 초국적 가족이 돌봄 유출을 필수로 동반하는 것은 아니다. 따라서 국제 이주한 성인 자녀가 돌봄 영역 외 부문에서 노동하며 본국을 포함한 다양한 국가에 이산되어 있는 가족과 친족 네트워크를 동원해 남겨진 노부모를 초국적으로 돌볼 수 있는 상황을 분석하는 데에 '돌봄 고리'의 개념은 설득력이 떨어진다. 따라서 '돌봄 고리'의 개념을 중산층 또는 숙련이주자뿐만 아니라 남겨진 자녀 외의 가족 구성원, 예컨대 노부모에 대한 초국적 돌봄 관계의 분석에 적용하는 데는 한계가 있다Dreby, 2006; Sorensen & Guarnizo, 2007.

노부모에 대한 초국적 돌봄

'초국적 엄마 노릇'에 관한 연구에 비해 노부모에 대한 초국적 돌봄에 관한 연구는 비교적 최근에 수행되기 시작했다. 국제 이주와 가족 연구 및 노년학 연구가 접목되는 지점에서 수행된 일부 연구들 Baldassar, Baldock, & Wilding, 2007; Zechner, 2007; Treas, 2008; Vullnetari & King, 2008은 기존 노년학과 가족 연구들이 지리적 근접성proximity을 세대 간 돌봄에 전제하고 있고, 가족을 소규모 사적인 지리적 영역으로 또는 가부장적 국민국가의 기본적인 재생산 단위로 개념화하는 경향을 비판한다. 국제이주한 성인 자녀의 본국 노부모에 대한 초국적 돌봄에 관한 연구들은 국제 이주를 본국에서 이주 국가로의 일회적인 공간적 이동이 아닌 두 곳 이상의 장소들에 거주하는 가족과 친족 간에 평생을 거쳐 진행되는 복합적인 상호작용으로 이해하고, 본국의 노부모에 대한 초국적 돌봄 실천이 핵심적인 상호작용임을 주장한다. 이들 연구는 편지, 전화, 이메일, 텍스트 메시지 등을 이용한 정서적 지지와 금전적인 지원 및 본국 방문 등을 통해 정규적이고 구조적인 노부모에 대한 초국적 돌봄이 수행되고 있음을 주장한다. 이들 연구는 성인 자녀의 국제 이주로 본국의 노부모와 자녀가 지리적으로 떨어져 살지만, 이러한 현실이 초국적 가족의 분절화 또는 결속 약화라는 부정적 결과를 가져오는 것으로 낙인찍기보다, 초국적 상황에서도 멀리 있는 부모에 대해 성인 자녀가 수행하는 다양한 형식의 초국적 돌봄에 주목할 것을 역설한다.

국제 이주와 가족 및 간호 분야 연구가 접목되는 지점에서 수행된 연구들은 국제 이주한 성인 자녀와 남아 있는 노부모의 관계, 특히 노부모에 대한 초국적 돌봄에 관해 더욱 적극적인 연구가 수행되어야 함을 역설한다. 사실 성인 자녀의 국제 이주는 한동안 또는 때에 따라서 기약 없이 자녀를 직접 만나지 못할 자녀와 노부모 간의 분거分居 상황을 만든다. 흔히 돌봄은 근거리에서 이루어진다는 전제 때문에 국경 너머 지리적으로 멀리 떨어져 지내는 노부모와 성인 자녀 간의 초국적 돌봄은 돌봄 연구에서 제대로 평가를 받지 못한 경향이 있다. 그러나 멀리 떨어져 있는 노부모에 대한 성인 자녀의 돌봄은 정보통신기술을 이용한 다양한 방식의 정서적 지지와 송금 등의 물질적 지원 및 본국의 노부모 방문 등의 형식으로 초국적으로 수행됐다.

이 책은 한국의 고려인 성인 자녀를 비롯해 초국적으로 이산된 중앙아시아 고려인의 확대 가족 네트워크 내에서 노부모 돌봄을 중심으로 돌봄이 순환되는 구체적인 사례를 통해, 고려인 성인 자녀의 본국에 남아 있는 노부모에 대한 초국적 돌봄 실천 양상을 규명하고 있다. 발다사와 메라(2014)는 초국적 가족의 구성원들 간의 돌봄이 '일반적 호혜성'의 원칙에 따라 '다중 방향적'multi-directional으로 순환됨을 주장한다. 이러한 순환적 시각에서 초국적 가족의 네트워크 내에서 전개되는 노부모에 대한 돌봄을 바라보는 것은 거주 국가, 세대, 이주자와 비 이주자, 나이 등의 특성이 있는 다양한 행위자뿐만 아니라, 이들이 수행하는 물질적이거나 정서적인 돌봄이 다중 방향적으로 이동함을 파악할 수 있게 할 것이다.

한편 발다사Baldassar, 2008는 이주 당사자들을 포함한 개인과 가족의 삶이라는 미시적 요인과 이들의 삶에 영향을 미치는 거시적 구조를 연결해, 다시 말해 개인과 가족들의 초국적 실천을 지역과 국가란 맥락에 연결해 초국적으로 행해지는 부모에 대한 돌봄을 이해해야 한다고 주장한다. 이 책에서 분석되는 고려인 이주 성인 자녀의 노부모에 대한 초국적 돌봄은 미시적micro 수준의 가족과 친족, 중범위적meso 수준의 민족공동체와 네트워크, 거시적macro 수준의 국가의 이민정책과 복지 및 의료체계에 관련된 다양한 요소 간의 상호연결성에 주목하며 분석될 것이다. 한국의 고려인 성인 자녀가 수행하는 부모에 대한 초국적 돌봄은 미시, 중범위, 거시 수준의 여러 요소가 특정한 방식으로 조합된 '협상된 개입'negotiated commitments에 따라 실천될 수 있을 것이다.

물리적으로 노부모와 멀리 떨어져 있는 한국의 고려인 성인 자녀는 초국적 상황에서 부모 돌보는 일에 적지 않은 시간과 재원을 투입하고 있다. 이 책은 한국에 체류하는 성인 자녀가 노부모에게 행하는 초국적 돌봄의 구체적인 실천 과정과 그 내용을 규명하고, 이러한 돌봄 실천에 개입하는 다양한 분석 수준의 요인들이 타협되는 과정을 설명한다. 흔히 국제 이주에 관한 연구는 이주자의 다양한 사회·문화적 경험을 정착지 중심으로 설명하는 경향이 있다. 그러나 이 책은 이주한 성인 자녀의 돌봄 제공 실천과 의미뿐만 아니라 남아 있는 노부모에게 자녀의 국제 이주는 무엇인가를 이주를 보내는 나라의 관점에서도 이해하고자 했다. 다시 말해 이 책은 자녀의 국제 이주가 남아 있는 노부모에게 끼친 정서적 영향, 자녀의 초국적 삶, 자녀의 돌봄 실천, 자녀와의 재결합의 전망 등을 '노부모의 시각'에서도 이해하고자 하였으며, 이를 위해 한국과 우즈베키스탄 두 곳에서 '다중 지역적'multi-sited 현지 조사가 수행되었다.

초국적 가족의 맥락에서 노화와 노년의 삶

노년 인구는 이동하기보다는 정주해 있고 과거에 머물러 있다는 암묵적 전제하에 대부분의 기존 국제 이주 연구는 주로 노동 가능한 연령대의 이주자를 주요 연구대상으로 삼았다Walsh and Näre, 2016 : 14. 최근에 이루어진 본국에 남아 있는 노부모에 대한 이주자 성인 자녀의 초국적 돌봄 실천 양상을 규명하는 연구조차 노부모의 목소리보다는 성인 자녀의 목소리를 분석의 중심에 놓는 경향이 있다. 이들 연구는 본국 노부모에 대한 초국적 돌봄 실천을 성인 자녀의 목소리를 통해 분석함으로써, 국제 이주로 인해 야기된 노부모의 삶과 다양한 복지의 변화에 관한 노부모의 서사를 주변화시키는 경향이 있었다.

예기치 않은 노년 세대의 국제 이주, 이로 인한 가족 유형의 역동성과 변화된 세대 간 관계, 낯선 외국에서의 노년 생활 등은 최근 일부 이주 연구에서 새롭게 주목받는 다양한 양상들이다. 노부모 세대의 국제 이주에 관한 일부 연구Horn, Schweppe and Um, 2013; Horn and Schweppe, 2016; Treas and Majumdar, 2004; Zhou, 2013가 새로운 사회에서 손자녀 돌봄과 가사를 수행하는 노부모들과 이 과정에서 변화하는 노년의 삶을 조망하고 있으며, 초국적 맥락에서의 노년 인구의 행위성을 강조하고 있다. 일부 노년 인구에 대한 이주 관련 연구에도 불구하고 국제 이주의 연구에서 노년층은 여전히 주변적인 대상으로 취급되고 있다. 그러나 성인 자녀의 국제 이주 후 본국에 남아 손자녀를 돌보거나, 이주 대열에 합류하여 가사를 전담하고 손자녀를 돌보면서 초국적 노년을 보내는 노년 인구의 삶과 이에 관한 서사에 주목하는 연구가 늘고 있다. 이들 연구는 노년 인구의 삶과 복지가 전 지구화의 영향을 받고 있음을 규명함으로써 국제 이주와 초국가주의 관련한 연구의 범위를 크게 확장하고 있다.

한편 성인 자녀의 모국 노부모에 대한 초국적 돌봄에 관한 일부 기존 연구가 모국의 노부모를 흔히 '초국적 돌봄의 수혜자'로 간주하고 있으나, 최근 일부 연구Escriva, 2005; King & Vullnetari, 2009; King et al. 2014; Lie, 2010; Zhou, 2012, 2013는 모국에 남아 있는 노년 세대를 단순한 돌봄 수혜자로만 인식하는 것에 대한 문제를 제기한다. 이들 연구는 노년 세대를 해외의 성인 자녀의 지원을 위해 '유연하게 이동하는'flexible mobile '초국적 돌봄 제공자'로 바라볼 것을 요구한다. 이들 연구는 노부모가 본국과 성인 자녀가 정착한 국가 사이를 오가며 손자녀를 돌보는 초국적 '조부모 노릇'grandparenting하는 돌봄 양상을 강조하고 있다. 사실 많은 수의 노부모가 국제 이주 한 성인 자녀가 두고 간 손자녀를 본국에서 돌보거나, 손자녀를 돌보기 위해 이주한 성인 자녀와 가족 재결합을 함으로써 본국과 정착 국가 간의 국경을 넘나들며 노년을 보내고 있다. 성인 자녀가 정착 국가에서 '잠정적 체류자' 지위에 있어서 해당 국가의 복지체계지원 대상이 아닐뿐더러, 성인 자녀 부부가 함께 노동시장에 적극적으로 개입해야 할 상황에서, 국제 이주에 합류해 손자녀를 돌보는 '조부모 노릇'은 불가피한 선택이 되기 쉽다. 실제로 노년 세대의 손자녀에 대한 초국적 '조부모 노릇'에 힘입어 성인 자녀는 노동시장에 적극적으로 개입함으로써 이민 생활에 적지 않은 도움을 받는다. 이런 경우 노년 세대 역시 '무급'non-paid으로 행하는 초국적 '조부모 노릇'을 통해 전 지구적 경제체계의 일부에 통합된 셈이다.

초국적 노화Transnational aging와 국제 이주 맥락에서 노년 세대를 탐구한 기존 연구들에는 국제 이주와 전 지구화의 맥락 내에서 등장한 세대 간 호혜성의 유형을 검토한 연구Izuhara, 2010, 노년층 이주자가 본국을 빈번히 방문하면서 두 지역의 주택과 은행 계좌를 관리하고 있음을 보여주는 연구Lamb, 2002 등이 있다. 한편 노년 이주자 복지의 열악함에 대한 연구Treas & Mazumdar, 2004는 노년 이주자가 정착 국가에서 사회적 고립감과 경제적 독립성 상실에 시달리면서 자녀 가구에서 장시간 다양한 가사와 돌봄 노동을 하고 있음을 강조한다. 일부 다른 연구Bernhard, Landlt and Goldring, 2005; Pantea, 2012는 성인 자녀의 장시간 근무로 인해 발생하는 돌봄 공백을 충원하는 노년 이주자의 '대리 부모'로서의 역할을 강조한다.

이 책은 한국에서 이민 생활을 하는 고려인 노년 세대를 노동하는 초국적 경제 주체[6]로 간주하거나, 전적으로 성인 자녀의 돌봄을 받는 돌봄 수혜자로만 인식하지 않는다. 고려인 노부모 세대는 국제 이주의 맥락에서 '조부모 노릇'을 수행하면서 손자녀 돌봄과 가사를 전담하는 당사자이다. 따라서 이들의 이민 생활에 관한 서사의 분석은 초국적 노년의 삶의 규명에 매우 중요한 작업이 된다. 한국에서 경제활동을 하는 20~40대 노동 가능 연령대의 고려인 이주자의 노부모들은 본국에 남아 있는 것이 일반적이지만, 최근 들어 한국의 손자녀 돌봄을 위한 60대 이상의 조부모 세대의 한국으로의 이주 사례는 급증하고 있다.

한국에서의 적극적인 사회·경제활동을 통한 고려인 성인 자녀의 현지 적응 노력 가운데 육아 등 자녀 돌봄은 중대한 변수로 떠오른다. 국내 재외동포에 대한 사회복지 지원체제의 부재, 돌봄 지원에 필요한 사회적 네트워크의 제한, 돌봄 노동시장 이용에 필요한 재정적 한계 등에 직면한 국내 고려인 성인 자녀는 돌봄 노동 시장이 아닌 가족원, 특히 본국의 부모에게 돌봄 지원을 요청하는 것이 현실이다. 따라서 우즈베키스탄의 노년 세대는 한국의 손자녀 돌봄을 지원하기 위해 '유연하게 이동하는' 돌봄 노동 제공자가 되고 있다. 더 나아가 만 60세 이상의 노년 세대의 고려인에게 '재외동포비자'(F-4)를 부여하는 한국 정부의 고려인 동포에 대한 출입국정책은 국경 너머 우즈베키스탄 등 본국에 있는 노부모의 손자녀 돌봄을 위한 한국입국에 우호적인 환경을 조성하고 있다.

한국의 성인 자녀의 이주 생활을 지원하기 위해 국제 이주의 대열에 합류한 고려인 노년 세대는 일상적으로 가사를 전담하는 도우미와 손자녀의 돌봄 제공자로서 해야 할 역할을 한다. 이 과정에서 이들은 성인 자녀와 손자녀와의 동거를 통해 정서적 만족감을 느낌으로써 자신의 노년 생활에서 정신적 위안을 가질 수 있고, 한국의 발전된 의료시설에서 치료를 받는 등 근거리에서 성인 자녀의 직접적인 돌봄을 받는 돌봄 수혜자가 된다. 한편 고려인 노년 세대는 낯선 환경에서 육아와 가사노동의 과중함, 경제적 독립성 상실, 사회적 네트워크 제한으로 인한 고립감 등의 부정적 경험을 하게 된다. 이 책은 성인 자녀의 한국으로의 국제 이주와 정착 과정에 합류한 고려인 노년 세대가 이질적인 정착 사회와 변화된 사회·경제적 관계 속에서 경험하는 이민 생활에 대한 서사를 분석하여, 초국적 상황에서 노년을 보내는 것의 의미를 그들의 목소리를 통해 이해하고 있다.

이 책의 고려인 노년의 삶에 관한 장은 국제 이주의 맥락에서 구소련권, 구체적으로는 우즈베키스탄, 카자흐스탄, 키르기스스탄, 우크라이나, 러시아 등으로부터 한국의 성인 자녀와 손자녀를 돌보기 위해 한국에 입국한 조부모 세대 이주자를 대상으로 하여, 이들이 행하는 손자녀에 대한 '조부모 노릇'의 구체적인 실천 양상과 이 과정에서 낯선 한국에서 경험하는 노부모 세대의 다양한 초국적 삶과 이들의 노년에 관한 생각을 찾아가고 있다.

초국적 고려인 아동의 이주와 정착 경험 및 정체성

국제 이주에 관한 기존 연구들은 일반적으로 성인 중심적인 시각에서 이주의 현상을 다양한 연구주제에 비추어 수행됐다. 특히 전 지구적 북반구에 있는 국가들을 향해 가족 단위로 입국하는 국제 이주 과정에 아동 이주자가 포함되어 있지만, 이주자 가족에 관한 대부분 연구는 아동을 이주 과정에서 '불가시적' 존재로 여기거나 기껏해야 가족 재결합에 편입되는 수동적인 동반자로 간주해 아동의 이주 경험에 대한 목소리는 무시되었다. 이주 집단 내 자녀를 연구대상으로 삼은 연구Fernandez-Kelly & Schauffler, 1996; Levitt, & Waters, 2002; Reitz & Somerville, 2004; Purkayastha, 2005 조차 이주 2~3세대 자녀만을 대상으로 정체성과 모국과의 관계 등을 분석하고 있어, 국제 이주와 정착 과정을 직접 경험한 아동의 이주에서의 역할과 이들의 정착 경험에 대한 목소리에 주목하지 않았다.

국제 이주에서 아동의 존재감이 드러나지 않은 것은 '아동기'를 순진무구하고 취약한 의존적 시기로 개념화하고, 아동을 성인기로 가는 길목에 있는 하나의 생물학적 단계에 놓여 있는 스스로 책임질 수 없는 사회적 존재로 간주하는 서양사회의 아동에 대한 기본전제도 한몫한 것으로 보인다Jenks, 1996; James et al. 1998; Holloway & Valentine, 2000. 국제 이주에 관한 대부분의 연구는 이주를 성인이 국경을 넘는 행위로 인식하고 성인 이주자를 주요 사회적 행위자로 전제함으로써, 이주 연구에서 아동의 존재를 불가시적으로 다루는 경향이 있다. 또한 경제적 이유 등 다양한 목적으로 행하는 성인의 국제 이주가 흔히 가족을 떨어져 거주하게 함으로써 '초국적 가족'을 형성시킨다는 전제로 성인 중심 이주 연구가 지배적이었다Carling et al. 2012.

성인 이주자 중심으로 수행된 초국적 가족에 관한 연구에서 아동은 본국에 남겨둔 존재거나 성인이 동반하여 이주 대열에 합류시키는 수동적 존재로 취급되었다. 아동을 수동적 존재로 인식하는 이런 이주 연구는 가족의 이주 결정 과정과 가족 재결합 및 정착 과정에 아동의 의지나 감정 등을 중요 고려 사항으로 취급하지 않음으로써 이주와 정착 과정에 아동의 행위성이나 주체성을 인정하지 않았다 Bartley and Spoonley, 2008. 한편 일부 연구들Coe et al. 2009; Dreby and Atkins, 2012; Gianelli and Mangiavacchi, 2010; Mazzucato and Schans, 2011; Zentgraft and Chinchilla, 2012은 부모의 국제 이주로 본국에 남겨진 아동의 정서적, 사회적, 교육적인 어려움을 규명하고 있다. 이들 연구는 일정 기간 헤어져 있고 난 뒤 가족의 국제 이주 과정에 합류하여 새로운 세계를 경험하는 아동의 이주 생활에 관한 목소리에 관심을 가져야 한다고 주장한다.

한편 성인 이주자 중심의 기존 연구와는 달리 국제 이주를 아동 중심적으로 접근한 일부 연구들Bushin, 2009; Dreby, 2007; Laoire et al. 2011; Moskal and Tyrrell, 2016은 자신의 삶에 적극적인 주체가 되는 이주 아동의 존재와 역할에 주목할 필요성을 제기한 바 있다. 이들 연구는 대부분의 성인 중심 연구들이 가족과 아동 이주의 결정과 이주 과정에서 표출된 아동의 의사와 감정에 주목하지 않음으로써 이주 과정과 정착 규명에 아동의 행위성이 간과되었음을 비판하였다. 이들 연구는 사실 가족의 이주로 인해 떨어져 살아야 하며 본인의 이주 과정에서 아동들은 자신의 소망을 표현하거나 슬픔과 두려움 등의 감정을 성인 이주자에게 직·간접적으로 표현함으로써 자신의 행위성을 드러냄을 강조한다.

또한 최근의 일부 연구들White, et al. 2011; Laoire, 2011; Gardner, 2012; Punch, 2012; Zeitlyn & Mand, 2012은 국경을 넘는 이주 아동의 물리적 이동, 이주자 가족 내에서의 아동의 존재와 행위의 역할 및 의미, 새로운 정착지에서의 가족관계, 학교 안팎에서의 이민 생활, 초국적 실천 행위에 관련된 아동의 경험 등을 '아동의 시각'에서 이해하는 것의 중요성을 강조하고 있다. 이 연구들은 이주와 정착이 비교적 안정된 이주 공동체의 이주 2~3세대의 자녀들과는 달리, 부모와 함께 이주와 정착 과정을 직접 경험하고 있는 이주 1.5세대 당사자인 아동의 이주 경험에 관한 연구의 필요성을 강조한다.

이 책의 아동에 관한 연구는 국내 고려인 이주 아동을 단순한 성인 이주자의 '부속물'로 간주하지 않고, 이주 연구의 주요 대상이자 주요 행위자일 뿐 아니라 주요 정보제보자로 삼는 '아동을 동반한 연구'research with children의 성격을 띠고 있다. 따라서 '아동 중심적인'children-centered 고려인 이주 연구는 성인 중심으로 이주 과정과 정착 및 초국적 행위 등을 규명했던 기존 연구를 반추하게 하여, 기존 고려인 이주 관련 연구를 더욱 풍부하고 총체적으로 이해할 수 있게 할 것으로 본다. 국제 이주와 정착 과정에서 아동의 능동적 역할과 경험에 주목하지 않은 기존 성인 중심 연구와는 달리, 부모와 함께 이주하거나 부모 정착 직후 이주 대열에 합류한 고려인 '이주 1.5세대' 아동의 경험을 밝히는 일은 이주 결정 과정과 이주지에서의 정착 경험을 아동의 시각에서 이해하게 함으로써 국제 이주 과정에서의 아동의 행위성agency을 드러낼 수 있을 것이다. 이 책은 고려인 아동을 한국이라는 새로운 사회에서 가정, 학교, 아동센터, 놀이 공간 등을 중심으로 하는 현지 정착 생활뿐만 아니라 본국과의 초국적 관계를 유지하는 능동적인 행위자로 간주하고 있다. 즉 고려인 아동은 이주 과정에서 성인 이주자의 '짐'이 되는 존재가 아닌, 한국이라는 새로운 사회에서 이주민으로 살아가면서 가정과 학교 및 학교 밖 생활 속의 경험을 둘러싸고 갈등하고 타협하는 능동적 행위자로 상정된다.

초국적 가족의 일생 의례(life-cycle ritual)

초국적 가족 간의 '세대와 국경을 횡단'하는 돌봄 실천은 본국에 남겨진 자녀에 대한 '초국적 엄마 노릇', '노부모에 대한 초국적 돌봄', 손자녀를 돌보는 '초국적 조부모 노릇' 등의 형태로 이루어지고 있다. 이들 연구의 공통점은 가족 구성원이 국경을 두고 물리적 분거分居에도 불구하고 상호 물질적이고 정서적인 '세대 간의 호혜적 돌봄'을 수행하는 양상을 규명하고 있다는 것이다. 그러나 이러한 초국적 가족의 돌봄을 의례의 맥락 속에서 살펴보면 이들의 '가족다움'과 결속이 지속됨을 더욱 명확히 알 수 있다. 이는 일부 가족 구성원이 국경 넘어 물리적으로 분거하는 국제 이주자라는 상황에서 '가족 수준'에서 수행되는 의례가 가족관계의 공통적 기원과 네트워크를 확인할 수 있게 하는 핵심적 영역이기 때문이다. 특히 '일생 의례'처럼 가족 수준에서 하는 가족 의례라는 시각에서 이산離散된 가족관계를 들여다보는 일은 일부 국제 이주 가족 구성원이 유지하고 있는 가족의 결속과 네트워크 유지 및 변화 등을 구체적으로 이해할 수 있게 한다. 국제 이주를 하여 정착 국가에서 행하는 일생 의례에서 가족 구성원은 의례를 다르게 경험하게 되고 의례의 상징성에도 다른 의미가 부여될 수 있다.

그간 종교 또는 의례를 이주의 맥락에서 검토했던 연구들은 주로 국가나 공동체 수준에서 이주민의 공적인public 집단 의례의 분석에 관심이 있었다. 이들 연구는 이민 사회에서 이주민이 자신의 종교를 통해 현지 적응, 공동체 형성, 종족 정체성을 유지하는 양상에 주목했다. 반면 '가족이나 가구 수준'에서 수행되는 종교적 실천이나 의례를 국제 이주의 맥락에서 논의한 연구들은 소수에 불과하다. "초국적 가족과 가구는 일생 의례를 어떻게 수행하는가?", "이러한 일생 의례의 역할이 무엇이고 초국적 가족에게 어떤 이야기를 해주고 있는가?", "이런 의례들이 초국가주의에 대해서는 무엇을 이야기하고 있는가?" 등의 질문들은 사실 전통적으로 '사회적 관계의 의례화'ritualization of social relations를 '정체된 문화적 이벤트'가 아닌 '진행 중인 역동적 과정'으로 인식해 왔던 인류학자들의 고전적 연구주제들과 그 맥을 함께 한다. 전 지구화와 초국가주의라는 새로운 환경에서 등장한 '초국적 가족'이라는 사회·문화적 양상을 인류학적인 고전적 질문들과 연결하여 의례와 관련된 다양한 질문을 제기해 보는 것은 현대적으로도 의미 있는 연구 시도라 생각한다.

'가족이나 가구 수준'에서 수행되는 종교적 실천이나 의례를 초국적 맥락에서 논의한 대표적인 연구들Gardner, 2002; Mand, 2002; Salih, 2002은 초국적 공간에서의 의례의 의미 변화, 의례 내용과 절차의 변화, 의례에 동원된 가족의 자원과 조직, 의례의 젠더화 등의 다양한 주제를 가족 단위에 접목했다. 이들 기존 연구는 그간 주로 '돌봄' 관점에서 연구된 초국적 가족을 '의례'라는 새로운 맥락 속으로 확장하여 논의할 경우, 초국적 가족의 사회적 관계의 역동적 과정이 드러날 수 있음을 시사하고 있다.

이 책의 마지막 장은 일정 부분 정형화되었지만, 강제 아주 이후 현재까지 고려인 일생 의례의 내용과 절차가 지속적인 변화를 경험했음을 강조한다. 7장은 국경을 넘나드는 고려인 가족의 초국적 삶이라는 현재의 조건이 국내 고려인의 일생 의례 수행의 실재와 상징성의 변화에 미치는 영향은 무엇인지를 밝히고 있다. 일생 의례 가운데 '돌 의례'를 대상으로 하여 초국적 공간의 특정 장소, 특히 한국에서 수행되는 고려인 일생 의례의 절차와 형식에서 일어나는 변화와 고려인 초국적 가족 구성원이 그 변화에 부여하는 의미가 분석된다.

고려인 초국적 가족의 세대 간 호혜적 돌봄

구소련지역 고려인은 한반도에서 러시아 연해주와 중앙아시아로 이주한 후 약 60년의 소비에트 시절과 1990년대 초 독립 국가 시대 등을 지내오면서 사회주의 이념과 러시아 및 중앙아시아의 주류 민족 등 다양한 민족집단의 문화적 영향을 받아왔다. 그러나 이러한 이념적 영향과 타민족 간의 상호교류에도 불구하고 고려인은 가족과 친족의 영역에서 한반도의 문화적 전통을 유지하고 있는 편이다. 무엇보다도 고려인은 강한 가족 유대를 유지하고 있는데, 이는 중앙아시아로 강제 이주 후 적성 민족으로 분류되어 1950년대 중반까지 거주 이전의 자유를 박탈당한 상황에서, 이들이 믿고 의지할 수 있는 대상은 국가도 아닌 오직 가족뿐이 없다고 생각하게 된 것으로 보인다. 사실 강제 이주와 소비에트 시절 및 소련 붕괴 그리고 우즈베크 민족 중심주의 정치체계라는 정치적 격변기를 거치는 동안 고려인들을 결속시켜 준 것은 가족제도였다.

고려인 사회에서 가족 간 응집력은 돌, 결혼, 부모 환갑 등에서 가족 구성원의 '세대 간 호혜적 관계'의 유지에서 비교적 명확하게 드러난다. "손자의 돌잔치는 조부모가, 결혼식은 부모가 그리고 부모의 환갑잔치는 자녀가 준비해야 한다."라는 고려인들이 일상적으로 하는 말은 고려인 가족 구조 내 세대 간 호혜적 돌봄을 압축적으로 표현한다. 그러나 1990년대 초 소련 해체 후 고려인은 생존을 위해 가족원의 일부가 러시아 일대와 중앙아시아 인근 국가들로 이주하였고, 2000년대 이래 일부 가족원은 한국으로 이주하면서 대부분 고려인 가족은 '초국적 가족'의 형태로 변화하고 있다.

한국으로 이주한 고려인 성인 자녀들은 한국에서의 이주 생활이 자리를 잡기 전까지 어린 자녀를 본국의 노부모에게 맡겼다가, 정착 생활이 안정되면서 자녀를 한국으로 데려온다. 본국에 남아 있는 노부모는 남겨진 손자녀를 돌보는데, 한국에 정착한 성인 자녀들은 물리적으로 떨어져 있으나, 본국의 노부모에 대한 자식으로서의 효도 의무를 수행하고자 한다. 한국의 성인 자녀들의 본국 노부모에 대한 초국적 돌봄은 송금과 정서적 지지 및 상호 방문의 형식으로 수행된다. 특히 부모에 대한 송금은 소규모 정부 연금에 의존하는 부모의 의료비용, 돌·결혼·환갑잔치에 필요한 의례 비용, 생활 수준 향상과 복지비용에 실제적인 도움이 되고 있다. 발달한 통신수단을 이용하여 부모의 안녕을 걱정하는 규칙적인 자녀의 정서적 관심은 중요한 초국적 돌봄으로 생각된다. 또한 이주 자녀들은 가족과 친족 구성원의 일생 의례 참여나 여권 변경 등의 목적으로 본국을 방문하여 짧은 기간이나마 가까이에서 부모를 직접 돌본다.

한국에서 초국적으로 자기 나라에 남아 있는 노부모를 돌보는 일부 고려인 성인 자녀는 노부모를 한국으로 모셔와 함께 사는 것이 부모를 돌보는 것으로 생각한다. 이들은 부모를 가까이에서 돌보는 것이 효율적이고 실용적인 돌봄 실천이라 생각한다. 특히 본국에 부모를 돌볼 형제가 없는 경우 또는 부모가 만성적 질환을 앓고 있는 경우 자신들이 정착한 한국으로 부모님을 초청하는 것을 적극적으로 고려한다. 한편 보육원이나 초등학교에 다니는 자녀가 있는 성인 자녀는 직장생활로 자녀의 등하교 시간을 맞추는 것이 어려워 보육 지원을 받기 위해 본국의 노부모를 한국으로 초청한다. 노부모의 한국 가족과의 재결합으로 3세대 고려인 가족 유형이 형성되고, 노부모, 성인 자녀, 손자녀를 둘러싼 돌봄이 상호 호혜적으로 제공되는 '세대 간 돌봄의 호혜성'이 작동하는 가족 환경이 조성된다.

성인 자녀의 이주 생활을 지원하기 위해 한국으로 이주한 고려인 노부모는 초국적인 맥락에서 돌봄과 지원을 제공하는 당사자이면서 성인 자녀의 돌봄을 받는 돌봄 수혜자가 된다. 고려인 노부모 세대의 한국 이주와 '조부모 노릇'은 돌봄을 매개로 초국적 가족이라는 광범위한 연구 맥락 안에서 이해될 수 있다. 한국으로 이주한 조부모가 손자녀를 포함하여 가족을 돌보고 친족 관계를 유지하는 것은 이주자 성인 자녀가 한국의 경제와 사회생활에 적극적으로 참여할 수 있게 한다. 조부모는 대부분 시간을 손자녀를 돌보고 가사 전담에 할애

하고 있다.

한국에 정착한 조부모 세대는 자녀와 손자녀에 대한 돌봄 제공의 기간이 장기화하면서 육체적이고 정서적인 복지 등의 여러 문제에 직면한다. 노부모 이주자는 낯선 한국 사회에서 언어적 의사소통의 한계와 사회적 네트워크의 제한 및 경제적 독립성 결여를 우려하면서 성인 자녀의 가구에서 이민 생활을 하고 있다. 손자녀를 돌보는 것이 조부모 세대의 한국 생활의 주요 목적일 수 있지만, 노년 세대의 한국으로의 이주는 자신 노년의 삶에 부정적으로 영향을 줄 수도 있다.

독립 이후 중앙아시아 대부분 국가의 정치·경제·사회의 안정성 약화로 고려인 가족 구성원의 국제 이주는 일상화되었다. 이제 초국적 가족은 고려인의 전형적인 하나의 가족 형태로 자리 잡았고, 가족 구성원들은 한국과 구소련권 일대에 이산되어 거주하면서 가족 구성원의 역할을 여건이 허용되는 범위 내에서 수행하고 있다. 교통과 정보통신기술의 혁명적 발전으로 일상에서 가족원의 상호연결이 어렵지 않게 되었다. 특히 고려인의 가족관계를 강하게 유지하는 한 가지 요인은 세대 간 호혜적인 돌봄의 실천이며, 동시에 가족과 친족 구성원을 묶어주는 가족 수준에서 수행되고 유지되는 다양한 일생 의례라는 문화적 힘이다. 한국으로 이주한 고려인들이 일상생활에서 크고 작은 차별적 경험을 하지만, 상대적으로 풍부한 노동시장과 같은 우호적인 경제 기회구조, 민간 차원 지원단체의 존재, 고려인 이주자 네트워크 유지와 세대 간 호혜적 돌봄의 전통 등의 다양한 요인의 작용으로 한국에서 가족 재결합하는 고려인의 수는 날로 늘어갈 전망이다.

2장

고려인의 한국 이주와 '고려인 마을' 정착

우리 안의 고려인 이주자

광주광역시 광산구 월곡2동 일대에는 세간에 '고려인 마을'로 알려진 구소련권 출신 고려인 동포의 민족 집거지가 형성되었다. 독립 국가 형성 이후 만성적인 실업 등 국가 경제 상황이 악화한 중앙아시아 국가의 고려인은 '살기 위해' 러시아 연해주로 재이주를 하거나 주변 국가와 멀리 한국으로도 국제 이주를 하고 있다. 2004년부터 소수의 고려인이 공단지역과 접근성이 좋은 광산구 월곡2동 일대에 정착하면서, 새로운 고려인 이민자가 합류하여 일대에 고려인 인구가 증가하자 이 일대는 '고려인 마을'로 불렸다. 생활에 필요한 한국어 구사가 어려운 고려인의 수가 많아 초기 정착, 구직, 육아, 자녀교육 등 생존 문제 해결을 위해 새로운 고려인 이주자는 기존 정착 고려인 이주자의 도움이 절실하다.

2장은 광주광역시 광산구의 '고려인 마을'의 형성과 고려인의 한국 이주 및 정착 과정을 설명하고 있다. 고려인의 한국 이주와 정착에 대한 총체적 설명은 구조structure와 행위성agency을 접목한 분석으로 가능하다. 사실 국제 이주는 이주자가 직면한 정치·경제적 구조라는 거시적 양상과 이러한 구조적 환경 속에서 이주 당사자의 이주 여건과 전략이라는 미시적 양상이 동시에 만들어 낸 사회·문화적, 정치·경제적 현상이다. 독립 국가 형성 이후 중앙아시아 국가의 다양한 정책과 한국의 이민정책은 거시적 수준으로 분석될 구조적인 요인이며, 행위 동인으로서의 고려인 이주민과 가족은 미시적으로 분석될 요인이다. 미시적 관점의 연구는 국제 이주 현상을 일상생활을 영위하는 개인과 가족뿐만 아니라, 사회조직을 통해 만들어내는 '이주자 네트워크'migrant networks에 주목하는 것이다. 스미스Smith, 2010는 국제 이주와 같은 초국가적 현상에 관한 미시적 연구는 주로 이민자가 구축한 사회적 네트워크 분석에 관심이 있으며, 초국적 가계, 친족 네트워크, 국경을 넘나드는 정보 교환은 국제 이주 흐름의 사회적 조직과 결합에서 능동적이고 창조적인 임무를 수행한다고 주장한다.

필자는 고려인의 한국 이주와 고려인 마을로 정착하는 과정에 관한 연구를 위해 고려인 마을에 사는 17명의 고려인을 대상으로 심층 인터뷰를 했다. 고려인의 일상과 공식 행사를 참여 관찰하기 위해 필자는 2014년에 고려인센터의 자원봉사자로 활동하였으며, 이 과정에서 자연스럽게 고려인종합지원센터, 고려인교회, '새날어린이집'에 대한 참여관찰과 관계자와의 인터뷰도 가능했다. 본문에서 언급되는 연구대상자의 이름은 사생활 보호를 위해 가명임을 밝힌다. 17명의 심층 인터뷰 대상에는 6쌍의 부부가 포함되었으며, 설문지 조사는 20명의 남성과 25명의 여성을 대상으로 수행되었다. 설문에 응한 대상의 71%인 32명은 적극적인 노동 참여 연령대인 20~40대로서 응답자 대부분이 한국에서 경제활동을 하는 있다. 심층 인터뷰와 설문지 응답자의 대부분은 우즈베키스탄 출신이었으며 러시아, 카자흐스탄, 키르기스스탄 출신도 각 1명씩 포함되었다. 설문지 응답자의 45%는 2013년에 입국하였고, 나머지 사람들은 2008년부터 입국한 사람들로서 2007년 방문취업비자 개시 이후 고려인의 한국 이주가 꾸준히 늘고 있음을 알 수 있다. 우즈베키스탄 출신 고려인 가운데 한국 이주 전에 거주했던 지역은 44%가 타슈켄트Tashkent시로 가장 높았으며, 나머지는 안디잔Andizan, 지작Dzhizak, 코칸드Kokand 순이었다. 타슈켄트주와 안디잔주의 농촌 출신 소수를 제외하면 대부분은 도시 출신이었다.

구소련 시절 1950년대 중반 이동의 자유가 허용되면서 중앙아시아 고려인은 국경 제한을 받지 않고 자유 왕래했지만 독립 국가 성립 이후에는 월경 자체가 국제 이주로 인식되었다. 독립 국가 전후로 결혼, 일자리, 교육을 목적으로 많은 수의 고려인이 중앙아시아 국가를 포함한 우크라이나와 러시아로 이주했다. 이로써 대부분 고려인은 다양한 국가에 가족과 친족 구성원을 두게 되었으며, 전화·인터넷·스카이프·SNS 서비스 등의 정보통신 수단, 선물 교환, 송금 등을 통해 초국가적 가족과 친족 관계를 유지하고 있다.

2008년에 한국에 온 우즈베키스탄 안디잔 출신 이알렉세이(남, 52)의 셋째 누나 가족은 1995년에 우크라이나로 떠나고, 2012년에 이알렉세이의 둘째 누나 가족은 어머니를 모시고 셋째 누나가 자리 잡아 놓은 우크라이나로 계절이주 농업인 '고본질'을 떠났다. 먼저 이주한 셋째 누나 가족은 이미 우크라이나 국적을 취득했다. 2001년에 한국에 온 김스베트라나(여, 57)의 세 명의 여형제와 한 명의 남동생은 1992년에 러시아 우수리스크로 고본질을 위해 이주하여 그곳에 살고 있다. 2007년에 한국에 온 허아나스타샤(여, 42)의 부모와 남동생은 우크라이나로 이주하여 농사짓고 있으며, 허아나스타샤 여동생은 키르기스스탄의 고려인을 만나 현지에 산다. 2011년 한국에 온 강니콜라이(남, 35)의 아버지는 1994년 우즈베키스탄으로 귀환하였고, 강니콜라이 사촌 형제들 역시 소련 붕괴 후 '무조건 살기 위해' 러시아로 이주했다. 2012년 한국에 온 최안나(여, 39) 부모와 남동생은 2006년에 카자흐스탄의 심켄트Shymkent로 일거리를 찾아 이주했다. 2009년 한국에 온 김아나톨리아(남, 56)는 4년째 광주에 살지만, 딸들은 카자흐스탄과 우즈베키스탄에 산다. 이들 고려인 초국가적 가족과 친족 구성원은 대체로 경제 형편이 열악하여 대개 한국 거주 고려인이 정기적으로 일정 액수를 송금하거나 필요시마다 현금이나 선물을 보낸다. 김겐나디(남, 41)는 우즈베키스탄에 있는 어머니에게 매월 미화 100불, 장모에게 300~500불을 송금한다.[7] 이알렉세이도 안디잔에 있는 친가와 우크라이나에 있는 처가에 모두 매월 미화 300불 정도 송금한다. 김아나톨리아는 우즈베키스탄과 카자흐스탄의 딸들이 도움을 요청할 때마다 송금하고, 특히 딸들 출산 때에는 손자의 의복과 한국산 전기장판 등을 보냈다.

한국으로 이주와 정착

한국으로 이주

국제 이주자는 이주 국가를 결정할 때 다양한 변수를 고려한다. 자국의 정치·경제적 압박, 이주 대상국과의 역사적 관계, 임금 수준과 고용 기회, 가족 재결합 등 다양한 요인이 이주 국가를 결정하는데 고려된다. 개인 또는 행위자 중심적인 미시적인 차원에서의 이주 분석은 이주민이 개인이나 가족의 임금과 일자리뿐만 아니라 가족의 위기 분산 등을 합리적으로 고려하여 이주지를 선택함을 강조한다. 이와는 달리 개인의 힘을 뛰어넘는 어떤 힘으로 국제 이주가 발생한다고 보는 시각은 배출요인push factor과 흡입요인pull factor 간의 관계를 중요시한다. 이 시각은 이주가 일어나는 구조에 대한 분석으로서, 국제 이주를 송출 국가의 저임금과 높은 실업률, 정치적 불안정과 핍박 등의 배출요인과 수용 국가의 고임금과 높은 고용 기회, 우호적인 이민정책 등의 흡입요인 간의 상호작용으로 설명한다(이채문·박규택, 2003).

1991년 소련 체제 붕괴로 중앙아시아 국가의 '종족·종교 민족주의'의 발흥에 따라 고려인은 새로운 도전에 직면했다. 분야마다 독립된 종족과 언어를 우선시하는 정책으로 소수민족의 하나인 고려인이 취할 수 있는 선택의 폭은 매우 제한적이다. 고려인은 카작인과 우즈베크인이 중심이 된 사회에서 스스로 소수민족의 하나로 인정하고, 새로운 언어를 학습하는 등 현지 사회에 적응하거나, 러시아를 비롯한 인근 국가로 국제 이주를 선택해야 했다. 상대적으로 빨리 자본주의를 습득한 카자흐스탄에 비해(성동기, 2012 : 206), 유일 공용어로서 우즈베크 언어 인정 등 우즈베크 민족 위주의 강경 정책을 시행하고, 시장경제 전환 이후 침체한 경제 상황을 경험한 우즈베키스탄의 고려인은 러시아, 우크라이나, 카자흐스탄 그리고 멀리 한국까지 국제 이주를 시도한다.

2005년 한국에 온 박갈리나(여, 24)와 2003년 한국인과 결혼한 박니키타(여, 26) 자매처럼 20~30대의 고려인은 한국 이주 전에 우즈베크 학교에서 우즈베크 언어를 배웠다. 그러나 사실 이들의 우즈베크 언어 능력은 러시아어와 비교될 수 없게 매우 낮다. 타슈켄트나 안디잔처럼 대도시에는 여전히 러시아어가 통용되므로 생활에 불편함이 없지만, 농촌에는 우즈베크 언어가 지배적이다. 우즈베크 언어를 구사하지 못한다는 이유로 사무직에서 해고된 뒤 자영농이나 도시의 자영업 또는 단순 노동자로 전락하는 고려인이 발생하거나, 러시아와 고려인이 담당했던 건축 경영업무를 우즈베크 사람이 담당하게 됨에 따라 위기의식을 느껴 공직을 사임하는 일도 벌어진다(이채문·박규택, 2003 : 562).

특히 독립 국가 형성 이후 고려인이 직면한 경제적 어려움 때문에 많은 고려인이 러시아를 비롯한 인근 국가로 이주했다. 김스베트라나(여, 57)는 1993년 러시아 우수리스크에서 최악의 기후 조건과 위생 상태에서 고본질을 하였으며, 최안나(여, 39)는 남편과 아이들과 함께 우크라이나에서 10여 년 동안 고본질과 옷 장사를 한 후 한국으로 이주했다. 기술대학을 졸업한 김겐나디(남, 41)는 자동차 수리와 용접을 했고, 러시아에서 대학 나온 강니콜라이(남, 35)는 8년간 카자흐스탄 알마티 건설 현장에서, 그리고 2년 타슈켄트의 건설 현장에서 막노동한 후 한국으로 이주했다. 키르기스스탄의 음악대학을 나온 김미하일(남, 45)은 공장 조립공으로 일하고, 우크라이나대학에서 러시아문학을 전공한 그의 부인 허아나스타샤(여, 42)는 우즈베키스탄 학교 교사였다. 이들은 두 사람의 수입으로도 먹고 살기 어려워 한국으로 이주를 결심했다.[8] 이들은 급여는 작은데 치솟는 물가로 '먹고 살기 어려워' 한국행 이주를 생각했다. 이들 사례는 우즈베키스탄 고려인이 한국으로 노동 이주를 하게 하는 주요 배출요인이 독립 이후 이들에게 닥친 경제적 어려움이었음을 말하고 있다. 성동기(2012)는 우즈베키스탄에서 한국으로 노동 이주 오는 사람은 고려인뿐만 아니라 우즈베크인도 많아서, 고려인의 한국행의 주요 배출요인은 우즈베키스탄 정부의 강성 민족주의 정책이 아닌 경제문제로 인식해야 한다고 주장한다.

고려인이 한국을 이주 국가로 결정한 데에는 몇 가지 흡수요인도 작용한다. 소위 3D업종 근무 기피 현상, 특히 제조업 분야의 인력난 해소를 위해 한국 정부는 1993년에 '외국인 산업연수생제도'를 그리고 2004년에는 외국인근로자의 고용 등에 관한 법률을 제정하여 '외국인고용허가제'를 시행했다. 고려인은 우즈베크인과 함께 외국인 단순 기능 인력으로 한국에 이주했다. 한편 1999년 제정된 '재외동포법'은 대한민국 정부수립 이전 해외로 이주한 동포(중국과 독립국가연합지역 동포)를 재외동포의 범주에서 제외하였다. '재외동포법'의 불평등에 대한 개선책으로 이들 동포에 대한 단순 노무 분야(서비스업종) 취업을 허용하는 '취업관리제'가 2002년에 도입됐다.

그러나 이 제도 시행에 여러 문제가 발생하자 해소방안으로 이들 지역 동포들에 대해 자유로운 출입국과 단순 노무 업종에 자율적인 취업이 가능한 '방문취업제'를 2007년 3월에 도입하여, '무연고방문취업'을 위한 H-2비자를 발급하였다.[9] 한국 정부의 재외동포 관리에 관한 이민정책의 변화는 단순노무직 취업을 위해 중앙아시아의 고려인에게 한국을 어렵지 않게 방문할 수 있는 계기로 작용했다. H-2비자의 경우 총 5년간 체류할 수 있으며, H-2 비자 소유자가 동일 회사에 2년간 근속하거나 국가자격증을 취득하면 재외동포비자인 F-4를 신청할 수 있다. 중앙아시아 고려인은 한국에 체류 중이거나 방문 경력이 있는 가족, 친족, 친구로부터 한국의 제조업체에 외국인 근로자의 수요가 지속적이며 상대적으로 고임금이라는 정보를 접할 수 있었다.[10] 심층 인터뷰 대상자 가운데 영주권(F-5) 소유자는 3명, 재외동포비자(F-4) 소유자는 5명이며 나머지는 H-2 비자 소유자이다.

방문취업비자를 통해 한국으로 노동 이주하는 절차는 크게 까다롭지 않다. 동포임을 증명하는 국적국의 공적 서류와 한국어 시험 응시표 또는 성적표가 전부이다. 한국에 오기 위해서 소요되는 경비는 때에 따라 차이가 있지만 대략 미화 1천 불 정도 소요된다. 한국어 공부를 위해 미화 60불(월 20불×3개월), 비자비용 100불, 의료검진료 100불, 왕복 항공료 약 700불 정도 소요되었다. 이 경비를 본인이 직접 준비하기 어려운 고려인 이주자는 부채를 얻는다. 김미하일(남, 45)은 2005년 한국으로 이주 시 미화 1,500불을 지인으로부터 빌렸다. 이주 비용으로 약 1천 불을 사용하고 자신 용돈 목적의 100불을 제외하고 남은 돈 400불을 남아 있는 아내와 두 자녀의 생활비로 두고 왔다. 반면 김겐나디(남, 41)는 자신 소유의 작은 정미소를 처분하여 이주 비용으로 사용했다.

이주를 계획한 고려인은 이주국의 물가 수준에 대한 정보도 고려한다. 대부분 안산이나 광주에 거주하는 고려인은 개인 주택이 몰려 있는 지역의 방 1~2개를 월세로 살기 때문에 주거비용은 월 20~30만 원 수준이다. 러시아와 카자흐스탄의 도시 주거비용은 한국 주택의 월세보다 절대 낮지 않다. 대개 광주에 거주하는 고려인은 공장에서 받는 임금 수준과 임금 대비 한국의 물가를 고려할 때, 중앙아시아 국가보다 오히려 저렴하게 느끼기 때문에 이들이 느끼는 물가 수준도 한국 이주를 선택하는데 하나의 요인으로 고려된다.

고려인의 한국행 이주를 배출과 흡입요인 간의 상호작용을 토대로 하는 거시적이고 구조적 요인의 분석이 유효할 수 있지만, 같은 구조적 압력에 반응하는 고려인 개개인이 취하는 방식은 다를 수 있다. 어떤 경우든, 즉 개인으로서 행동하든 집단으로 행동하든 자신의 운명은 스스로 개척할 수 있다. 개인적 요소와 구조적 요소가 접목되는 전형적 사례는 '이주자 네트워크'migrant network이다. 이주자 네트워크는 한 사람 또는 한 가족이 새로운 곳에 임의로 정착하는 일에서 시작된다. 이 개척자가 성공하면 모국의 다른 이들에게 소식을 전하면서 '연쇄 이주'의 방아쇠를 당기는 것이다(스토커, 2004 : 32). 다른 국가가 아닌 한국으로 국제 이주를 단행한 이유는 다양하다. 상대적 고임금과 일자리 잡기 쉽다는 점과 생활비용이 임금보다 저렴하다는 이유 그리고 이미 한국에 가족과 친족 및 친구가 자리를 잡고 있다는 이유가 가장 크게 작용한다.

고려인 '이주자 네트워크'

대부분 이주자는 자신의 가족, 친척, 친구가 이미 자리를 잡은 국가와 지역으로 이주하는 경향이 있으며, 이들은 흔히 '초국가적 이주 네트워크'를 형성하고 있다. 이주자 네트워크로 인해 이주는 과거보다 양적으로 크게 늘어간다. 이주가 확장됨에 따라 과거보다 더 많은 사람이 해외에 가족과 친지를 두게 되며, 이주민 네트워크가 가난한 국가의 잠재적인 이주자를 부유한 국가로 연결한다. 새로운 통신기술의 발달로 이주자 네트워크는 다양한 정보를 제공할 수 있다. 이

네트워크는 이주를 소망하는 사람에게 재정적 후원을 하고, 막상 이들이 이주하면 정착, 구직, 경제적이고 사회·심리적 지원을 하는 중요한 역할을 한다Koser, 2007.

이주자 네트워크는 단순히 '연쇄 이주' 이상을 의미한다. 이주자 네트워크Messey et al. 1987의 네트워크에는 친척과 친구처럼 '강한 유대'와 공통의 문화나 민족성과 같은 '약한 유대'에 기반을 둔 네트워크가 있다. 이주자는 이주 네트워크를 통해 음식, 거주지, 고용, 건강, 종교조직, 여가나 정서적 지원 활동에 대한 정보를 공유한다. 또한 사회적 네트워크는 이주에 필요한 재원을 제공하고 정착지에서 이주를 지속하게 하는 동력이 된다Boyd, 1989; Levitt, 2003; Messey et al. 1993.

중앙아시아 고려인 개개인 또는 가족 단위의 한국 이주 과정과 정착에 고려인 '이주자 네트워크'는 매우 중요하다. 고려인이 전형적인 '가족연쇄이주'뿐만 아니라 친구 관계 등 다양한 사회 자본을 통해 이주·정착하고 있기 때문이다. 한국에 이미 가족, 친척, 친구가 거주하고, 이주에 필요한 정보는 이주자 네트워크를 통해 공유되고 있다. 고려인 이주가 지속될 수 있는 것은 이주자 네트워크가 작동하기 때문이다. 다음 사례1과 2는 기존 고려인 이주자가 정착하여 개척해 놓은 네트워크, 특히 가족, 친족, 친구 네트워크를 통해 한국으로 고려인 이주가 지속되고 있음을 분명히 보여준다.

〈사례1〉의 김미하일의 한국으로의 노동 이주는 시간이 지나면서 본인 가족 결합과 친인척인 이알렉세이와 최이리나 가족의 연쇄 이주로 이어지는 전형적 이주민 네트워크의 작동 사례를 보여준다. 이들의 한국 이주와 정착 과정에는 한국 정부의 이민정책 변화, 즉

2007년 방문취업비자와 재외동포비자 시행이란 구조적 환경 아래서, 행위자들의 미등록 체류, 본국 귀국, 정식 재입국, 가족 재결합, 주거와 구직 알선 등 이주자의 이용 가능한 재원과 여러 전략이 동원됐다.

사례 1

재외동포에 대한 '취업관리제'로 2005년에 한국에 입국한 우즈베키스탄 안디잔[11] 출신 김미하일(남, 45)은 인천에서 고려인 친구 세 명과 함께 동거하며 월 100만 원을 받고 문짝 제작공장에서 일했다. 그는 2006년 하반기 무렵 법적 체류 기간을 넘기고 미등록 체류자 신분이 되었다. 당시 그의 부인과 두 딸 그리고 어머니는 안디잔에 살고 있었다. 그가 광주로 오게 된 것은 2006년 광주 광산구 소재 하남공단에 근무하고 있는 김스베트라나(여, 57)의 권유에 의해서다. 김미하일은 김스베트라나의 조카와 친구 사이였으며, 한국 오기 전부터 김스베트라나를 알고 있던 처지였다. 당시 하남공단에서 일하던 김스베트라나의 도움으로 김미하일은 하남공단에 일자리를 잡을 수 있었다. 2007년에 김미하일의 부인 허아나스타샤(42)가 '방문취업비자 H-2'로 한국에 입국하여 미등록 체류자 신분이던 본인과 광주에 가족 재결합하였다. 김미하일은 2010년 4월에 우즈베키스탄으로 자진 출국하여 1년 뒤인 2011년에 H-2비자를 취득한 후 한국에 재입국했다. 남편이 없는 동안 하남공단의 에어컨 부품 제작공장에 근무한 허아나스타샤는 2009년에 방문취업비자(H-2)에서 재외동포비자인 F-4로 변경에 성공해, 큰딸을 한국으로 초청했다. 허아나스타샤는 우즈베키스탄의 시어머니와 막내딸을 한국에 초청하여 2013년 현재 모든 가족이 한국 생활을 한다.

김미하일의 셋째 이모 부부 김아나톨리아(남, 56)와 최이리나(여, 54)는 조카 김미하일의 도움으로 한국에 도착했다. 공항에서 곧장 광주의 김미하일 집에 도착한 부부는 6개월 동안 김미하일 집에서 함께 살았다. 김아나톨리아 부부는 도착 일주일 만에 김미하일의 소개로 하남공단에 일자리를 잡았다. 이들은 김미하일 집 인근 원룸에 새로운 생활을 시작하였으며, 마침내 김아나톨리아는 재외동포비자 F-4를 취득했다.

한편 김미하일 부인 허아나스타샤는 2008년 안디잔에 있는 외삼촌 이알렉세이(남, 52) 가족을 광주에서 맞이했다. 이알렉세이는 허아나스타샤 어머니의 막내 남동생이다. 청년 시절부터 줄곧 벽돌공으로 일했던 이알렉세이는 한국에 일자리가 많고 살기에 어려움이 없어 한국으로 이주하라는 조카 허아나스타샤의 권유로 부인, 결혼한 딸 부부, 자녀들을 안디잔에 두고 홀로 한국에 이주했다. 그는 일주일 동안 허아나스타샤 집에 머문 후 하남공단의 스티로폼 제조공장에 일자리를 얻어 공장 기숙사에서 숙식하고 있다. 7개월 후 이알렉세이의 부인이 광주에서 남편과 재결합한 후 그녀는 남편과 같은 공장에 일하고 있다. 2010년에 이알렉세이 큰딸 부부도 방문취업비자로 월곡동에 자리 잡았으며, 2011년에는 이알렉세이 자녀도 광주의 부모에 합류하여 현재 이알렉세이 가족은 부부와 2명의 미혼 자녀 그리고 딸 부부와 손녀를 합하여 전체 7명이 월곡동에 산다.

김미하일의 친인척들은 그가 최초로 소개해 준 월곡동 인근에서 줄곧 산다. 또한, 이들의 일터는 여러 번 바뀌었지만, 그때마다 새로운 일터에 관한 정보는 가족 구성원이나 고려인종합지원센터를 통해 알게 되었다. 김미하일과 그의 친인척들은 주중에는 공장 근무로 서로 만날 시간이 없어, 휴무인 주말에만 서로 얼굴을 본다. 이들은 일요일 오후 5시의 월곡동 '고려인교회'에서 특별한 일이 없으면 함께 예배를 보고 서로 안부도 묻는다. 우즈베키스탄에서 기독교인이 아니었던 김미하일은 2007년 부인과 한국에서 재결합 이전에 한동안 미등록 체류자로 살면서 외로움과 두려움으로 마음에 평화를 얻기 위해 이주민 사목 교회에서 세례를 받았다. 허아나스타샤와 고모 부부(최이리나와 김아나톨리아 부부)도 한국에 온 뒤 고려인교회에 참석한다. 이알렉세이 부부는 한국에서 우즈베키스탄으로 파송된 선교사로부터 한국 입국 이전에 세례받은 독실한 기독교인이다. 이알렉세이 가족들은 멀리 우크라이나, 중앙아시아, 러시아에 흩어져 있는 부모와 형제자매들을 위해 그리고 한국에서의 안정적인 삶을 위해 간절히 기도하지 않을 수 없다고 말한다. 고려인교회에 참가한 고려인 가정은 예배 후 고려인센터에서 제공하는 저녁 식사를 하고 담소 후 귀가한다. 매주 일요일 고려인교회에서 L 목사(고려인센터 이사장 겸 새날학교 교장)는 고려인을 대상으로 주일예배를 집전한다. 매주 60~80여 명의 고려인이 참여하는 이 예배는 L 목사가 한국어로 설교하면 고려인종합지원센터장 S씨(여, 58)가 러시아어로 통역한다. 김미하일의 노동 이주에서 시작한 이주자 네트워크는 그의 가족과 친족 구성원의 정착과 구직 그리고 종교 생활과 일상생활을 통해 경제적이고 사회·심리적 지원을 한다.

1990년대 말부터 아시아 여성의 한국 남성과의 국제결혼이 본격화되었는데, 중앙아시아에서 온 결혼이주 여성 가운데는 고려인 여성도 포함되어 있다. 고려인 여성의 한국 남성과의 혼인은 고려인 신부 친정 가족 구성원의 후속적인 한국 이주를 지원하는 이주자 네트워크로 작동한다. 〈사례2〉의 김스베트라나(여, 57)와 박갈리나

(여, 24)는 고려인 여성의 한국 남성과의 국제결혼이 연쇄적인 가족 이주의 실마리로 작용함을 보여준다. 타슈켄트 출신인 김스베트라나의 딸 박타탸나(37)와 박갈리나 언니 박니키타(26)는 타슈켄트에 있는 결혼 중개업소를 통해 한국인 남성과의 국제결혼으로 한국에 입국했다.

사례 2

2001년 평택에 사는 딸의 초청으로 입국한 김스베트라나는 딸과 사위의 집을 벗어나 2006년까지 미등록 체류자로 서울과 수도권 및 광주·전남의 다양한 업종에서 노동했다. 방문취업비자 취득을 위해 우즈베키스탄으로 잠시 귀국 후 2007년 한국에 재입국한 후 노동 현장에서 현재의 남편을 만나 결혼했다. 김스베트라나의 딸 박타탸나(37)는 2012년 충청도에서 광주로 이사하여 고려인 어린이집의 보조교사로 활동한다.

2013년 1월 박타탸나 사촌 언니 최안나(39) 부부가 타슈켄트에서 서울로 이주했다. 2009년부터 한국 생활을 해온 최안나 남편의 고모가 최안나 부부의 서울 정착과 일자리를 주선했다. 그러나 적은 급여에 과중한 모텔 청소 일에서 벗어나는 데는 광주 거주 작은어머니 김스베트라나의 도움이 컸다. 이들 부부가 광주 도착 3일 이내에 주거지와 직장을 구할 수 있었던 것은 김스베트라나 덕분이다. 가까운 시일 내에 2010년부터 인천 인근에 거주하는 최안나 남편의 큰형과 여동생 가족도 광주로 이사할 예정이다. 광주광역시 중도입국자녀 학교인 '새날학교'에 자녀들을 입학시키기 위해서이다.

박갈리나는 고려인 밀집 지구인 산정동에 '타슈켄트시티'라는 여행사를 운영하고 있다. 2003년 광주로 국제결혼 한 언니 박니키타(26) 집에

2005년에 방문차 온 박갈리나는 미등록 체류 중 현재의 한국인 남편을 만나 2006년 혼인했다. 그녀는 현재 귀화한 한국 시민이다. 광주에 있는 박갈리나 누이가 네트워크가 되어 2010년에 타슈켄트에 거주하는 막내 고모와 그녀 아들(27)이 방문취업비자로 입국하였다. 이들의 초기 정착부터 구직까지 박갈리나 자매의 도움이 컸다. 고모 가족은 현재 광주 광산구의 첨단지구에 거주하며, 모자가 첨단지구의 자동차 부품 조립공장에 함께 다니며, 고모는 이미 F-4비자를 취득하여 가족원을 자유롭게 초청하고 있다.

이주자가 정착할 곳을 정하는 데는 이주자 네트워크가 큰 영향을 미친다. 이주자는 가족, 친척, 친구 그리고 같은 민족 집단이 개척해 놓은 틈새 커뮤니티나 다국적 연결을 이용하고 있어서 아무 연고가 없는 국가로 이주하는 사람이 거의 없다고 말해도 과언이 아니다(스토커, 2004). '강한 유대'로 이해되는 가족과 친족 외에 친구 관계 역시 이주자 네트워크로 중요하게 간주한다. 2008년 평택에서 한국 생활을 시작해 광주로 이사한 고려인 어린이집 교사 김안나(여, 33) 부부, 2010년에 이주한 김겐나디(남, 41) 부부, 2011년 남동생과 같이 한국으로 이주한 강니콜라이(남, 35) 부부의 사례는 이들이 한국으로 이주하기 전에 이미 한국에 정착한 친구들로부터 구직과 한국 생활의 만족도에 대한 강한 신뢰를 뒀음을 알 수 있다. 한국 생활하는 학교 동창에 의해 이주 과정에서 도움을 받았던 김안나 남편, 수도권에서 15년 동안 살던 친구와 한국 상황을 타진한 후 이주 과정에서 친구의 도움을 크게 받은 강니콜라이, 한국과 우즈베키스탄을 여러 번 왕래하면서 한국의 일자리 상황과 생활 여건을 말해 준 친구를 믿고 온 김겐나디 모두에게 초기 한국 이주 과정에서 가족과 친척 아닌 친구 네트워크가 유용했다.

한국 생활에 어느 정도 적응된 현재 이들은 우즈베키스탄의 친구들을 한국으로 계속 불러들이고 있다. 김안나 남편이 그동안 한국으로 부른 우즈베키스탄 고려인 친구만도 십여 명에 이르며, 친구 대부분은 광주로 내려와 김안나 남편과 같은 회사나 인근 회사에 근무한다. 쉬는 날이면 남편 친구들 가족들이 집에 와서 함께 식사하는 등 자주 모이기 때문에 김안나는 '외로울 틈이 없다'라고 말한다. 가족과 친족 및 친구 관계를 매개로 하는 이주자 네트워크는 고려인의 연속적 이주를 이끌며, 고려인들을 특정한 지리적 공간으로 밀집시키고 있다. 고려인이 특정한 공간, 즉 광산구 월곡2동을 중심으로 모이면서 '민족 집거지'와 유사한 지리적 공간을 형성한다.

고려인 민족 집거지, '고려인 마을'

다음의 〈표 1〉과 〈표 2〉는 2006~2012년 사이의 광주 광산구 외국인의 연도별 현황과 광주시와 광산구의 우즈베키스탄 출신 이주자 현황을 보여준다. 〈표 1〉에 따르면 광산구의 외국인 등록 인구는 최근 5년 동안 증가추세임을 알 수 있다. 〈표 2〉는 광주시, 주로 광산구에 우즈베키스탄 출신 외국인 인구가 늘어 감을 보여준다. 우즈베키스탄 외국인 집계 가운데 반수 이상이 고려인으로 추정되는데, 이는 고려인이 해를 거듭하며 광산구로 모여드는 정착 흐름을 짐작하게 한다.

표 1. 광주 광산구 거주 외국인 인구 현황(2006~2012년)

연도	2006	2007	2008	2009	2010	2011	2012
외국인	3,729	4,294	5,162	5,576	6,606	6,871	7,054

자료: 법무부 광주 출입국관리소 제공

표 2. 광주광역시/광산구 우즈베키스탄 출신 현황(2007~2012년)

연도	광주광역시	광산구
2007	178	132
2008	276	209
2009	292	226
2010	447	369
2011	474	386
2012	462	386

자료: 법무부 광주 출입국관리소 제공

일반적으로 2000년대 중후반 이전에 광주에 온 고려인은 수도권 일대, 주로 안산, 일산, 인천, 평택, 서울 등에서 체류한 적이 있지만, 최근 이주자일수록 이미 광주에 정착한 가족, 친족, 친구 네트워크를 이용해 광주로 곧장 와서 한국 생활을 시작하고 있다. 광주에 정착한 이유를 묻는 설문지 항목에 대한 전체 응답자의 약 53%는 광주에 이미 가족, 친족, 친구가 살고 있기 때문이라 밝힌다. 사실 다른 국가 출신 이주노동자도 고려인 정착민처럼 월곡동 일대에 자리를 잡는 경향이 있다. 이 일대의 주택 임대료가 저렴하면서 산업단지들이 근거리에 있기 때문이었다.

새로운 이주자는 광주에 도착한 당일부터 가족, 친족, 친구 집에서 짧게는 일주일, 길게는 6개월(최이리나 부부의 사례) 임시 체류하면서 구직활동을 한 후, 후원자의 주거지 근방의 주택에 월세로 방을 얻어 독자적인 이주 생활을 시작한다. 사회적 관계를 통한 정착은 자연스럽게 고려인이 광산구 월곡동을 중심으로 몰려 살게 하였다. 특히 '고려인종합지원센터', 고려인 아동을 위한 어린이집, 아동지원센터가 위치한 월곡2동은 '고려인 마을'의 중심 역할을 한다. 많은 고려인을 만나고, 이들이 사용하는 러시아어가 들리고, 출·퇴근 시간과 주말에 길가에서 담소하는 곳이 종합지원센터 주변이다. 고려인을 위한 식품점, 여행사, 우즈베키스탄 식당 등이 센터 인근에 문을 열고 있다.

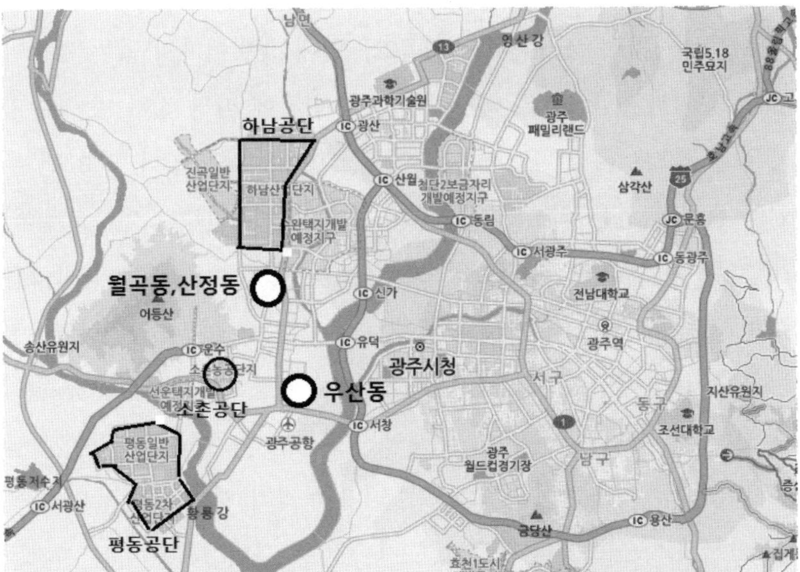

그림 1. 광주광역시 광산구 '고려인 마을'과 주변 공단

월곡동으로 연결되는 광산구 하남공단으로 이어지는 4차선 주요 간선 도로변을 중심으로 아파트 단지가 조성되어 있지만, 도로 안쪽에는 상가용 주택과 2층 단독주택이 밀집되어 있다. 고려인과 다른 나라 출신 이주노동자는 임대료가 저렴한 이 지역의 단독주택에 거주하는데, 이로 인해 수요가 낮았던 이 일대의 단독주택의 부동산 경기가 활성화되었다. 고려인종합지원센터와 근접한 J 부동산에 따르면 고려인을 비롯한 이주노동자가 월곡2동 일대에 2000년대 중반부터 유입되기 시작하면서 단독주택의 임대가 활성화되고 임대료도 상승하고 있다. 주택 소유자인 한국인은 같은 피부색에 한민족인 데다가 부지런하고 청결하며 가족 단위로 살기 때문에 믿을만한 고려인 세입자를 가장 선호한다.

고려인은 가족 구성원의 연쇄적 이주로 가족 규모가 커짐에 따라 새로운 주거지로 옮기더라도 월곡2동 일대를 벗어나지 않는 경향이 있다. 김미하일(남, 45)은 식구의 순차적 합류에 따라 점차 방 개수가 많은 주택으로 옮겼지만 월곡동 일대를 벗어나지 않았다. 2007년 부인의 합류로 얻은 최초의 거주지는 현재의 고려인센터 인근으로 월 20만 원 주택의 방 한 칸이었으며, 큰딸의 합류로 월곡동의 방 2칸 주택으로 옮겼다가, 어머니와 막내딸의 합류로 월곡동과 맞붙어 있는 산정동에 개인 주택 2층 단독(거실 1개와 방 3칸)을 월 40만 원에 구했다. 한편 월곡동 일대에 고려인을 포함한 이주노동자 인구가 급증하면서 주변 한국인 불평의 목소리가 들리기 시작했다. 길거리 음주, 고성방가, 쓰레기 무단투기, 도난사건 등 불미스러운 작은 사건들이 일어나면서 지역 선주민과 이주자 간의 마찰이 일어나는 등 동네

주민의 원성이 높아지기 시작했다. 물론 주민 간의 마찰에 고려인도 예외는 아니다. 이에 종합지원센터는 고려인 이주자와 주민 간의 교류를 확장하여 이해의 폭을 넓히고자 2013년 10월에 '고려인 마을 깔끔이 봉사단'을 만들었다. 센터는 매주 주말 가정별로 조를 편성하여 고려인과 지역주민과 함께 쓰레기 청소를 했다. 어깨에 '고려인 마을 깔끔이 봉사단'이란 띠를 두르고 '쓰레기 함부로 버리지 않기!', '길거리 음주 금지!', '쓰레기 분리수거 철저!' 등의 피켓을 들고 동네 주민과 함께 월곡동과 주요 간선도로 일부에 이르는 청소를 한다.

한국어에 익숙지 않은 고려인은 직장 내 임금 체불과 산업재해뿐만 아니라 의료문제 등의 다양한 어려움에 직면한다. 고려인 지원을 위한 고려인종합지원센터가 2009년 1월에 월곡2동에 개소했다. 오랜 한국 생활로 한국어에 능한 센터장인 우즈베키스탄 출신 S(여, 58)와 센터 이사장 L 목사 그리고 고려인협동조합 Y 사무국장은 미취업 고려인 숙식 제공, 취업 알선, 외국인 등록 등 공적 업무 통역 지원, 체불임금 해결과 병원 치료 알선, 송금업무 지원 등 다양한 지원활동을

그림 2. 고려인식당
(필자 촬영)

한다. 고려인 마을 내에 맞벌이 부부 고려인 자녀를 위한 새날어린이집(2012년 개소), 고려인 마을 지역아동센터(2013년 개소)가 차례대로 문을 열었다. 2014년 현재 아동센터에는 고려인 교사 3명과 지역 대학 자원봉사자의 지원으로 전체 8~9명의 아동이 보육 된다. 그러나 한국어에 익숙하지 않은 고려인 교사들로 인해 아동의 돌봄과 교육이 러시아어로 주로 이루어진다. 일부 부모는 어린이집이 제대로 한국어 학습을 시키지 못한다는 점을 한계로 여기지만 집 근처에서 자신들의 귀가까지 아이를 돌봐줄 수 있는 점을 가장 큰 장점이라 생각한다. 또한 중도 입국한 고려인 자녀의 학교 교육이 가능한 위탁대안학교인 '새날학교'[12]가 광산구에 자리 잡고 있다. 2014년 당시 새날학교에 고려인 학생 18명(우즈베키스탄 17명, 러시아 1명)이 다니는데, 자녀를 '공립'학교에 보낼 수 있다는 사실은 광산구 거주 고려인에게 가장 매력적인 부분이다. 또한 고려인센터 이사장이 운영하는 인터넷 방송 '나눔방송'이 2011년 이래 고려인을 포함한 이주노동자, 새날학교, 재외동포 이민정책에 관한 뉴스를 내보낸다. 나눔방송은 특히 고려인 마을 동향과 동포 비자 문제 등 고려인 기사를 가장 비중

그림 3. 고려인 마을 마트
(필자 촬영)

있게 다룬다.

광주 지역사회가 '고려인 마을' 존재에 주목하게 되는 것은 종합지원센터가 고려인 마을 내에서 고려인 관련 행사를 끊임없이 만들어 내기 때문이다. 2013년 10월 20일 '광주광역시 고려인 주민 지원조례' 제정 기념 '제1회 고려인의 날' 행사가 광산구 월곡동 고려인센터 인근 공원에서 시 교육감과 광산구청장 등 일부 내·외빈의 참여 속에 공식 행사, 축하공연, 고려인이 준비한 음식 나눔 잔치 프로그램으로 진행됐다. 특히 이 행사는 '고려인 마을' 인근 주민들이 고려인 음식을 맛볼 수 있는 좋은 계기였다. 종합지원센터는 2013년 10월 29일부터 31일까지 광주광역시 김대중 컨벤션센터에서 열린 '제12차 세계한상대회'에도 참여했다. 행사장에는 고려인협동조합을 홍보하는 홍보부스가 마련되어 고려인 마을 홍보 동영상, 고려인 수난사 전시관, 고려인 전통 의상관, 고려인 전통 음식 판매장이 운영되었으며, '조상의 땅으로 돌아온' '고려인 마을'의 고려인 동포를 부각했다.

고려인에 대한 지속적 관심 두기

1991년 구소련체제가 붕괴하면서 개별 독립 국가의 종족·종교적 민족주의 발흥과 국가 경제의 악화로 시작된 고려인의 국제 이주는 구소련권 국가들을 벗어나 한국 등으로 확장되는 고려인의 국제화 경향의 심화로 나타난다. 고려인의 한국 이주는 2007년 재외동포에 대한 '방문취업제' 도입 후 급물살을 탔다. 이 장은 광주광역시 광산구 일대에 형성된 '고려인 마을'이라는 민족 집거지에 거주하는 일부 고려인을 대상으로 설문조사와 심층 인터뷰 및 참여관찰을 통해 고려인의 한국 이주와 정착 과정을 밝히는 데에 주요 목적이 있었다.

한국으로의 고려인 이주는 해당 국가의 정책적 압박과 악화한 경제적 여건 및 재외동포에 대한 한국 정부의 일부 우호적인 이민정책이 배출과 흡수요인으로 작용하였다. 이러한 거시적 구조와 연결하여 고려인 '이주자 네트워크'라는 미시적 차원의 분석은 고려인 개인과 가족의 이주와 정착 과정에서 이주자 네트워크 작동의 중요함을 보여주었다. 이 연구는 고려인 이주에서 다양한 분석 단위, 즉 개인, 가족, 국가가 미시적이고 거시적인 분석 층위와 연결됨을 말하고 있다.

이주자 네트워크는 고려인을 광산구 일부 지역으로 밀집시켜 '고려인 마을'이라는 민족 집거지 형성에 직접적인 도움이 되었다. '고려인 마을'이 조성되고 있지만 모든 고려인이 산업단지 임금노동자이거나 건설 현장의 일용직 노동자이기 때문에 일반적인 민족 집거지의 독립성과 지속성을 담보할 수 있는 고려인의 다양한 경제활동 영역의 확보는 단기간 내 쉽지 않아 보인다. '고려인 마을'의 형성과 고려인종합지원센터의 적극적 지원 활동은 분명 초기 고려인 이주자의 정착에는 도움이 된다. 다만 많은 수의 고려인이 한국에서의 영주 거주를 원하고 있는 점을 고려할 때 이들이 한국 사회로부터 격리되지 않도록 다양한 제도와 규범 및 한국어 학습에도 체계적인 관심을 가져야 할 것으로 생각된다.

사실 광주의 고려인종합지원센터를 실제로 지원하고 고려인 사회가 가야 할 방향을 제시하며, 한국인의 지속적인 후원과 관심을 관리하는 역할은 센터 이사장 등 소수의 한국인이다. 이들은 센터설립부터 고려인지원조례 공포에 이르기까지 고려인 사회 안팎에서 주도적 역할을 했으며, 고려인 이주민은 행사 준비 등 보조적 역할을 하는 일종의 역할 이분화가 현 '고려인 마을'과 고려인 이주사회의 현주소이다. 고려인이 한국어와 한국 사회에 익숙하기에는 이주 역사가 매우 짧은 점과 체류자격에 영속성이 없는 이주노동자의 지위에 머물러 있는 점을 고려한다면, 소수의 한국인과 함께 지금까지 보여준 고려인 이주민의 정착 노력은 결코 낮게 평가될 수 없다.

3장

고려인 '초국적 가족'의 형성과 변화

초국적 가족 형성

국제 이주의 과정에서 나타나는 '초국적 가족'transnational family의 등장에 따른 가족 구성원의 분리와 재결합에 관한 일부 연구들은 초국적 가족 유형이 가족의 결속력을 약화하고 다양한 가족 문제를 일으키는 '문제가 있는' 가족으로 낙인찍히는 경향이 있음을 주장한다. 초국적 가족을 가족, 공동체, 국가에 부정적 영향을 주는 문제 있는 가족의 형태로 바라보는 이러한 시각은 가족이 물리적으로 근접한 가족 구성원을 토대로 구성되며, 가족 구성원 간의 돌봄 제공도 지리적으로 근거리에서만 가능하다는 소위 '공간적 근접성'의 전제에서 비롯된다. 이러한 전제를 비판적으로 바라보는 일부 연구들은 교통과 정보통신기술의 혁신적 발달로 초국적 삶을 살아가는 가족 구성원들이 거리의 장벽을 극복하고 물질적이고 정서적인 교류를 통해 가족적 유대감을 유지하고 있어서 초국적 가족을 부정적인 시각으로만 바라볼 필요가 없음을 역설한다.

사실 초국적 가족에 관한 연구들이 가족 유대의 지속을 위한 초국적 네트워크의 성격 규명에만 제한되어, 가족이 헤어져 있는 단계를 넘어 '가족 재결합'family reunification 하는 양상에는 학문적 관심이 비교적 적었다. 가족 재결합에 관심이 있는 연구Kofman, 2012조차 단독 이주한 여성 가사 이주노동자의 노동시장 편입과 본국 가족과의 관계 유지 및 가족 재결합에 주목함으로써, 이들 여성이 다른 가족원의 재결합을 주도적으로 이끄는 역할만을 강조하는 경향이 있다. 그러나 실제로 국제 이주의 맥락에서 가족 재결합은 다양한 형태로 이루어지고 있다. 일반적으로 가족 재결합은 정착 국가에 체류하고 있는 가족 구성원의 법적 지위와 경제적 여건이나 개인적 선호와 같은 다양한 변수에 따라 유예되거나 불가능할 수도 있다Ambrosini, 2015 : 444. 이주 과정에서 등장하는 다양한 형태의 가족 유형은 '가족의 생애주기'family life cycle의 특정 단계에 해당한 것으로서, 가족 유형은 가족 구성원들이 이용 가능한 자원과 개인적이고 제도적인 기회에 따른 전략적 산물인 셈이다Erel, 2012; Huang, et al. 2012.

3장은 우즈베키스탄 출신 고려인 가족 구성원의 한국으로의 국제 이주에 따른 '초국적 가족'의 형성과 그 유형의 다양화 및 역동성을 제시함으로써, 일부 고려인 초국적 가족이 한국 영구정착을 지향하는 과정에서 보여주는 가족 재결합의 양상에 주목하고 있다. 그리고 3장에서는 한국에서 가족 재결합에 관련된 출입국과 이민에 관한 정책과 경제 구조라는 거시적 구조뿐만 아니라, 고려인 가족의 '돌봄 문화'와 개인 가족사 및 이민사와 같은 미시적 요인과의 상호관계에 주목하면서, 고려인 가족 유형의 다양성과 역동성이 규명된다.

이 연구는 국내 이주 고려인 가족이 직면한 가족 분거 문제의 해결과 가족 재결합을 위해, 고려인 가족 구성원의 시간 및 재원의 투자를 통한 분투에 관한 경험을 생생히 드러내고자 한다. 이를 위해 이 연구는 고려인의 국내 유입이 급증하는 시기에 고려인 초국적 가족을 다양하고 역동적으로 만드는 가족의 분거와 재결합의 과정에 관여하는 요인을 규명함으로써 향후 고려인의 한국으로의 유입을 전망해 보고자 한다.

이 연구의 주요 대상은 광주광역시에 거주하는 고려인 가족들과 이들의 우즈베키스탄 타슈켄트의 일부 가족들이다. 주요 연구대상 18명의 고려인 가운데, 안산 거주자 1명과 타슈켄트에서 광주에 단기방문 체류 중인 3명의 우즈베키스탄 거주자를 제외한 14명의 고려인은 광주광역시에 거주하고 있다. 18명의 고려인 외에도 이 연구에는 2014년 12월~2015년 1월 사이 3주 동안 필자가 우즈베키스탄 타슈켄트에서 만났던 고려인 노부모를 대상으로 하는 인터뷰에서 수집된 자료도 이용되고 있다. 그러나 이 연구에서 중요하게 생각하는 대부분 자료는 2014년 초~2015년 중반에 걸쳐 광주광역시 '고려인 마을'의 고려인에 대한 인류학적 참여관찰과 심층 인터뷰를 통해 수집되었다. 이 연구에서 언급되는 연구대상은 〈표 1〉의 '연구대상의 기본특성'에 요약 소개되었으며, 본문의 이들 이름은 사생활 보호를 위해 가명으로 처리되었다.

이 연구는 국내 광주광역시의 고려인 이주자와 우즈베키스탄 타슈켄트의 고려인 일부 가족을 대상으로 현지 조사를 수행함으로써 한 지역이 아닌 여러 지역에서 연구가 수행된 이른바 '다중지역 민족지적 연구'multi-sited ethnographic research(Marcus, 1995)에 해당한다. 일반적으로 민족지적 연구는 연구대상의 일상적 삶과 실천을 깊이 있고 자세히 기술하는 것을 목적으로 하고 있다. 따라서 본 민족지적 연구는 참여관찰과 심층 인터뷰를 이용해 수집한 자료를 토대로 연구 대상인 고려인의 한국 이주와 정착 및 가족 재결합에 관련된 생생한 경험을 그들의 사회·문화적 맥락 내에서 이해하고 설명하고자 하는 질적 연구 유형을 표방하고 있다.

표 1. 연구대상의 기본특성

연구대상자	나이	성별	거주지	혼인 상태/가구유형	입국 연도	현 직업
황발렌티나	59	여	광주광역시	기혼(사별)/ 3세대	2014	조부모 노릇
송크세니야	41	여	광주광역시	기혼/ 부부+자녀	2011	제조업 공장
황타티아나	68	여	타슈켄트	기혼/ 송크세니야의 어머니	2015	아르바이트
김드미트리	39	남	광주광역시	기혼/ 부부	2011	제조업 공장
최엘레나	34	여	광주광역시	기혼/ 김드미트리의 부인	2011	제조업 공장
김막심	30	남	타슈켄트	미혼/ 김드미트리의 남동생	2015	의사
김보리스	56	남	안산시	기혼/ 단독	2010	제조업 공장
최에카테리나	84	여	타슈켄트	기혼/ 딸과 거주	해당 없음	조부모 노릇
허빅토르	33	남	광주광역시	기혼/ 부부+자녀	2012	제조업 공장
김미하일	46	남	광주광역시	기혼/ 3세대	2011	일용직
허아나스타샤	43	여	광주광역시	기혼/ 허빅토르의 부인	2008	사무직
박발렌틴	30	남	광주광역시	미혼/ 단독	2011	제조업 공장
송요시프	40	남	광주광역시	기혼/ 단독	2011	제조업 공장
박나탈랴	29	여	광주광역시	미혼/ 단독	2012	제조업 공장
김마리나	49	여	광주광역시	기혼(사별)/ 단독	2011	제조업 공장
최에브게니	30	남	광주광역시	기혼/ 부부+자녀	2011	제조업 공장
박마리야	26	여	광주광역시	기혼/ 최에브게니의 부인	2011	출산 휴식

우즈베키스탄인 고려인의 국제 이주

우즈베키스탄 고려인의 국제 이주 경향

우즈베키스탄 독립 이후 열악한 경제 환경과 경직된 정치체계로 약 250만 명 이상의 우즈베키스탄인이 일자리를 찾아 해외로 이주하였다. 러시아의 연방 이민국에 따르면 2015년 1월 현재 약 2백 2십만 명의 우즈베키스탄 국적자가 러시아에 체류하고 있다. 우즈베키스탄인의 주요 이주 대상국은 러시아·카자흐스탄·유럽연합국가·한국이며, 우즈베키스탄 전체 이주민의 약 85%는 러시아로 국제 이주하고 있다Parpiev, 2015.[13] 우즈베키스탄인이 이들 국가로 국제 이주하는 주요 동기는 본국에 적절한 임금 지급이 되는 일자리가 없고, 전문적인 일을 선택하기 위한 것 등 주로 경제적 요인이었다(김성진, 2013/2014).

2014년 말 현재 우즈베키스탄 내 고려인의 수는 182,957명이며, 전체 고려인의 약 75%에 해당하는 136,520명이 타슈켄트시와 인근의 타슈켄트 주에 거주하고 있다(외교부, 2015). 1991년 우즈베키스탄 독립 이후 고려인은 주로 러시아와 카자흐스탄 등으로 이주하였다. 독립 후 우즈베크 민족 중심적인 행정·정치·경제 정책과 우즈베크어 중심적인 언어와 교육정책 등으로 인한 소수민족에 대한 차별정책으로 우즈베키스탄 내의 고려인의 입지는 크게 위축되었다. 특히 언어와 민족이 중심이 되어 점차 고위직이나 전문 직종에 고려인의 진출이 제한되는 것도 고려인이 국외로 재이주를 하게 만드는 배출요인으로 작용해 왔다.

중앙아시아 국가들의 독립 이후 발생한 고려인의 해외로의 대규모

이주 대상국은 러시아이며 고려인은 러시아 내의 다양한 지역으로 이주하였다. 고려인의 러시아 연해주로의 재이주 시기를 둘러싼 다양한 주장[14]이 있다. 그러나 우즈베키스탄 고려인은 1990년대 초반 이래 연해주와 러시아의 남부의 볼고그라드와 로스토프주의 농촌 지역뿐만 아니라, 모스크바와 상트페테르부르크 등의 러시아 대도시들로 대규모로 이주하였던 것 같다. 성동기(2010)는 우즈베키스탄 고려인의 이주를 2000년까지와 그 이후로 대체로 구분하고 시기별로 드러난 이주의 유형에 각각의 특징이 있음을 지적한다. 2000년까지의 고려인 이주는 주로 개인 단위와 계절 농사인 '고본질'을 위한 농촌 이주가 특징이라면, 그 이후에 고려인이 자본주의에 적응하면서 특히 일반기업체에 취업할 수 있는 경영학, 컴퓨터, 영어 등의 역량을 갖춘 후에는 러시아와 카자흐스탄의 대도시로 개인 단위보다는 복합적 단위의 이주가 이루어지고 있다. 성동기는 특히 카자흐스탄의 경제가 발전되면서 지리적으로 가까운 카자흐스탄으로의 우즈베키스탄 고려인 이주가 활성화되었다고 주장한다.

본 연구 대상인 광주지역 일부 고려인의 가족과 친족 이민사를 통해 1991년 독립 이후 고려인이 우즈베키스탄에서 러시아의 다양한 지역으로 재이주를 하였음을 알 수 있다. 광주에 사는 딸 송크세니야(여, 41)를 방문하여 2015년 9월 현재까지 체류하고 있는 친정어머니 황타티아나(68) 형제자매의 우즈베키스탄에서 시작된 이주사에 관한 〈사례1〉은 독립 후 우즈베키스탄 고려인이 러시아 일대로 재이주를 하는 양상과 소련 시절을 직접 경험한 이주 2세대와 그 이후 자녀 세대의 국제 이주 대상국 선택에 차이가 있음을 보여준다.

사례 1 러시아 이주를 열망하는 황타티아나(68)

광주에 거주하는 송크세니야의 어머니 황타티아나는 5형제의 맏이로서 부부가 우즈베키스탄 타슈켄트시에 살고 있다. 둘째인 여동생은 1999년에 우크라이나로 '고본질'을 하여 현재 우크라이나 시민이 되었다. 셋째인 남동생은 소련 시절 사할린에서 살던 러시아 시민이었으나 모든 형제자매가 우즈베키스탄에 있으므로 가족 재결합을 위해 우즈베키스탄으로 귀국했다, 그러나 그는 우즈베키스탄 국적을 받지 못하여 9년 동안 무국적자로 지내다 러시아 국적을 회복한 2007년부터 러시아 로스토프주에서 비닐하우스[15] 농사를 짓고 있다. 막내 여동생 가족도 2009년에 러시아의 오빠 가족에 합류하여 로스토프주에서 비닐하우스 농사를 한다. 넷째인 여동생은 2010년에서 한국 안산에서 일하는 아들 며느리에 합류하여 아르바이트로 번 돈을 러시아 로스토프의 오빠에게 보내 작은 집이 딸린 비닐하우스를 사들이어 2015년 5월에 러시아 로스토프주로 떠났다. 그녀는 안산에 있는 두 명의 아들의 가족과 안산에서 가족 재결합한 후 손자들을 돌보면서 모텔 등에서 아르바이트를 하면서 아들 가족과 함께 살고 싶었다. 그러나 그녀는 한국에서의 삶이 여러 가지로 힘들어 로스토프주에 있는 형제자매와 자신이 좋아했던 농사나 지으며 여생을 보내기로 작정하고 러시아로 떠났다.

현재 광주에 체류 중인 황타티아나의 큰딸 부부는 미국에 이민 가 시민권을 취득하였고, 둘째인 송크세니야 부부는 2012년부터 광주에 살기 시작해 광주에 영구정착을 계획하고 있다. 2015년 9월 현재 광주에 머무는 황타티아나는 광주에 도착한 6월 초부터 '고려인종합지원센터'에서 장년과 노년층을 대상으로 주선해 주는 일감을 받아 일하고 있다. 그녀는 배·블루베리·아로니아 농장 등에서의 일용직 아르바이트를 하면서 현금을 모은 뒤 가까운 시일 내에 러시아의 로스토프에 비닐하우스를 사 형제자매들에 합류하고자 한다. 광주의 딸 부부가 황타티아나 부부를 한국으로 초청하여 함께 생활할 것을 제안하지만, 어머니는 로스토프주에서 비닐하우스 농사를 하며 형제자매와 러시아에서 여생을 보내고 싶어라 한다.

중앙아시아 이주 2세인 황타티아나의 일부 형제자매들은 일찍이 우크라이나와 러시아 일대로 '고본질' 하기 위해 갔으며, 황타티아나와 넷째 여동생은 한국에 정착한 자녀들과 함께 생활하면서 시간제 일로 한국의 노동시장에 개입하였다. 그러나 이들의 최종 목적지는 소련 시대부터 늘 해오던 농사일을 하면서 다른 형제자매들과 생활할 수 있는 러시아의 로스토프 주이다. 황타티아나와 넷째 여동생 자녀들은 미국에서 이미 시민권을 취득했거나 한국에서의 영구정착을 계획하고 있어 부모 세대와는 국제 이민 대상국을 달리하고 있다. 한국 생활을 제안받은 황타티아나는 한국이 국적취득이 쉽지 않고 특히 언어가 낯설어서, 러시아어가 통용되고 정치, 경제, 사회 체계를 경험했던 러시아에서 살기 위해 가까운 시일 내에 형제자매가 있는 로스토프주로 이주할 결심을 했다.[16]

소련연방 붕괴 후 고려인이 재이주 대상국을 정할 때 기준으로 삼는 데는 대체로 러시아어 사용의 빈도, 새로운 국적의 취득 가능성, 경제적 소득의 증대, 사회적 지위 개선 등이 중요하게 검토된다(오정은·강희영·성동기, 2014). 특히 중앙아시아와 러시아 및 우크라이나 등은 과거 소비에트 연방의 일원으로 동일한 정치와 경제 및 사회 시스템을 공유하고 학위 등 교육과정을 상호 인정하고 있다는 점 때문에

(김성진, 2013/2014), 자신의 학력과 경력을 인정받아 전문직에 종사하고자 하는 젊은 세대의 고려인은 러시아로 국제 이주를 하고자 한다. 이들이 한국에 이민을 주저하는 것은 상대적으로 개방된 출입국 정책과 높은 수준의 경제적 보상을 제공한다는 장점에도 불구하고, 본국에서의 학력과 경력과 관계없이 생산직이나 건설 현장에서 일함으로써 지위 하락을 경험해야 한다는 현실 때문이다. 광주의 김드미트리(남, 39)의 막내 남동생 김막심(30)이 이 사례에 해당한다. 김막심은 타슈켄트에서 의과대학을 졸업한 전문의로 2015년 5월까지 타슈켄트 국가병원에서 근무해 왔으나 급여가 낮아 처우가 더 좋은 러시아로 이주하고자 했으나, 러시아 경기 불황으로 병원 취업이 어려워 한국에 와서 하남공단의 제조업 공장에서 일하고 있다.

우즈베키스탄 고려인의 한국 이주

우즈베키스탄 고려인의 국제 이주 대상국별 정확한 이주 규모를 알 수는 없지만 최근 5년 동안 한국으로의 이주 규모가 커지고 있는 점은 사실이다. 국내 고려인이 한국으로 이주하기 시작한 것은 2002년 '재외동포법'의 불평등 적용에 대한 차선책으로 중국과 독립국가연합Commonwealth of Independent States(이하 'CIS')지역 동포에게 단순노무 분야 취업을 허용하는 '취업관리제'가 도입되면서부터이다.[17] 그러나 취업 업종의 제한, 복잡한 취업 및 고용 절차 등을 피하기 위한 미등록 체류의 증가 등 부작용이 속출하자, 2007년 3월에 중국과 CIS지역 동포의 자유로운 출입국과 단순 노무 업종에 자율적인 취업을 허용하는 '방문취업제'가 도입되었다. 이 연구의 김미하일 등은 취업관리제로 2005년에 한국에 입국하여 단순 노무 분야에 종사한 바 있다. 김미하일은 인천에서 문짝 제조공장 등에 근무하면서 제대로 임금을 받지 못하면서도 노동 강도가 강해 이를 견디지 못해 공장을 이탈하여, 자진 귀국을 한 2010년까지 미등록 신세가 되었으나 2011년에 방문취업제로 재입국했다.

방문취업제가 도입되면서 국내 우즈베키스탄 고려인의 수는 큰 폭으로 증가하기 시작했다. 2008년의 2,570명에서 2009년에는 3,698명으로 약 30% 증가했으며, 2010년에는 무려 75%가 증가한 6,475명의 고려인이 국내에 체류했다. 2008년 1월부터 고학력자와 전문직 종사자 및 러시아 고려인을 대상으로 재외동포비자(F-4)가 도입됐지만, 2010년까지 대부분의 우즈베키스탄 고려인은 방문취업비자 소지자였으며 전체의 약 6%만이 재외동포비자(F-4)를 취득하였다.

〈표 2〉의 2009년~2015년 사이의 국내 우즈베키스탄 출신 이주자 현황에 관한 자료에 따르면 그간 국내 우즈베키스탄 국적자 수의 증가를 알 수 있는데 그 중 특히 고려인의 증가세가 두드러진다. 고려인 수의 급증을 이끄는 것은 방문취업비자(H-2) 소지자이지만, 재외동포비자(F-4)와 영주권 비자(F-5) 소지자의 수도 해마다 큰 폭으로 증가한다는 점은 주목할 만한 점이다. 2010년에 전체 고려인 수에서 F-4 비자 소지자의 비율은 불과 6%였지만 2013년에 오면 26%로 심하게 증가하고 있다. 이러한 증가는 2013년부터 만 60세가 넘은 외국 국적 재외동포에 대해 F-4 비자를 발급한 것이 반영된 것으로 보인다.

표 2. 한국 내 우즈베키스탄 이주자 수의 증감 추이(2009~2015년)

연도	2009	2010	2011	2012	2013	2014	2015
우즈베크 국적자	15,868	21,056	25,803	34,688	38,515	43,852	47,134
단기방문(C-3)				2,913	2,547	2,742	3,088
고용허가제(E-9)	7,715	11,669	13,251	15,414	16,407	14,466	16,560
방문동거(F-1)	170	205	272	115	1,089	1,660	2,067
거주(F-2)	1,437	1,460	1,442	547	235	180	196
동반(F-3)	182	202	233	238	296	326	356
재외동포(F-4)	미분류	392	1,423	2,881	3,814	4,631	5,149
영주권(F-5)	179	290	414	493	532	641	711
방문취업(H-2)	3,348	5,793	7,539	8,951	10,223	12,386	14,150
고려인 추정인구	3,698	6,475	9,376	12,325	14,569	17,658	20,010

* 2015년 통계는 2015년 8월 31일 기준이며 나머지는 매년 12월 31일 기준임.

〈표 2〉의 고려인 추정인구는 방문취업비자(H-2), 재외동포비자(F-4), 영주권비자(F-5)를 합한 고려인의 수이기 때문에 실제 국내 체류 고려인의 수는 이 추정치를 크게 웃돌리라 짐작된다. 특히 재외동포비자와 영주권비자 소지자들이 본국의 가족원을 동거나 동반 등으로 한국으로 초청하고 있는 것이 현실이기 때문에 우즈베키스탄 고려인 수는 약 2만 5천여 명에 이를 것으로 예상한다. 또한, 제한적인 조건으로 3개월 단기방문 사증을 발급하던 C-3 비자가 2014년부터 만 60세 미만의 외국 국적 동포에 대해 3년 유효한 단기방문 복수사증이 발급되고 있어서 C-3 비자 소지자의 상당수가 거의 고려인일 가능성이 크다.

고려인 가족 유형의 다양화와 역동성

재외동포비자(F-4)와 영주권비자(F-5)를 소지한 우즈베키스탄 고려인의 수의 증가와 이들의 미성년 자녀와 노부모의 초청에 따른 가족 재결합 사례가 늘어남에 따라, 고려인 가족의 규모와 유형도 소규모 '단독 유형' 또는 '부부 유형'에서 '성인부부+자녀 유형' 또는 '성인부부+자녀+조부모 유형'이라는 다세대형으로 전환되고 있는 것으로 추정된다. 한국으로 국제 이주함으로써 본국에 자녀 또는 노부모가 국경을 두고 분거하는 '초국적 가족'이 형성되고 있으며, 한국의 성인 자녀는 본국에 남아 있는 자녀와 노부모에 대해 다양한 방식의 '초국적 돌봄'을 실천하고 있다. 초국적 상황에서 우즈베키스탄 고려인 초국적 가족은 개별 가족사와 이주사, 부모와 자녀 간의 돌봄에 관한 문화적 개념 등의 미시적 요인과 정치·경제적 환경과 출입국 관련 이민 정책 등의 거시적 구조 간의 조합에 따라 형성되는 일련의 '가족생애주기'에 따른 가족 유형의 다양화와 역동성을 보인다.

'독신' 또는 '단독 배우자' 가족

단독으로 입국하여 독신생활을 지속하거나 현지에서 배우자를 만난 후 본국에 귀국하여 결혼하고 배우자를 두고 오거나, 본국에서 결혼하고 이주 초기에 배우자 한 명만 한국에 입국한 사례들이다. 최근 '이주의 여성화'feminization of migration 논의[18]는 여성이 국제 이주를 주도하는 과정에서 독신으로 해외에서 이주 생활을 하는 이주 과정을 드러내고 있다. 이 연구에 등장하는 2명의 독신 여성은 사별한 후 자녀를 친정어머니에게 맡기고 혼자 입국하거나 미혼 여성이지만, 두 사례 모두 다른 가족원의 이주를 이끌기보다 먼저 입국한 형제자매의 도움으로 한국에 정착한 사례들이다. 또 다른 3명의 남성 독신들은 주거지 인근에 다른 형제자매가 있는 미혼 남성과 배우자와 자녀를 타슈켄트에 두고 온 남성들이다. 〈사례2〉의 미혼 단독 여성 박나탈랴는 세 명의 자매 가운데 가장 늦게 한국에 입국하여 단독으로 거주하지만, 일상에서는 다른 자매들과 긴밀한 관계를 유지하고 있다.

박나탈랴뿐만 아니라 혼자 사는 미혼 박발렌틴(남, 30)과 기혼자지만 배우자가 사별한 김마리나(여, 49)도[19] 단독 가구 유형에 속하지만, 일상생활에서는 인근의 형제자매와 친밀한 관계를 유지하고 있다.

사례 2 단독 여성 박나탈랴

박나탈랴(여, 29)는 세 자매의 맏이로 타슈켄트 출신으로서 현재 광주 평동공단 냉장고 손잡이 제조공장에 다닌다. 2003년 한국 남성과 혼인하여 광주에 정착한 둘째 여동생(28)의 한국 생활로부터 박나탈랴 가족의 한국으로의 이주는 시작되었다. 본인만 미혼이고 다른 두 여동생의 가족은 '부부와 자녀' 유형이다. 한국인과 결혼한 둘째 딸 집을 방문하면서 시작한 아버지(56)의 한국 생활은 2008년부터 5년 동안 이어졌으나, 어머님(73세의 나이로 2013년에 작고함)의 중환으로 2013년에 귀국해 그는 현재 타슈켄트에서 부인과 막내아들과 함께 생활한다. 여동생들의 안내를 받으며 가장 늦게 광주에 정착해 이민 생활을 하는 박나탈랴는 혼자 살지만 임신한 막내 여동생의 일상을 보살펴 주는 등 언니로서 역할을 다한다. 특히 타슈켄트에 있는 부모님에 대한 송금과 국제전화를 통한 안부 인사 등을 큰언니로서 주도적으로 하면서 자매들 간의 관계를 유지하고 있다.

단독 가구 유형의 또 다른 형태는 결혼한 배우자와 자녀를 본국에 두고 혼자 온 고려인 남성들인데, 이들은 시간이 지나면서 부인 또는 부인과 자녀를 한국으로 부르는 경우가 많다. 〈사례3〉의 김에르네스트(남, 56) 역시 가까운 미래에 가족들을 한국으로 불러 한국에서 영구정착을 계획하고 있다.

사례 3 배우자 단독 가구

안산에 단신으로 원룸에 사는 김에르네스트(남, 56)의 아버지(1932년생, 사망)와 어머니(84)는 모두 강제 이주 세대이다. 김에르네스트는 큰아들이고 둘째는 타슈켄트에서 어머니를 모시고 사는 '고려인 요양원' 의사인 여동생(56)이다. 2010년에 한국에 온 김에르네스트는 현재 F-4 비자를 소지하였으며 안산의 위성안테나 제조업체에서 5년째 근무 중이다. 한국에 이주하면서 미국 간 남편의 초청을 기다리고 있는 여동생(56)이 어머니를 모시고 있다. 그는 자신이 한국에 있어서 여동생이 어머니를 모시는 것을 생각하면서 큰아들로서 제구실을 못 하는 마음에 어머님께 늘 미안한 마음을 가지고 있다. 타슈켄트의 한국어교육원 교사인 그의 부인(51)은 2년 전 방학 동안 안산에 와서 핸드폰 덮개 제작공장에서 단기로 일하고 본국으로 귀국했다. 김에르네스트의 큰아들(29)은 한국에서 일하면서 현재의 부인을 만나 잠시 타슈켄트에 머물고 있다. 그의 둘째 아들(27)은 타슈켄트 의과대학을 졸업하고 모스크바에서 의과대학원을 다닌다. 김에르네스트가 한국에 온 것은 의과대학원을 다니는 아들의 비싼 학비와 생활비를 대기 위한 것인데 2015년 11월이면 아들의 학업이 끝난다. 그는 아들 공부가 끝나더라도 한국에 머물면서 돈을 모을 것이지만 더는 혼자서는 살기 힘들 것 같다고 생각한다.

김에르네스트는 그간 아들 학비 지원으로 저축한 현금이 없어서 지금부터 다시 한국에서 돈을 벌 생각이며 가까운 시일 내에 큰아들 부부와 부인을 F-4 자로 입국시켜 한국에서 가족 재결합을 할 계획이다. 게다가 현재 어머니를 돌보고 있는 여동생이 미국의 남편과 재결합을 위해 떠나게 되면 김에르네스트는 어머니까지 한국으로 모실 계획을 세우고 있다.[20] 김에르네스트는 한국에서 혼자 살면서 심신이 너무 힘들었기 때문에 가족들이 합류하면 지금처럼 많은 돈을 벌기 위해 가혹하게 일하지 않고 하루 8시간 정도만 일하면서 "사람처럼 살고 싶다."라고 말했다.

부부 가족 유형

이 가족 유형은 부부가 자녀를 본국의 '대리 부모'에게 남겨두고 한국에 함께 입국한 경우거나 부부 중 한 사람이 나중에 한국의 배우자와 합류한 경우다. 부부 가족은 부부 모두 노동시장에 진입해야 해서 특히 돌봐야 할 자녀가 취학 연령 이전인 경우나 이전 혼인에서 낳은 자녀일 경우 본국의 '대리 부모'에게 자녀를 맡기고 입국하는 경우가 일반적이다. 본국에 남아 있는 자녀의 보살핌 공백과 한국에 있는 부모, 특히 엄마의 보살핌을 받을 수 없는 상황으로 인해 부모와 자녀 간의 상호 정서적 틈새와 갈등이 국경을 두고 흐르는 상황이 전개될 수 있다. 따라서 부모가 부재한 초국적 가족에서 본국에 남아 있는 자녀에 대해 돌봄을 제공하는 '대리 부모', 주로 조부모 또는 다른 가족과 친족 구성원은 초국적 가족의 결속이 유지되면서 부모와 떨어져 생활하는 어린 자녀의 불안과 이주한 부모의 정서적인 부담을 완화하는 핵심적인 역할을 하고자 한다.

서구에서 돌봄 노동에 종사하는 이주 부모가 본국에 남아 있는 어린 자녀를 돌보지 못한 데서 야기되는 부모, 특히 어머니와 남겨진 자녀 간의 정서적인 어려움을 다루는 연구들Parrenas, 2001; Hochschild, 2002; Schmalzbaur, 2004은 '전 지구적 돌봄 고리'의 개념을 분석 틀로 사용하여 모국의 '대리 부모'에게 남겨진 아동이 친밀성과 애정의 결여로 인해 버림받은 느낌을 경험한다고 주장한다. 이들 연구는 이주자 부모는 자신의 부재로 인한 자녀의 정서적 문제를 현금과 선물로 보상하고자 하여 흔히 부모와 자녀 간의 관계가 상품화되는 결과를 가져오기도 한다고 강조한다.

한편 부모가 원거리에서 지속적인 애정을 보여줄 때 아동들은 부모와의 분거에서 오는 정서적 상처를 극복하고 있으며, 특히 남아 있는 확대 가족원들의 아동에 대한 적극적인 관심은 아동이 버림받았다는 느낌을 극복하는 데 도움이 된다고 강조한다Artico, 2003. 일반적으로 고려인 가족 내 여성, 특히 할머니나 엄마 세대의 여성 친족원(특히 이모)이 '대리 부모'의 역할을 주도적으로 하지만 남겨진 자녀와 함께 또는 인근에서 사는 할아버지와 외삼촌 등을 포함하는 확대 가족과 친족 구성원도 직·간접적으로 '대리 부모'의 역할을 지원해준다.

사실 한국에서 이주 생활을 하는 성인 부부가 본국에 남겨둔 대상은 자녀뿐만 아니라 노부도 마찬가지이다. 이주자 성인 자녀는 국경 너머 우즈베키스탄의 자녀와 부모에 대한 초국적 돌봄을 다양한 방식으로 수행한다. 정보통신기술을 이용한 국제전화, 화상통화, SNS

사례 4 부부 가구

김드미트리와 최엘레나 부부는 2011년 한국으로 입국 당시 2살이었던 딸(6)을 타슈켄트의 시부모에게 맡겼다. 부부가 모두 일해야 해서 딸이 학령기에 도달할 때까지 시어머니가 돌보고 있다. 그러나 딸이 사는 타슈켄트의 집에는 할아버지, 미혼 삼촌 김막심(30)도 함께 거주하고 있으며, 집 근처에 사는 시어머니의 4명의 자매, 다시 말해 김드미트리의 이모들이 빈번히 집에 놀러 와 딸의 좋은 친구가 되어 주고 있다. 2013년에 여권 변경 목적으로 타슈켄트를 방문한 부부는 우즈베키스탄의 딸과 부모님과 화상통화를 하기 위해 컴퓨터를 한국에서 사서 갔다. 김드미트리의 남동생 김막심은 함께 사는 부모님과 조카에게 스카이프하는 방법을 가르쳐 주었으며, 지난해부터는 딸 혼자서 한국의 부모에게 스카이프를 할 수 있게 되었다. 엄마 최엘레나는 2013년에 타슈켄트에서 한국으로 돌아오는 길에 심하게 슬퍼하는 딸을 두고 오는 발걸음이 너무 무거웠으나, 그녀는 스카이프로 매일 딸을 만날 수 있어서 그나마 정서적으로 위로를 받아왔다. 그러나 요즘 광주의 엄마 최엘레나는 마음이 무겁다. 딸의 정서 상태가 좋지 않은지 스카이프 앞에 잘 나타나지 않기 때문이다. 딸이 할머니 말을 듣지 않을 나이가 되었나 싶고, 엄마 보고 싶어서 '투정 부리는' 것으로 이해도 되지만 엄마는 요즘 무척 우울하다.

등을 통해 정서적 지지를 하며, 송금을 통해 물질적 지원을 하고 기회 닿을 때마다 본국을 방문해 직접적인 돌봄을 수행하고자 한다. 사실 '전 지구적 돌봄 고리'의 개념이 주장하는 것과는 달리 한국과 우즈베키스탄 사이에 전개되는 초국적 가족들 내의 돌봄 제공은 '돌봄'과 '현금'이라는 상이한 두 개의 항목이 한국과 우즈베키스탄의 어느 한 방향으로만 흐르는 단선적인 성격은 아니다. 본국 노부모의 손자녀 돌봄, 한국 성인 자녀의 노부모에 대한 초국적 돌봄, 한국으로 이주하는 본국 가족원에 대한 지원처럼 초국적 가족 내의 돌봄은 '여러 방향'으로 순환하는 호혜성의 이동으로 인식될 필요가 있다. 〈사례4〉는 돌봄이 김드미트리(남, 39)와 최엘레나(여, 34) 부부의 딸을 타슈켄트에서 보살피는 노부모 및 인근의 확대 가족과 친족 구성원 사이를 '순환'함으로써 고려인 초국적 가족이 유지되고 있음을 보여준다.

2015년 봄에 김드미트리의 막내 남동생 김막심이 러시아로 의사 생활을 떠나기 전에 형과 형수를 만나기 위해 광주를 방문했다. 사실 김막심은 조카인 김드미트리의 딸에게 스카이프 하는 방법도 알려주고 가끔은 함께 놀아주는 자상한 존재였다. 김막심의 광주 방문은 이번이 두 번째인데, 첫 번째 방문은 너무 급여가 적어 우즈베키스탄에서의 의사 생활을 그만두고 한국으로 올 수 있는 상황을 살피기 위한 목적이었다. 김드미트리 부부는 늘 조카에게 자상한 태도를 보이는 김막심의 한국 체류를 적극적으로 지원하였다. 2015년 1월 초 필자는 타슈켄트에서 김드미트리의 네 명의 이모들이 부모 없이 지내는 김드미트리의 딸에게 큰 관심을 보이고 있음을 알 수 있었다.

그러나 이렇게 다양한 '대리 부모들'이 김드미트리의 딸을 돌봄에도 불구하고 요즘 딸이 스카이프를 통해 부모와 화상통화 하는 것을 피하고 있는 것이 김드미트리 부부에게 마음에 걸린다. 김드미트리 부부는 한국 방문을 마치고 귀국하는 김막심의 편에 딸의 마음을 달래는 과정에서 약속해버린 아이패드를 선물로 보냈다. 또한, 아버지의 낚시 풀 세트와 어머니의 의류 몇 가지도 함께 김막심 편에 보냈다. 김드미트리 부부가 돌봐야 할 대상은 딸뿐만 아니다. 가까이에서 노부모를 돌보지 못하는 죄스러운 마음에서 김드미트리 부부는 시부모에게 딸의 양육비를 포함한 미화 400불을 용돈으로 매월 송금하고 기회 닿을 때마다 선물도 보낸다.

현재 방문취업비자(H-2)를 소지하고 있는 최엘레나는 2015년 11월 H-2비자가 종료되는 시기에 우즈베키스탄에 가서 F-4로 비자를 변경할 계획이다. 그녀는 타슈켄트의 딸(6)과 이전 혼인에서 낳은 우르겐치의 딸[21]을 데리고 한국으로 입국할 계획이다. 김드미트리 부부 사례처럼 본국의 '대리 부모'에게 자녀를 남기고 오거나, 이전 혼인으로 낳은 아이를 주로 친정어머니나 여자 형제에게 맡기고 한국에 온 고려인이 적지 않다. 김드미트리와 본국에 있는 딸과 노부모의 경우처럼 가족 구성원들이 국경을 두고 분거하는 동안에도 자신들의 전통적인 역할과 책임을 수행하는 것이 중요하다. 한국의 성인 자녀가 초국적 돌봄을 통해 본국의 노부모와 딸을 돌보고 본국의 확대 가족 구성원이 손자녀 돌봄에 개입하는 등 고려인 사회에서의 돌봄 제공은 가족과 친족 구성원의 광범위한 돌봄 지지 네트워크 내에서 순환하고 있음을 알 수 있다.

부부+자녀 가족 유형

배우자 가운데 어느 한쪽이라도 F-4 비자를 소지하였으면 19세 미만의 미성년 자녀는 부모의 초청을 통해 동반비자(F-3) 등으로 한국의 부모와 가족 재결합을 할 수 있다. 부부가 자녀를 동반할 수 있는 비자 조건이 되지 않은 경우나 직장의 안정성이 보장되지 않아 한국에서 자녀 양육에 경제적으로 어려운 경우를 제외하고, 대부분의 고려인 부모는 자녀를 한국으로 초청해 함께 거주하고자 한다. 자녀와 부모와의 한국에서의 재결합은 부모와 자녀의 분거로 인해 발생하는 경제적 이득과 가족의 결속과 정서적 상실 비용의 대차대조표에 따라 지연되거나 즉각 실행된다. 가족 재결합과 관련한 기존 연구들Zentgraf & Chinchilla, 2012; Ambrosini, 2015은 정착자의 법적 지위, 즉 시민권자인가 아니면 잠정적인 체류자인가가 가족 재결합의 가능성에 매우 중요한 역할을 한다고 주장한다. 그러나 한국의 고려인들은 비록 시민권자가 아니더라도 재외동포비자(F-4) 소지자라도 미성년 자녀 초청이 가능하다는 점에서 자녀와의 정착지에서의 재결합은 어렵지 않게 진행되고 있다. 광주에서 독신으로 지내다 부인(30)과 아들(6)이 합류하여 부부와 자녀 유형의 가족을 이룬 허빅토르(33)는 1년 반 이상 떨어져 지낸 아들이 다시 만났을 때 자신을 알아보지 못한 것을 정서적 충격으로 여기고 가족은 함께 지내야 한다는 결심을 한 사례다.

한국의 가족에 합류한 자녀가 보육원을 다닐 나이면서 부부가 경제활동을 해야 해서 자녀는 보육시설에 위탁된다. 아침 일찍 출근하고 잔업 때문에 밤늦게 퇴근하는 고려인 부부의 편의를 위해 이른 아침부터 늦은 밤까지 자녀를 맡길 수 있는 장점이 있어, 상당수의 고려인 부모는 '고려인종합지원센터'에서 운영하는 '새날어린이집'을 이용한다. 그러나 이런 장점에도 불구하고 〈사례5〉의 허빅토르의 경우와 마찬가지로 '새날어린이집' 보다는 한국의 일반 어린이집을 이용하는 고려인 부부가 최근 들어 점차 늘고 있다.

사례 5 부부+자녀

허빅토르는 2009년 타슈켄트 인근 농촌 '유코리치르칙'구역(시온고 지역)의 부모님 집에서 결혼생활을 시작했다. 전문학교에서의 강사 급여로 생활이 힘들어 그는 2010년 말에 부인과 아들을 부모님 집에 두고 누나와 여동생이 거주하는 광주에 정착했다. 누나 부부가 허빅토르의 정착과 구직을 도와주었다. 허빅토르는 약 1년 반 동안 혼자 자취를 하며 공장에 다니면서 매월 미화 800불을 가족에게 송금했다. 2012년 중반 무렵에 허빅토르가 부인과 아들을 데리고 한국에 온 이유는 혼자 한국에서 1년 반 지내고서 아버지 환갑 때문에 본국에 가 아들을 다시 만났을 때, 자신을 알아보지 못할뿐더러 가까이 오지 않으려는 아들을 보고 정서적인 충격을 받았기 때문이었다.

당시 그는 다시는 가족들과 떨어져 지내지 않겠다고 결심하게 되어 한국으로 돌아오는 길에 부인과 아들을 동반하게 되었다. 막상 한국에서 아이를 키우니 월 30만 원의 어린이집 비용과 특히 감기에 약한 아들의 의료비 부담이 만만치 않았다. 현재 부부는 아들을 '고려인종합지원센터'에서 운영하는 '새날어린이집'에 맡기고 공장에 다니고 있다. 여권 변경을 목적으로 부인이 아들을 데리고 우즈베키스탄에 다녀오자마자, 그는 2015년 11월 무렵에 한국어를 제대로 배울 수 있는 일반 한국유치원으로 아들을 옮겼다. 아들과 한국에서 오랫동안 지내기 위해서는 아들이 한국 초등학교에 진학해야 하기 때문이다.

우즈베키스탄보다 더 좋은 환경에서 자녀를 장기적으로 교육하고자 우즈베키스탄으로의 귀국을 연장하거나 한국에 영구정착을 생각하는 젊은 세대의 고려인 부부가 늘고 있는 것이 현실이다. 사실 한국 초등학교에 입학해야 하는 자녀를 위해 자녀의 한국어 실력배양은 이들 부모에게 매우 절실한 문제다. 고려인 부모가 본국에서 학교에 다니다 온 자녀를 중도입국자녀 위탁학교인 '새날학교'에 입학시키기 원하지만, 최근 들어 부모와 합류하는 고려인 자녀의 수가 급증하면서 자녀의 새날학교 입학이 쉽지 않아서 일반 초등학교로 배정받는 사례가 늘고 있다.[22]

우즈베키스탄 자녀가 한국의 부모와 재결합 하면서 '부부와 자녀' 유형의 가족이 형성되는 것이 일반적이지만, 최근 들어 젊은 고려인 부부가 한국에서 자녀를 출산함으로써 '부부와 자녀' 유형의 가족이 늘고 있다. 광주광역시 광산구 '고려인종합지원센터' 센터장인 S씨(여, 58)는 최근 들어 젊은 세대의 고려인 산모가 출산을 위해 본국으로 돌아가는 일은 매우 드물고, 광주 현지에서 신생아를 출산하는 고려인 산모의 수가 크게 늘고 있음을 강조한다. 우즈베키스탄에 비교해 한국의 의료기술이 뛰어나다는 점은 이미 고려인 사회에 잘 알려진 사실이다. 게다가 의료보험의 유무에 따라 다소 경비의 차이는 있지만 '고려인종합지원센터'의 추천서를 갖추면 센터와 의료지원 협력 체결을 맺은 광주의 일부 산부인과 전문병원에서 저렴한 비용으로 광주에서 출산할 수 있어 광주에서 출산하는 고려인 산모의 비율이 늘고 있다. 〈사례6〉의 부부의 사례는 저렴한 경비로 광주에서 첫 아들을 출산하고 산모의 출산과 육아를 도와주기 위해 본국의 어머니가 광주를 방문하게 된 사연에 관한 것이다. 특히 이 사례는 고려인의 현지 출산과 노부모의 한국 방문과는 밀접히 연결되어 있음을 보여주고 있다.

사례 6 **부부와 자녀: 한국에서 출산**

최에브게니(남, 30)와 박마리야(여, 26) 부부는 2011년 중반에 광주에 정착해 두 사람 모두 제조업 공장에서 일하고 있다. 타슈켄트시 인근 농촌에 거주하는 최에브게니의 부모님을 제외한 최에브게니의 2남 2녀의 형제자매 모두가 한국에서 살고 있다. 둘째 누나가 2003년에 혼인중개업소를 통해 한국 남성과 혼인하여 가장 먼저 광주에 정착했고 그녀는 한국 시민권자다. 다음으로 미혼인 큰형(42)이 2007년에 한국에 와서 인천에서 일하고 있다. 다음으로 큰누나 부부가 아이를 타슈켄트 친정어머니께 맡긴 후 광주에서 일하다가 2년 전에 아들(6)을 광주로 데려왔다. 최에브게니 부부는 첫 아이를 우즈베키스탄보다 의료기술과 시설이 좋은 한국에서 출산하기로 했다. 이들은 '고려인종합지원센터'와 의료지원협약을 맺고 있는 광주의 산부인과 전문병원의 의료진과 시설이 광주 내에서도 좋은 편이라는 사실을 알고 있었다. 한편 며느리의 첫 출산을 돕기 위해 2015년 6월 말에 최에브게니의 어머니(68)가 한국을 처음으로 방문했다. 최에브게니 부부의 아이가 태어난 7월 1일은 '메르스' 전염병이 돌고 있을 때라 어머니와 최에브게니만 병원 출입이 가능했다. 최에브게니의 부인 출산은 원만하게 이루어져 산모와 신생아 아들 모두 건강하게 2박 3일의 병원 생활 후 귀가할 수 있었다. 아이 출산 비용으로 7만 원만 지출하였으며, 이에 대해 최에브게니 부부와 어머니 그리고 다른 가족 모두 한국인을 고맙게 생각하고 있다.

최에브게니의 어머니는 이번 광주 방문길에 우즈베키스탄에서 출산과 육아에 필요한 몇 가지 물품을 가져왔으며, 약 3개월 동안 산모와 신생아를 돌본 후 2015년 9월 말경에 우즈베키스탄으로 귀국했다. 고려인 사회에서도 출산과 육아 지원을 위해 한국을 방문한 노부모가 돌봄 역할을 마무리한 후 일정 기간 한국의 노동시장에서 시간제 노동을 함으로써 목돈을 모아 가는 사례가 적지 않다. 그러나 다리 관절염이 심해 움직이는 데에 어려움이 있는 최에브게니의 어머니는 3개월 집에만 머문 뒤 곧장 귀국했다. 최에브게니의 가족은 아들(1살)이 태어나 '부부와 자녀 유형'의 가족이 되었으며, 이제 이들 부부는 부인의 경제활동 복귀 여부와 시기 및 향후 아들을 누가 돌봐야 하는가와 관련한 중요한 결정을 내려야 한다. 이번에 방문한 어머니가 내년에 한국의 자녀들과 광주에서 가족 재결합을 하기는 데에 동의하셨다. 따라서 최에브게니의 부인은 당분간 경제활동을 중단하고 육아에만 전념하고, 시부모님이 한국에 오신 이후에야 새로운 직장을 알아보기로 마음먹었다.

부부+자녀+조부모 가족 유형(다세대 가족 유형)

부부와 자녀로 구성된 가족 유형 중에 자녀가 중등학교 이상 재학 중일 때 평상시 자녀 돌봄 문제는 크게 드러나지 않지만, 영유아와 초등학교 재학 중인 자녀가 있는 고려인 가족의 경우에는 그렇지 않다. 고려인처럼 한국 내에 돌봄을 지원해 줄 가족과 친족 네트워크가 부족하고 정착 국가로부터 육아 등에 관련된 사회보장지원을 받을 수 없을 때 자녀 돌봄은 고려인 부모에게 심각한 문제로 등장한다.

보육원과 초등학교 다니는 자녀가 있는 부부는 출퇴근 시간 사이에 걸쳐 있는 자녀의 등하교 시간을 함께할 수 없어서 그 해결 방안을 생각해야 한다. 부부 중 한 사람, 일반적으로 엄마가 보육원과 학교에서 하교하는 자녀를 맞이하기에 적합한 퇴근 시간이 보장되는 직장을 찾아보려 하지만, 제조업종 내에서 이런 조건을 맞출 수 있는 직장 찾기는 쉽지 않다. 이 경우 문제 해결의 한 가지 가능한 안으로 떠오르는 것은 우즈베키스탄의 노부모에게 한국의 손자녀에 대한 '조부모 노릇'을 요청하는 것이다. 어차피 한국의 성인 자녀는 초국적 상황에서도 본국의 노부모를 돌보고 있어서,[23] 본국 노부모를 한국으로 초청하여 함께 사는 것은 가까이에서 부모를 돌볼 수 있다는 장점으로도 작용한다. 한국에서 부모가 이민 대열에 합류하여 3세대 가족 유형이 형성되면, 노부모의 손자녀에 대한 돌봄과 성인 자녀의 노부모에 대한 돌봄이 상호 호혜적으로 제공되는 다시 말해 '세대 간 돌봄의 호혜성'이 작동하는 환경이 조성될 수 있다.

만 60세 미만의 '젊은' 조부모는 H-2 비자로 입국해야지만 만 60세가 넘은 조부모 세대는 우즈베키스탄 현지에서 별 어려움 없이 이른 시일 안에 F-4 비자를 취득하여 한국에 입국할 수 있다. 조부모 세대가 한국의 기존 가족과 재결합함으로써 마침내 '조부모+부부+자녀'라는 다세대 가족 유형이 한국에서 형성된다. 한국에 모든 자녀가 체류하는 경우 조부모 세대의 한국 이주는 성사될 가능성이 크다. 그러나 한국 외에 중앙아시아 국가나 러시아 등에 다른 자녀가 사는 경우 노부모의 한국으로의 이주 결정은 쉽지 않다. 다음의 김미하일(남, 46)과 허아나스타샤(여, 35) 부부의 〈사례7〉은 '단독가구' → '부부가구' → '단독가구' → '부부와 자녀 가구'를 거쳐 현재의 '3세대 가구'로 전환된 일련의 과정을 구체적으로 보여준다.

사례 7 부부+자녀+노부모(3세대 가족)

김미하일은 우즈베키스탄 안디잔 출신으로 2005년에 재외동포에 대한 '취업관리제'로 한국에 입국하여 상대적으로 적은 급여를 받으며 강도 높은 노동을 견디기 어려워 2005년에 근무지를 이탈해 2010년까지 미등록이주자로 생활하였다. 그는 부인 허아나스타샤와 결혼해 두 딸을 두고 있다. 그는 자신의 나이 1살 때 혼자되신 어머니(68), 부인, 자녀를 안디잔에 두고 한국에서 이주노동자 생활하며 매월 미화 300~500불을 가족에게 송금했다. 당시 고교 교사였던 부인의 급여인 미화 약 50불로는 가족들의 생계가 어려웠기 때문이다. 부인은 2007년 한국 남성과 결혼한 사촌 여동생 초청으로 3개월 단기 비자를 들고 광주의 남편과 합류함으로써, 한국의 김미하일 부부와 안디잔의 어머니와 자녀 가족으로 분리되었다. 2008년 부인 허아나스타샤가 방문취업비자(H-2)를 취득하여 정식으로 한국에 입국하여 미등록자로 생활하는 남편과 광주에서 함께 공장에서 일했다.

한편 큰딸(당시 11세)과 막내딸(당시 7세)은 2007년부터 부모 없이 할머니 돌봄만으로 생활하였으나 태어날 때부터 할머니와 살았기에, 부모 돌봄 공백을 크게 느끼지는 않았다. 김미하일이 2010년에 우즈베키스탄으로 귀국한 후 혼자 남은 부인 허아나스타샤는 재외동포비자(F-4)를 받았다. 2011년에 H-2비자를 취득한 김미하일은 한국 엄마의 초청을 받은 큰딸과 함께 한국에 입국하여, 안디잔에는 어머니와 막내딸만 남았다. 마침내 2012년에 F-4 비자로 입국하는 김미하일의 어머니와 함께 막내딸이 한국에 입국함에 따라, 김마힐 부부의 모든 가족 구성원은 광주 광산구 월곡2동에서 소위 3세대형 가구로 가족 재결합을 완결하였다.

김미하일의 사례는 단독 이주 후 미등록 체류 생활, 부인의 반복된 3개월 단기방문, 부인의 H-2 비자 획득과 부부 재결합, 김미하일의 미등록 체류 생활 청산과 부인의 단독 한국 생활, 김미하일과와 큰딸의 한국입국, 김미하일의 어머니와 막내딸의 한국입국이라는 장기적인 과정을 통해 비로소 김미하일 부부의 가족 구성원의 재결합이 성사되었음을 구체적으로 보여주었다. 한국에 온 김미하일 어머니의 한국 생활은 손녀 돌봄과 살림살이를 돌보는 반복된 일과의 연속이다. 한국어를 구사할 수 없는 어머니는 광산구에서 새로 사귄 3~4명의 고려인 할머니와 두 명의 친여동생과 산책하거나 인근 대형 쇼핑몰의 '아이 쇼핑'하는 것이 일과의 일부가 되었다.

어머니를 안디잔에 남겨두고 김미하일 부부는 송금과 국제전화를 통한 정서적 지지를 하는 것이 어머니께 할 수 있는 '초국적 돌봄'의 전부였다. 한국에서 가족 재결합을 한 후 알게 된 사실은 어머니가 손녀들을 보면서 자신의 건강을 챙기지 못해 당뇨와 고혈압으로 고통을 받아 왔다는 것이었다. 김미하일의 부인 허아나스타샤는 멀리서 시어머니의 병환을 알지 못해 건강이 악화한 것에 대해 다음과 같이 미안한 마음을 드러낸다.

> 어머니의 당뇨가 좋지 않은 것 같은데 심각하지 않은 것 같아 약만 사드시라 말씀드렸는데 어머니가 안 사 드신 것 같다. 조금 일찍 우리가 신경 썼으면 지금처럼 아프시지 않았을 것이다. 어머님께 미안한 맘이 많이 든다. '우리 러시아 사람들'은 여자들이 자신을 돌보지 않고 자식들만 돌본다. 요즘은 그렇지 않은 것 같은데 우리 '우즈베키스탄 사람들'은 살기 어려우니까 자식들 다 돌보고 여유가 생기면 자신을 돌보

기 때문에 약을 드시지 않았던 것 같다.

어머니에 대해 미안한 마음을 드러내면서 허아나스타샤는 '우리 러시아 사람들' 또는 '우리 우즈베키스탄 사람들'이란 표현을 번갈아 사용한다. 이는 과거 소련 시대에 살았지만, 이제는 우즈베키스탄 국적자가 되어 어쩌면 흔들리는 자신들의 정체성을 여과 없이 드러내고 있다. 그러나 이러한 정체성의 혼란에도 불구하고 고려인 부모는 자녀를 무조건 돌보고 또한 자식은 부모를 모시는 것을 당연하게 생각하고 있다. 부모 공경에 대해 허아나스타샤는 다음과 같이 말한다.

> 우즈베키스탄에서는 결혼은 반드시 해야 하는 것으로 생각한다. 그리고 부모님을 모시는 것을 당연하게 생각한다. 우즈베크, 카작 등은 이슬람 국가기 때문에 결혼하든 하지 않던 부모님을 모시는 것을 당연하게 생각한다. 비록 함께 살지 않더라도 부모님을 도와드리는 것을 당연하게 생각한다. 한국에 와서 부모님을 모시지 않는 사람이 많다고 해서 놀랐고, 길에서 노인들이 빈 상자 등을 줍는 것을 보고 저 사람들은 자식이 없나 하는 생각이 들어 한 번 더 놀랐다.

김미하일의 가족은 어머님을 모시고 한국에서 영구 거주할 계획이다. 현재 김미하일 가족이 살던 우즈베키스탄 안디잔의 아파트 관리와 어머니의 연금 수령은 인근에 사는 김미하일의 막내 이모가 하고 있다. 특히 직장에서 고려인으로서 차별을 경험했던 허아나스타샤는 우즈베키스탄에는 자녀의 미래가 없으므로 자녀들을 위해서도 한국에 영구 정착하기로 마음먹었다.

그림 1. 고려인 마을에 3세대 가구가 늘면서 노부모 환갑잔치도 자주 목격된다. (필자 촬영)

가족 유형의 역동성

김미하일과 허아나스타샤 부부의 큰딸(19)은 광주에 정착한 뒤 중도 입국자 자녀 위탁 교육기관인 광산구의 '새날학교'에 입학해 2016년 봄에 졸업 예정이다. 어머니까지 가족 재결합이 이뤄진 상황에서 큰딸은 대학진학을 해야 하는 과제가 남아 있다. 국내 체류 고려인의 만 19세 이상 만 25세 미만 자녀는 본국으로 귀국한 후 만 25세가 되어 H-2 비자를 받아 입국하거나, 최대 3개월 체류 가능한 1년 유효 단기 일반(C-3)비자를 통해 한국과 우즈베키스탄을 반복적으로 왕래하며 가족과 살아야 한다. 그러나 만 25세 이전이라도 단기 비자 C-3로 입국하여 국가공인 자격증(기능사)을 취득하거나 4년제 대학을 졸업하면 F-4비자로 변경할 수 있다. 김미하일의 큰딸이 한국에서 가족과 함께 지내기 위해서는 외국인 자격으로 국내 대학에 입학하거나 국가자격증을 취득해야 한다. 그러나 그녀의 현재의 한국어 능력으로는 국가자격증을 취득하기 어려울 뿐 아니라 한국의 일반 고등학교 교육과정과 크게 다른 '새날학교'에서 고등학교에 다니기 때문에 한국 4년제 대학에 입학하기도 절대 쉽지 않다. 요즘 김미하일 부부는 큰딸의 진학 문제로 고민하고 있으며 대학에 재직 중인 필자에게도 이에 관련한 문의를 한 바 있다. 사실 큰딸이 대학에 입학하더라도 고액의 학비는 6명 가족원의 안정된 한국 생활에 경제적인 위협이 될 수도 있다. 어렵게 가족 재결합을 이룬 김미하일의 가족 가운데 어쩌면 일부가 다시 분거해야 하는 것은 아닌지 가족 모두 고민하고 있다.[24]

한국에서 3세대 가족 유형으로 가족 재결합이 성사되더라도 이 유형에서 고정되는 것이 아닌 탄력적으로 변화될 가능성이 늘 있다. 이는 한국의 고려인 가족의 삶 자체가 국경을 횡단하면서 유동적 삶을 살아가는 초국적 삶이라는 점을 생각할 때 이해할 수 있다. 부모를 가까이에서 돌볼 수 있고 다른 한편으로 손자녀에 대한 '조부모 노릇'을 요청하는 성인 자녀의 바람에 따라 한국으로 이주한 노년 세대의 삶이 늘 순조롭지는 않다. 한국에 이민 온 후 본국의 넓은 아파트 공간에 비해 비좁은 주거환경으로 사생활이 보장되지 않고, 경제적으로 자녀에게 전적으로 의존하게 되거나 한국어 능력의 부족으로 정착지에서 새로운 사회적 관계를 확장하지 못하는 상황 등은 특히 노년 세대의 고려인의 한국 이주 생활에 대한 회의를 가져올 수 있다. 〈사례8〉의 황발렌티나(여, 59)의 이야기는 현재 3세대 유형의 가족에서 다시 부부와 자녀 유형의 가족으로 변화될 가능성을 여실히 보여준다.

황발렌티나는 일찍 남편을 사별하고 매일 4시간 이하로 자면서 부지런히 일해서 남매를 키웠다. 이 때문에 어머니와 자식과의 관계는 매우 밀착되어 있으며 자녀들의 어머니에 대한 애정은 남다르다.

사례 8 "우즈베키스탄으로 돌아가고 싶다!"

황발렌티나는 22년 전에 남편과 사별하고 큰딸(35)과 막내아들(31)과 타슈켄트의 방 3개와 거실로 구성된 아파트에서 살았다. 사위가 2010년에 한국으로 국제 이주하여 머무는 동안 큰딸과 손녀는 타슈켄트의 황발렌티나의 아파트에서 함께 살았고, 딸이 직장 생활하는 낮에 황발렌티나는 손녀를 돌봤다. 황발렌티나의 막내아들은 결혼한 지 3개월 만에 부인과 함께 한국의 전주로 이주하여 현재 아이 없이 부부가 공장에 다닌다. 황발렌티나의 아들은 황발렌티나가 타슈켄트에 있을 때부터 매월 미화 500불을 어머니의 생활비로 보내주고 매일 전화로 안부를 물었던 효자다. 2014년 초에 황발렌티나는 딸과 손녀와 함께 광주의 사위 집에 합류하였다. 황발렌티나는 아직 아들 부부에게는 자녀가 없어서 손녀가 있는 딸과 함께 광주에 살면서 딸 부부의 경제활동을 지원하기 위해 손녀를 돌보고 식사와 세탁 등 집안 살림도 도맡아 하고 있다. 지난 몇 개월 전부터 황발렌티나는 타슈켄트에 있는 사촌 형제, 이모, 조카들이 무척 보고 싶어졌다. 친구에게 관리를 부탁하고 온 자신의 아파트도 한번 둘러보고 싶고, 한 마디로 "집 생각이 난다." 그래서 딸 부부에게 2015년 말 무렵에 우즈베키스탄에 돌아가서 한동안 혼자 살아보고 한국에 다시 올 것을 선언했다. 물론 딸 부부와 아들 부부도 어머니의 이런 생각에 반대할 수는 없었다.

타슈켄트에 이모들과 사촌 형제들을 제외하고 자기 아들과 딸만 있는 황발렌티나는 기왕 아들 부부도 이미 한국에 있고 딸 부부가 가족 재결합을 원하니 한국에서 모든 가족이 함께 사는 것이 최선이라 생각했었다. 특히 경제적으로 안정되지 않은 딸 부부를 돕기 위해 어렸을 때부터 키웠던 외손녀를 돌보는 것을 자기 일로 생각했다. 광주에 정착한 후 집주변의 지리에도 익숙해지지만, 황발렌티나가 만나는 사람은 자신과 비슷한 처지에 있는 3명의 여성 노인들뿐이다. 일과는 '다람쥐 쳇바퀴 돌듯' 매일 같다. 현재 사는 방 2개의 주택 공간에서 사위와 함께 사는 것도 쉬운 일이 아니다. 손녀를 데리고 자지만 자신의 프라이버시를 지키기에는 공간이 너무 비좁다. 딸이 알아서 엄마의 옷을 가끔 사 오기도 하고 용돈도 주지만 타슈켄트에서 자신의 연금과 아들이 보내주는 용돈을 자신 마음대로 사용하던 때와 비교하면 이제는 자녀들의 '경제적 의존자'가 되었다. 비슷한 연령대의 다른 사람보다 자신은 '고려말'을 더 잘한다 싶었는데 한국에 오니 한국 사람과는 거의 대화가 되지 않는다. 광산구에 사는 일부 고려인들과 관계를 나누면서 살지만, 속내를 드러내고 이야기할 수 있는 사람은 불과 한두 사람에 불과하다. 황발렌티나는 2015년 연말에 타슈켄트에 돌아가면 한동안 혼자 살면서 그간 보고 싶었던 사람도 만나겠다고 한다. 지금 우즈베키스탄이 경제적으로 몹시 어려워도 자신의 어린 시절이 있고 집이 있는 곳이기 때문에 광주에서 생활하면서도 되돌아가고 싶다는 마음이 많이 드는 것은 어쩔 수 없다고 한다. 그러나 우즈베키스탄으로 귀환을 앞두고 돌아가고 싶은 욕망과 손녀를 돌봐주어야 한다는 할머니로서의 의무감 사이에서 황발렌티나는 심정적 딜레마를 겪고 있다.

한국에서 성인 자녀와 손자녀와 함께 살면서도 귀국하고 싶은 마음을 느끼는 것은 황발렌티나만의 경우가 아닐 것으로 짐작된다. 또한, 여러 이유로 기존 가족 유형에 변화가 발생할 가능성은 3세대 가족에게만 한정된 것은 아니다. 심지어 부부 유형 가족이더라도 초국적 가족 내에 문제가 발생하면 배우자 중 한 명이 귀환해야 한다. 박발렌틴(남, 30)의 둘째 누나는 큰아들(14)과 막내딸(10)을 타슈켄트의 친정어머니에게 맡기고 부부가 광주에서 이주 생활을 한다. 부부 모두 H-2 비자여서 아이들 부르기가 어렵다. 또한, 박발렌틴의 누나 자신의 건강 상태가 좋지 않아 심하게 일을 하지 못하기 때문에 아이들까지 합류하면 경제적으로 힘들어질 수 있다. 2015년 11월에 박발렌틴의 둘째 누나는 남편을 두고 잠시 타슈켄트에서 자녀들과 지낼 계획이다. 요즘 들어 막내딸이 엄마를 너무 많이 찾기 때문에 정상적으로 생활하지 못하고 이런 손녀를 제대로 돌볼 수 없는 친정어머니가 딸의 잠정적 귀환을 요청하고 있다. 그러나 이 경우에도 체류자격 등 주어진 조건들의 변화로 박발렌틴의 둘째 누나가 아이들을 모두 데리고 한국의 남편에게 합류할 수도 있을 것이기 때문에 가족의 유형은 고정적이라기보다 유동적인 성격이다.

고려인 가족 유형의 전망

한국 내 고려인의 가족 유형이 유동적 성격임에도 불구하고 한국에서의 이민 생활이 안정됨에 따라 다세대가 거주하는 유형의 고려인 초국적 가족이 증가하고 있는 것은 사실이다. 재외동포비자(F-4)나 영주권비자(F-5) 소지자가 앞선 〈표 2〉에서 알 수 있듯이 점차 큰 폭으로 증가하고 있는 점은 우즈베키스탄 고려인의 한국 내 가족 재결합 가능성을 높이고 있다. 7백여 명 이상의 영주권 소지자 외에도 5천 명 이상의 재외동포비자 소지자 가운데 적지 않은 수가 한국에 영구정착을 계획하고 있는 것으로 추정된다. 이에 따라 국내 우즈베키스탄을 포함한 중앙아시아 출신 고려인 인구수의 증가와 다세대형으로의 가족 유형의 변화 가능성이 매우 크다.

사실 한국의 고려인 성인 자녀의 대부분이 본국의 노부모에 대해 다양한 형식의 '초국적 돌봄'을 실천하고 있다. 이 연구의 일부 성인 자녀들은 부모를 가까이에서 돌보는 것이 더욱더 효율적이고 실용적인 돌봄 실천이라 생각한다. 부모를 만나기 위해 지출되는 항공료, 배우자 중 한 사람만 이동함으로써 늘어나는 육아 부담, 장기 휴가를 받기 힘든 직장 환경 등은 영구 거주를 꿈꾸는 성인 자녀의 관점에서 부모를 한국으로 모시는 것이 정서적으로나 물질적으로 더 낫다고 생각하게 한다. 특히 우즈베키스탄 현지에 더 이상의 자녀 없이 부모만 남아 있는 경우와 부모가 만성적 질환에 고통을 받고 있어 불시에 위기 상황이 닥칠 가능성이 있는 경우, 정착지 한국으로의 부모 초청은 매우 적극적으로 고려된다.[25]

올 7월 초에 첫 아이를 출산한 최에브게니(사례 6) 부부는 부모님이 2016년 안에 우즈베키스탄 생활을 정리하고 광주로 재결합하기로 가족 합의를 보았다. 최에브게니를 포함한 4명의 형제자매가 이미 한국에 정착했는데, 이번에 가족 재결합을 가장 적극적으로 원한 사람은 아버지(71)였다. 아버지는 2013년에 광주에서 3개월 머문 적이 있는데 발전된 한국에서 자녀들과 함께 살고 싶어라 한다. 이번 며느리 출산과 육아를 돕기 위해 처음으로 한국을 방문해 3개월 동안 한국의 자녀들과 생활했던 최에브게니의 어머니도 한국으로 이주하는 것에 대해 매우 긍정적으로 생각하게 되었다.[26]

한국에 영주한다는 계획으로 최에브게니의 큰누나는 이미 아들(6)을 일반 어린이집으로 옮겨 아들의 한국어 실력의 배양에 힘쓰고 있다. 최에브게니는 2015년 초에 한국 운전면허증을 취득해 승용차를 샀으며,[27] 그간 저축한 돈과 우즈베키스탄의 자산을 합쳐 광산구에 작은 개인 주택을 구입하여 부모님을 모실 구체적인 계획을 세웠다. 또한, 최에브게니는 태어난 아이가 우즈베키스탄보다 장래가 밝은 한국에서 성장하기를 바란다.

실제로 독립 이후의 우즈베키스탄처럼 정치·경제·사회면에서 안정성이 떨어진 국가에서 가족 구성원의 국제 이주는 이제 일상화되었다. 따라서 독립 이후 소수민족인 고려인 가족 가운데 이주자가 없는 가족을 찾아보기 힘들게 되어 '초국적 가족'은 고려인의 전형적인 가족의 형태로 자리 잡았다. 교통과 정보통신기술의 혁신적인 발전으로 여러 국가에서 초국적 생활을 하는 가족 구성원 간의 상호연결이 가능하게 되었다. 이러한 연결을 강고하게 유지해 주는 한 가지 요인은 초국적인 가족과 친족 네트워크 내에서 순환하는 '초국적 돌봄'이란 문화적 힘이다.[28]

가족의 재결합만을 생각하면 재결합이 이루어지는 장소가 본국인가 정착 국가인가가 크게 중요하지 않다. 그러나 분명한 것은 이주가 일단 한번 시작하면 어디서 재결합이 이루어지든 그 과정에는 시간과 재원이 요구되고 또한 가족들을 지치게 하기 쉽다는 점이다. 우즈베키스탄 고려인처럼 소수민족의 삶이 어려워지고 가까운 장래에 밝은 경제적 전망을 기대할 수 없는 상황이 국제 이주를 유발했다면 가족 재결합은 이들에게 더 우호적인 경제 환경과 이민 및 정착이 허용되는 곳일 것이다. 그래서 한국으로의 이주와 정착이 그 하나의 선택지로 떠오르고 있다. 한편 한국으로의 이주는 재외동포에게 상대적으로 개방된 이민정책과 우호적인 경제 환경이란 거시적 요인과 고려인의 가족과 친족 네트워크 및 돌봄 문화와 같은 미시적 요인의 조합이 만들어 낸 타협의 산물이라 볼 수 있다.

한국으로의 이주 과정에서 배우자나 자녀 또는 노부모를 본국에 남겨둔 가구 유형의 '고려인 초국적 가족'을 가족의 결속을 위협하고 가족 문제를 일으키는 '문제가 있는' 가족 유형으로 인식할 필요는 없다. 현재 국내 고려인 가족이 보이는 다양한 가족 유형은 개인적으로나 제도적으로 본국과 정착 국가에서 이용 가능한 자원 및 구속 요인 등에 따라 고려인 가족 단위가 선택한 특정한 전략의 산물로 인식될 필요가 있다. 이런 시각으로 다양한 고려인 가족 유형을 바라봄으로써, 우리는 초국적 삶을 살아가는 고려인 이주 가족 구성원의 행위성agency을 발견할 수 있기 때문이다.

앞서 살펴본 바와 같이 우즈베키스탄 고려인의 국제 이주 대상국은 러시아와 CIS국가 및 한국이며, 2010년 이후 한국으로의 이주는 규모가 급성장할 뿐만 아니라, 이들의 법적 지위 역시 또 다른 가족원을 한국으로 초청하여 재결합이 가능한 비자 유형으로 변화하고 있다. 본 연구의 사례들로 추정하건대, 국내 고려인 가족 유형은 단독 가구나 부부 가구 유형보다 부부와 자녀 가구 그리고 3세대형 가구가 늘고 있는 것으로 보인다. 그러나 어려운 여건 속에서도 한국에서의 가족 재결합을 지향하는 고려인 가족이 늘고 있지만, 이러한 가족 재결합은 사례8과 같이 가족 단위 내 세대 간 문제 또는 미비한 재외동포에 대한 이민정책으로 인해 가족의 일부가 다시 분거할 가능성도 열려 있다. 적지 않은 수의 국내 고려인 가족이 영구 정주를 원하고 또한 가족 재결합을 지향하고 있을지라도, 우즈베키스탄 고려인은 한국과 우즈베키스탄을 넘나들며 초국적으로 살아가는 이주자라는 점에서 그들의 가족 유형 역시 다양성과 역동성을 유지할 것으로 전망된다.

4장

고려인의 노부모에 대한 '초국적 돌봄'

노부모를 생각하는 고려인들

4장은 한국의 고려인 성인 자녀를 비롯해 초국적으로 이산된 우즈베키스탄 고려인 확대 가족 네트워크 내에서 노부모 돌봄을 중심으로 돌봄이 순환되는 구체적인 사례를 통해, 고려인 성인 자녀의 본국에 남아 있는 노부모에 대한 초국적 돌봄 실천 양상을 규명하고자 한다. 발다사와 메라Baldassar & Merla, 2014는 초국적 가족의 구성원들 간의 돌봄이 '일반적 호혜성'의 원칙에 따라 '다중 방향적'으로 순환됨을 주장한다. 이러한 순환적 시각에서 초국적 가족의 네트워크 내에서 전개되는 노부모에 대한 돌봄을 바라보는 것은 거주 국가, 세대, 이주자와 비 이주자, 나이 등의 특성이 있는 다양한 행위자뿐만 아니라, 이들이 수행하는 물질적이거나 정서적인 돌봄이 다중 방향으로 이동함을 파악할 수 있게 한다.

한편 발다사Baldassar, 2008는 이주 당사자들을 포함한 개인과 가족의 삶이라는 미시적 요인과 이들의 삶에 영향을 미치는 거시적 구조를 연결해, 다시 말해 개인과 가족들의 초국적 실천을 지역과 국가란 맥락에 연결해 초국적으로 행해지는 부모에 대한 돌봄을 이해할 것을 주장한다. 이 연구는 미시적 수준의 가족과 친족, 중범위적 수준의 민족공동체와 네트워크, 거시적 수준의 국가의 이민정책과 복지 및 의료체계에 관련된 다양한 요소 간의 상호연결성에 주목하며 고려인 이주 성인 자녀의 노부모에 대한 초국적 돌봄을 분석할 것이다. 한국의 고려인 성인 자녀가 수행하는 노부모에 대한 초국적 돌봄은 미시, 중범위, 거시 수준의 여러 요소의 특정한 방식으로 조합된 '협상된 개입'negotiated commitments에 따라 실천될 것으로 기대한다.

2015년 현재 한국에는 약 2만 5천 명 내외의 우즈베키스탄 출신 고려인이 체류하고 있다.[29] 1990년대 초 소련 붕괴와 독립 이후 우즈베키스탄의 만성적 실업과 낮은 임금(정규직의 경우 월급이 약 미화 100~150불), 우즈베크 민족주의의 심화, 경직된 정치체계 등의 배출요인과 2007년의 방문취업비자(H-2)와 2008년의 재외동포비자(F-4)의 신설 등 한국 정부의 재외동포에 대한 개방된 이민정책 등 흡인요인의 상호작용으로 젊은 세대를 중심으로 한국으로 입국하는 고려인의 수가 급격히 증가해 왔다. 청장년 세대 고려인의 한국 유입의 흐름이 심화할수록 본국에 남아 있는 노부모의 수도 점증적으로 늘고 있다. 이러한 현실에 노년 세대를 돌볼 사회보장에 관한 제도적 장치가 부족한 우즈베키스탄 거주 노부모에 대한 한국 내 고려인 성인 자녀의 초국적 돌봄에 관한 연구는 시의적절하다고 생각한다.

물리적으로 노부모와 멀리 떨어져 있는 한국의 고려인 성인 자녀는 초국적 상황에서 노부모 돌보는 일에 적지 않은 시간과 재원을 투입하고 있다. 4장은 한국에 체류하는 성인 자녀가 노부모에게 행하는 초국적 돌봄의 구체적인 실천 과정과 그 내용을 규명하고, 이러한 돌봄 실천에 개입하는 다양한 분석 수준의 요인들이 타협되는 과정을 설명하고자 한다. 흔히 국제 이주에 관한 연구는 이주자의 다양한 사회문화적 경험을 정착지 중심으로 설명하는 경향이 있다. 그러나 이 연구는 이주한 성인 자녀의 돌봄 제공 실천과 의미뿐만 아니라 남아 있는 노부모에게 자녀의 국제 이주는 무엇인가를 이주를 보내는 지역의 시각에서도 이해하고자 한다. 다시 말해 이 연구는 자녀의 국제 이주가 남아 있는 노부모에게 끼친 정서적 영향, 자녀의 초국적 삶, 자녀의 돌봄 실천, 자녀와의 재결합의 전망 등을 '노부모의 시각'에서도 이해하고자 하며, 이를 위해 한국과 우즈베키스탄 두 곳에서 '다중 지역' 현지 조사가 수행되었다.

고려인의 국제 이주 대상국별 이주 규모를 알 수 없지만, 한국으로의 이주 규모가 늘어가고 있는 것은 사실이다. 그러나 우즈베키스탄 출신 국제 이주자의 절대다수가 러시아를 향하고 있는 바와 같이. 고려인도 우즈베키스탄 독립 후 러시아 모스크바 등 대도시뿐만 아니라 연해주와 볼가 지역으로의 대규모 이주가 있었고 러시아로의 이주는 여전히 진행되고 있다. 오정은 외 연구자(2014 : 49)는 고려인이 이주 방향을 정할 때 중시하는 기준은 러시아어 사용의 빈도, 새로운 국적의 취득 가능성, 경제적 소득의 증대, 사회적 지위 개선 등이기 때문에 여전히 러시아연방으로 이주하는 경향이 지배적이라고 주장한다. 젊은 세대 고려인의 한국으로의 이주가 이주의 대세로 보이지만, 자신의 학력이나 경력을 인정받기 위한 소위 전문 직종이나 사무 직종을 원하는 고려인은 러시아어가 통용되고 우즈베키스탄의 학력과 경력이 인정되면서 광범위한 친인척이 거주하고 있는 러시아로의 이주를 선택하는 경향이 있다.[30]

2015년 8월 말 현재 한국에 체류하는 우즈베키스탄 국적자는 47,134명이며, 이 가운데 약 53%에 해당하는 고려인은 25,000여 명으로 추정되며, 고용허가비자(E-9)로 입국한 우즈베키스탄 국적자는 전체의 약 35%에 해당하는 16,560명이다. 외국인 등록과 거소 신고 등의 의무에도 불구하고 신고지와 실제 체류지가 일치하지 않는 경우가 있어서 광주광역시에 체류하는 고려인의 정확한 규모는 알 수 없지만, 고려인종합지원센터는 약 2,000~2,500명 이상의 고려인이 광주광역시 광산구에 체류하고 있다고 추정하고 있다.[31]

필자는 광주광역시의 고려인 성인 자녀 이주자가 우즈베키스탄에 남아 있는 노부모에 대한 초국적 돌봄 양상을 규명하기 위해 소위 '다중지역 민족지적 연구'multi-sited ethnographic research를 수행하였다. 필자는 2014년 6월부터 2015년 9월에 걸쳐 광산구에 거주하는 고려인 10개 가족에 대한 심층 인터뷰를 하였다. 이들과의 평균 2~3회에 걸친 심층 인터뷰를 통해 이들 고려인 가족의 한국으로의 이주 과정과 정착 및 본국의 노부모에 대한 초국적 돌봄 실천에 대한 자료가 수집되었다. 10개 가정 가운데 4개의 가정은 부부가, 나머지는 부부 중 한 사람이 필자와의 인터뷰에 직접 참여하였으며, 이들 모든 인터뷰 대상 가구는 자신 가정 외에 한국과 다른 국가들에 형제자매와 친인척을 두고 있었다.

광주의 연구대상 10개 가구 부부의 비자 유형에 관련해 방문취업비자(H-2)를 소지한 2개 가구를 제외한 8개 가구는 재외동포비자(F-4)를 소지하고 있다. 이들 연구대상의 한국 체류 기간은 최소 2년부터 최장 5년 사이로, 평균 체류 기간은 약 3년 9개월이었다. 이들 가구의 부부 모두 광주광역시 광산구 월곡동에 거주하면서 대부분 광산구의 하남공단, 소촌공단, 평동공단 내 사업장에서 근무하지만, 소수는 일용직에 종사한다. 이들 가구의 소득은 일정치 않지만, 부부 합산 월평균 약 300만~350만 원 사이였다. 8개 가구는 단독주택에 그리고 원룸과 아파트에 1개 가구씩이 월세로 살고 있다.

광주에 체류하는 9개 가정[32]의 노부모에 대한 현지 조사를 위한 우즈베키스탄에서의 현지 조사는 2014년 12월과 2015년 1월에 걸친 3주 동안 타슈켄트시와 인근 농촌에서 수행되었다. 이들 노부모에 대한 인터뷰는 연구대상의 가정집에서 대략 2~3시간씩 수행되었다. 이들에 대한 인터뷰에는 노부모뿐만 아니라 현지에 남아 있는 노부모의 형제자매 또는 광주 성인 자녀의 형제자매의 일부가 참여하였다. 노부모의 가구 유형은 모 단독유형 1개 가구, 모+손자녀 유형 1개 가구, 부부유형 3개 가구, 부부+자녀유형 2개 가구, 부부+손자녀 유형 1개 가구, 부부+자녀+손자녀 유형 1개 가구로 구성되었다. 이 가운데 3개 가구의 노부모가 한국으로 성인 자녀들이 이주하면서 두고 간 손자녀를 돌보고 있다. 우즈베키스탄에서의 노부모에 대한 인터뷰는 가정집에서 수행되었기 때문에 인터뷰 외에 가옥구조, 가옥 내 부착된 가족사진, 성인 이주 자녀의 결혼과 부모의 환갑잔치 DVD 자료, 컴퓨터 유무 여부, 성인 자녀가 이주 전에 머물렀던 공간 등 다양한 영역에 걸친 정보가 수집될 수 있었다. 이러한 자료들은 남아 있는 노부모가 이주한 성인 자녀에 대해 그리움을 표현하는 방식과 내용을 짐작하는 데에 도움이 되었다.

전체 노부모 가운데 6개 가구의 노부모는 타슈켄트 시내의 아파트에 그리고 3개 가구는 타슈켄트 인근의 농촌에 거주하였다. 전체 가구의 아버지 나이는 64세에서 71세에 걸쳐 있고 평균 연령은 64세였다. 어머니의 나이는 54세에서 78세에 걸쳐 있고 평균 연령은 63.5세였다. 9개 가구의 노부모 가운데 부부 모두 연금 수령 나이(남자 만 60세, 여자 만 55세)에 미달한 1개 가구를 제외한 8개 가구의 부부는 현재 정부의 연금 수령자였으며, 부부합산 연금 수령액은 매월 미화 약 150~420불이다. 이들 전체 가구의 부부합산 월평균 연금 수령액은 미화 약 285불이다.

우즈베키스탄에서의 현지 조사는 광주에 체류 중인 성인 자녀의 노부모에 해당하는 9개 가구에 대한 조사 외에도, 고려인 강제 이주 세대 노인만을 대상으로 입소를 허용하는 '아리랑 요양원'에 대한 현지 조사도 수행되었다. 타슈켄트 주 '유코리치르칙'구역(시온고 지역)에 있는 '아리랑 요양원'에는 2014년 12월 현재 39명의 고려인 노인이 입소해 있는데, 한국에 이주한 자녀가 있는 입소 노인 가운데 3명의 입소 노인 및 부원장과의 인터뷰도 진행되었다. 부원장으로부터 요양원 입소자의 일반적 배경과 우즈베키스탄 내 '아리랑 요양원'의 위상 등에 대한 자료를 수집할 수 있었으며, 2명의 남성 입소 노인과 1명의 여성 입소 노인을 대상으로 입소 배경 및 요양원 입소에 대한 본인과 자녀의 생각을 약 2시간씩의 인터뷰를 통해 청취할 수 있었다.

우즈베키스탄 현지 조사 기간 경기도 안산에 체류하는 성인 자녀를 둔 3개 가구의 노부모와의 인터뷰도 수행되었다. 필자는 3개 가구의 노부모와 인터뷰 후 수집된 자료를 토대로 안산에 체류하고 있는 이들 자녀에 대한 인터뷰는 2015년 1~2월에 실시했다. 자녀들과의 인터뷰는 본국의 노부모가 생각하는 자녀의 국제 이주, 초국적 돌봄, 가족 재결합에 대한 계획 등의 주제를 중심으로 시행되었다.

2015년 4~8월 사이에 우즈베키스탄 노부모와의 인터뷰 내용을 토대로 하여 광주의 성인 자녀에 대한 인터뷰가 재차 수행되었다. 특이한 사항은 우즈베키스탄 현지에서 인터뷰했던 3개 가구의 어머니가 광주의 성인 자녀의 집을 방문하였고 필자는 광주에서 이들에 대한 인터뷰를 다시 한 번 수행할 수 있었다는 점이다. 한 분은 며느리의 출산을 돕기 위해 다른 한 분은 큰 사위 사망 후 큰딸을 위로하기 위해, 남은 한 분은 휴가를 목적으로 광주를 방문하였다. 필자는 이들이 광주의 성인 자녀를 방문한 목적이 출산과 사망 등 가족의 위기에 이민 생활하는 자녀를 정서적으로 지원하기 위한 점이라는 데에 주목하였다. 이들과 다시 실시된 인터뷰 내용은 초국적 가족 내 돌봄이 '세대를 횡단하는' 순환적 성격이란 점을 확인해 주고 있다.

이 연구는 광주의 고려인 성인 자녀에 대한 현지 조사가 우즈베키스탄 현지의 노부모에 대한 조사로 이어지고, 우즈베키스탄에서 시작된 일부 노부모에 관한 연구가 경기도 안산 지역의 고려인 성인 자녀에 관한 연구로 이어졌으며, 다시 광주를 방문한 일부 노부모에 관한 연구가 광주 현지에서 수행됨으로써 초국적으로 이동하는 연구대상을 따라 연구가 진행된 '다중지역의 현지 조사'라는 성격을 띠고 있다. 마지막으로 이 연구에서 언급되는 모든 고려인은 사생활 보호를 위해 가명으로 처리되었음을 밝힌다.

고려인 가족의 돌봄 문화

우즈베키스탄을 비롯한 중앙아시아 고려인은 한반도에서 러시아 연해주와 중앙아시아로의 이주, 약 60년의 소비에트 시절, 1990년대 이래 우즈베키스탄공화국 시대 등을 지내오면서 사회주의 이념과 러시아와 우즈베크 민족 등 다양한 민족의 문화적 영향을 받아 왔다. 그러나 이러한 외부 세력의 영향과 타민족 간의 상호교류에 의한 일부 변화에도 불구하고 가족과 친족의 영역에서는 한반도의 문화적 전통이 유지되고 있다. 고려인의 강한 가족 유대의 유지 전통에 대해 장준희(2011 : 225-226)는 고려인이 중앙아시아로 강제 이주 후 적성민족으로 분류되고 거주 이전의 자유가 없다시피 한 상황에서 가장 신뢰할 수밖에 없는 것이 가족이었기 때문에 조상과 가족 전통에 대한 관념이 뿌리 깊게 자리 잡았다고 주장한다.

우즈베키스탄 고려인 사회에는 친족간 유대관계를 중시하고 부계 성씨를 존속하려는 의식이 여전히 남아 있는데 이는 남아 선호 경향과 부합하고 있다. 결혼 후 분가의 경향이 뚜렷하지만, 노부모에 대한 봉양 의식은 여전히 강하게 남아 있어서 지리적으로 떨어져 있어도 노부모를 경제적으로 지원하거나 홀로 남은 노부모를 모시는 등 노부모 돌봄의 전통이 대체로 강하게 유지되었다(김용환, 1999 : 88-95). 우즈베키스탄 고려인의 여성에 대한 기대는 사회주의 사회의 영향을 약화할 정도로 가족을 중심으로 이루어지며, 여성이 식사 준비를 해야 한다거나 살림을 해야 하는 등 어머니의 역할이 직장 등 사회생활에 대한 기대보다 높은 편이다. 반면 남성에게는 집안을 이끌고 직장 일 등 사회생활을 해야 하는 기대가 매우 높다. 또한 고려인 부모는 자녀에 대해 부모 봉양보다 사회적 독립을 기대하지만 이러한 희망에도 불구하고 아들에 대한 기대, 노후를 아들에게 기대하려는 의식이 여전히 강하게 남아 있다. 이러한 점은 아들, 특히 맏아들이 부모를 모셔야 하지만 이러한 기대를 딸에게는 크게 하고 있지 않아 부모 봉양을 아들에게 전담하는 전통적인 고려인의 가족 의식이 남아 있다(이정옥, 1996 : 141-145).

강제 이주 세대와 이주 2~3세대들은 자신의 부모가 조부모와 함께 살면서 그들에게 돌봄을 제공하는 것을 실제로 경험했기 때문에 현재도 여전히 부모에 대한 효도를 매우 당연하게 여긴다. 한국에 체류하는 고려인 성인 자녀의 대부분은 중앙아시아 이주 3~4세대에 속한다. 특히 이들 가운데 자신의 부모가 조부모를 돌봤던 경험이 있는 성인 자녀는 노부모 봉양에 관한 문화적 개념을 매우 자연스럽게 수용하고 있다. 타슈켄트시 인근 농촌 '유코리치르칙'구역(시온고 지역) 출신인 김그레고리(남, 33)의 아버지(63)는 3남 2녀 가운데 둘째 아들이었지만, 큰형 가족이 우즈베키스탄 독립 후 러시아로 이주했던 1990년대 중반부터 어머니를 모셨다. 김그레고리는 어린 시절부터 할머니와 함께 생활하면서 할머님이 돌아가실 때까지 부모님이 할머님을 돌보는 모습을 지켜봤기 때문에 외아들인 자신이 부모님을 모신다는 것을 당연하게 생각하고 있다.[33]

고려인 성인 자녀는 부모가 자신들에게 베풀었던 사랑과 돌봄에 대해 자신들이 부모에게 갚는 것을 지극히 자연스러운 돌봄의 순환으로 생각한다. 경기도 안산시 '땟골'에 거주하는 김안나(여, 46)의 부모님 두 분은 교사 출신인데 현재 타슈켄트시 인근 농촌 '니르니치르칙'에 살고 있다. 소련 시절에 4녀 1남의 자녀 모두를 대학교육을 하기에는 교사 급여가 너무 적었다. 어머니는 시장에 나가 옥수수 등을 팔며 자녀를 교육했는데 이러한 고생은 우즈베키스탄 독립 후에도 일정 기간 이어졌다. 현재 김안나의 두 자매는 한국에 다른 두 자매는 타슈켄트에 그리고 남동생은 러시아에 체류하는데, 김안나에 따르면 이제 자식들이 부모님을 돌볼 차례기 때문에 비록 해외에 있지만, 송금과 국제전화 등을 통해 부모님께 뭔가를 돌려드려야 한다는 의무감을 느끼고 있다고 한다.

이 연구대상의 고려인 부모들 역시 자신들에 대한 돌봄 제공을 자녀, 특히 아들이 해주길 기대하고 있으며 이들의 아들들 또한 부모 돌봄을 당연히 생각하고 있다. 딸만 있는 경우 자신의 노후를 마지막까지 돌본 딸에게 재산을 상속하는 것이 일반적이다. 그러나 고려인 가족에서 딸 또한 부모 돌봄에 적극적인 편이다. 남자 형제가 있는 경우라도 딸들 역시 자신의 부모에게 송금과 선물 배송 및 국제전화 등을 통한 정서적 지지를 일상적으로 하고 있기 때문이다. 이 연구에서 여자 형제만 있는 손엘레나(29), 황류드밀라(49), 최로자(31)는 부모님을 한국으로 단기 초청해 돌보거나 정기적인 송금과 본국 방문을 통해 그들의 부모를 초국적으로 돌보고 있다.

고려인의 가족과 친족 유대가 여전히 강하게 드러나 보이는 맥락은 고려인 사회가 중시하는 돌잔치, 결혼식, 환갑잔치, 장례식, 제사 등의 일생 의례에서다. 일생 의례에서는 경제적 여건이 허락하는 한 되도록 많은 수의 친족 구성원과 이웃을 초대한다. 흔히 손자의 돌잔치는 조부모가 결혼식은 부모가 그리고 환갑잔치는 자녀가 준비해준다고 현지 고려인들은 말한다. 이는 고려인의 돌봄의 '세대 간의 호혜성'을 잘 보여주는 표현이다. 성인 자녀의 노부모에 대한 봉양 의식이 가장 두드러지게 나타나는 의례적 맥락은 부모의 환갑잔치이다. 자녀가 부모의 환갑잔치를 성대하게 해 드리는 것은 부모 봉양을 제대로 실천하는 것으로 인식되기 때문에, 가족 내 죽음이 발생하거나 부모님이 병환 중에 있는 경우 또는 경비가 채 준비되지 않은 드문 경우를 제외하고 자녀는 부모의 환갑잔치를 제때 맞춰서 해 드리고자 한다.

광주의 백세르게이(남, 35)와 황류드밀라(여, 49)는 어머니 환갑잔치에 들어가는 경비 마련이 이들의 국제 이주의 중요한 목적 중의 하나였다. 백세르게이 어머니의 환갑잔치는 환갑 되던 해에 외할머니가 돌아가셔서 미뤄졌는데, 백세르게이는 보류된 어머니 환갑을 더욱 성대히 해 드리기 위한 목돈 마련도 자신의 한국으로의 이주 이유의 하나라고 말한다. 또한, 두 자매만 있는 황류드밀라는 어머니의 환갑 해에 경제적으로 어려워 잔치를 미루고 카자흐스탄으로 이주해 약 4년 동안 중국에서 수입한 의류를 시장에서 팔면서 모은 돈으로 어머니 70세 되던 해에 환갑잔치를 성대히 해 드렸다.[34]

부모에 대한 봉양과 존경의 의미는 부모 사망 이후에도 이어지는데, 이는 고려인의 제사 관습에 잘 드러난다. 우즈베키스탄 고려인은 사망 후 매장 다음 날에 지내는 '3일 제사', 사망한 지 1년이 되는 '돌제사'(또는 2년 제사), 사망한 날부터 2년이 되는 날에 '삼년 제사'를 지낸다. 이들 제사는 모두 기일에 행해지면 묘를 방문하여 제사를 지낸다. '삼년 제사' 종료 후 제사 지낼 때마다 착용했던 남녀 상복을 모두 불태우는데 이를 '탈상'이라고 부른다(김엘에나, 2014). 노부모의 사망 이후 탈상까지 환갑잔치 등 음주와 가무가 동반된 대부분의 행사가 보류되는데 이는 부모를 공경하는 행위로 인식되고 있다.

큰아들 박아나톨리아(남, 39)의 한국으로의 초청을 미루고 있는 아나톨리아 어머니(58)는 2014년에 돌아가신 친정어머니에 대한 공경의 예를 잘 보여주고 있다. 박아나톨리아는 부모님을 한국으로 초청하고자 했지만, 모친 사망 후 '3년 제사'가 끝나는 시점까지 외국 출입을 하지 않겠다는 어머니의 주장으로 한국 방문이 보류되었다. 타슈켄트에서 필자를 만난 어머니는 "모친이 돌아가신 것을 계속 슬퍼해야 하는데, 한국에 가 있으면 모친 돌아가신 것을 잊을까 염려되고 이럴 때 죄책감이 든다."라는 이유로 큰아들의 한국 방문 요청을 거절하였다고 말한다.

고려인 사회에서 노년기의 부모에 대한 돌봄 제공은 가족 구성원, 특히 자녀의 몫으로 간주된다. 이 연구의 모든 노부모는 함께 거주하거나 가까이 사는 자녀에 의한 돌봄을 기대하고 있으며, 자식이 있음에불구하고 요양원에서 노년을 보낸다는 것을 생각조차 할 수 없

그림 1. 우즈베키스탄 '아리랑요양원'. 강제 이주 세대를 위한 요양원으로 부지는 우즈베키스탄 정부가 지원하고 건축은 한국 정부의 재원으로 이루어졌다.(필자 촬영)

는 일이라 말한다. 성인 자녀 역시 자신들이 노부모를 돌보지 않고 부모를 요양원에 위탁하는 것을 큰 불효라고 생각한다. 우즈베키스탄의 강제 이주 세대 고려인 전문 요양시설인 '아리랑 요양원'에서 인터뷰에 응한 차콘스탄틴(남, 74), 조클라라(여, 80), 최에르네스트(남, 90) 세 명의 입소 노인들은 필자와의 인터뷰가 시작되자마자 한결같이 "자식들이 요양원 입소에 반대했지만, 본인이 우겨서 왔다."라는 점을 강조했다. 이들의 이런 태도는 요양원에 부모를 맡긴 자식들의 체면을 생각해 자신들이 입소를 '우겨서' 하게 되었음을 강조하는 것으로 보이며, 고려인 사회에서 부모를 직접 모시지 않고 요양원에 입소시키는 것을 부정적으로 바라보고 있음을 짐작게 한다. 사실 세 명의 입소자 자녀들은 러시아, 한국, 카자흐스탄 등으로 국제 이주하였으며, 이들 입소자 모두 배우자 사망 후 자신을 돌볼 자녀나 손자녀가 우즈베키스탄에 없는 노인이다. 예컨대 두 딸만 있는 최에르네스트(남, 90)의 경우 회계사였던 큰딸은 4년 전에 미국에 이민을 가고, 치과의사였던 둘째 딸은 한국 남성과 결혼하여 3년 전에 한국으로 이주했다. 미국으로 가족과 함께 가지 않았던 큰 외손녀가 1년 동안 외할아버지를 돌보았지만 최근 미국으로 떠난 후, 둘째 딸이 한국에서 함께 살자고 했지만 연로한 최에르네스트가 딸에게 짐이 될까 싶어 요양원 입소를 강하게 요구했다. 한국의 딸은 1년에 두 번 그리고 미국의 딸은 1년에 한 번씩 요양원의 아버지를 방문하고, 두 딸 모두 일요일마다 국제전화로 아버지의 안부를 묻는다.

요양원 입소에 관한 생각을 묻는 필자에게 노부모들은 "자식이 있는데 왜 내가 요양원에 들어가는가?"라고 말하며 요양원 입소에 대한 강한 반감을 보였다. 요양원 부원장(여)에 따르면 대부분 고려인 노인들은 자식이 없는 경우 경제적으로 약간의 여유만 있으면 양녀라도 얻어서 요양원에 입소하지 않으려 한다고 한다. 요양원 입소를 둘러싼 노부모와 자녀의 견해에서 명확히 드러나듯 고려인은 노년기의 부모를 돌보는 것을 자식의 의무로 생각하며, 부모 역시 되도록 자녀의 도움을 받지 않으려 노력한다는 등 노년기의 독립성을 강조하지만, 도움이 필요할 때면 자녀가 자신들을 보살펴 주길 기대하고 있다.

노부모에 대한 초국적 돌봄

우즈베키스탄에 부모를 남겨두고 한국으로 이주한 고려인 성인 자녀들은 물리적으로 멀리 떨어져 있어도 노부모에 대한 돌봄을 다양한 형식으로 실천하고 있다. 초국적 가족들 간의 정서적 연대의 강도와 신뢰의 수준이 물리적으로 떨어져 있으므로 인해 야기되는 돌봄 관련한 다양한 장애를 극복하게 한다Gouldbourne & Chamberlayne, 2001 : 42; Mason, 1988 : 9. 그러나 물리적으로 함께 있지 못하는 성인 자녀가 본국에 남겨진 부모가 도움을 절실히 필요로 할 때 이를 적절히 대응하기란 쉬운 일만은 아니다.

발다사와 발독 및 윌딩Baldassar, Baldock & Wilding, 2007은 가능성(능력), 돌봄에 관해 문화적으로 규정된 의무, 가족 네트워크 내에서 돌봄 제공을 위해 타협된 가족의 개입commitment이란 논리체계에 의해 초국적 돌봄 제공이 중재된다고 주장한다. 돌봄을 실천하고자 하는 의욕과 이를 실천할 가능성 간에는 차이가 있을 수 있는데, 여기에 개입하는 변수에는 가족관계의 건강성, 이용 가능한 재정적 자원과 시간, 자녀의 부모 돌봄에 대한 역할 기대라는 문화적 개념 등이 있다. 이러한 다양한 요인들은 한국을 비롯해 여러 국가에 이산되어 있는 자녀들이 본국에 남아 있는 부모에 대한 초국적 돌봄 실천에 개입하는 깊이와 방식을 둔 타협에 관여한다. 부모에 대한 초국적 돌봄의 가장 일반적인 형식에는 규칙적인 전화, 팩스, 서신, 이메일과 이동통신을 이용한 텍스트 메시지 전송 등을 통한 정서적 지지, 현금과 선물 교환의 물질적 지원, 자녀와 부모의 본국과 이민 정착지에 대한 상호 방문 등이 있다.

물질적 지원

초국적 이주자의 송금은 정착지 수입의 일부를 본국의 가족에게 보내는 단순한 '돈의 흐름'money flow만을 뜻하지 않는다. 송금이 본국에 남아 있는 가족 구성원, 특히 부모와 자녀에 대한 초국적 돌봄 행위의 중요한 실천이기 때문이다. 국제 이주 성인 자녀의 송금은 노부모의 의식주와 의료복지의 수준 향상에도 기여하기 때문에 노부모에 대한 중요한 초국적 돌봄 행위의 하나로 인식된다. 특히 우즈베키스탄처럼 낮은 고용률과 임금 수준으로 경제적 어려움에 직면한 젊은 세대 고려인이 러시아, 카자흐스탄, 한국 등으로 국제 이주를 함으로써 현지에 남아 있는 노부모는 경제적 위기 상황에 직접 노출되어 있어서 해외의 자녀들은 노부모에게 정기적 또는 비정기적인 형식의 물질적 지원을 해야 한다.

본 연구대상의 부모는 우즈베키스탄의 수도 타슈켄트시의 아파트와 인근 농촌의 단독주택에 거주한다. 우즈베키스탄의 12개 가정(광주 자녀 9/안산 자녀 3)의 노부모 합산 연금의 월평균 수령액은 미화 약 285불인데, 이 액수로 기본 식생활과 주택 관리비용은 겨우 해결되나 의료와 의례 비용 등을 감당하기는 어렵다. 타슈켄트 시내 아파트에 사는 한세르게이(남, 37)의 어머니(64)의 월 연금 수령액은 미화 약 250불이다. 이 액수로 어머니는 아파트 관리비와 일상 생활비를 겨우 해결하지만, 혈압 약값 등의 의료비용을 감당하기는 어렵다. 어머니의 의료비용은 한국에 있는 아들 한세르게이가 보내는 매월 약 150불과 한국과 카자흐스탄에 사는 두 딸이 부정기적으로 보내는 돈으로 해결되고 있다.

그림 2. 타슈켄트에 남아 있는 노부모와 가족들. 두 아들은 광주의 고려인 마을에 살고 있다.(필자 촬영)

혈압, 당뇨, 근 골계 신경통 등 만성적 질환에 시달리는 노부모는 정기적인 약 구입을 위해 연금의 상당 부분을 지출하기 때문에 자녀의 송금이 없으면 사실상 정상적인 생활을 하기 어렵다. 광주에 체류하는 송크세니야(여, 41)의 타슈켄트의 어머니(68)는 혈압과 심장약값으로 부부합산 연금의 1/4을 지출한다. 의료비가 비싼 개인병원이 아닌 국가병원을 가더라도 입원비는 무료지만 검사 비용, 의사 처방 비용, 약값 모두를 개인이 부담해야 한다.[35] 한국에 있는 송크세니야는 1남 2녀 중 두 번째 딸이며 큰언니 가족은 약 10년 전에 미국에 이민하였고, 막내 남동생은 타슈켄트에서 컴퓨터 부품업을 한다. 미국에 있는 큰 언니는 형부의 건강 악화로 경제적 여유가 없어 부모님께 송금하지 못한다. 광주에서 정기적으로 송금을 하는 송크세니야와 컴퓨터 가게를 하는 남동생이 부모님의 경제적 지원을 맡고 있다. 아들이 부모를 돌봐야 한다고 생각하는 남동생은 부모에게 용돈 드리는 일을 당연하게 생각하고 있고, 컴퓨터 부품 구입 등을 위해 한국을 가끔 방문하는 남동생의 한국 체재 등 모든 도움을 누나인 송크세니야가 적극적으로 지원하고 있다. 송크세니야는 타슈켄트의 부모님 가까이에 살면서 부모님을 직접 돌보고 있는 남동생을 무척 고마워한다.

두 명의 형제 가운데 막내인 광주의 백세르게이(남, 35)는 타슈켄트의 형(39)에게 아버지의 고혈압과 어머니의 저혈압 치료를 국가병원이 아닌 개인병원에서 받게 하라는 부탁과 함께 송금한다. 백세르게이는 부모의 혈압 치료를 위한 정기적인 진단과 약 구입에 필요한 돈을 송금하고, 현지의 형은[36]부모를 근거리에서 직접 돌보는 것으로 역할 분담을 하고 있다.

한국에서 고려인 성인 부부가 경제활동을 하면 부부합산 월 300만 원 이상의 수입을 안정적으로 유지하기는 쉽지 않다. 한국의 높은 주거비, 자녀 육아와 교육비, 일상 생활비를 지출하면서 부모에게 규칙적인 송금을 하는 일은 절대 쉽지 않다. 규칙적인 송금을 하는 이 연구의 고려인 성인 자녀는 모든 형제자매가 해외에 있거나 자신의 자녀를 부모에게 맡겨둔 상황에 해당한다. 12개 가구(안산 거주 3가구 포함) 고려인 성인 자녀 중 5개 가구가 매월 20~40만 원 범위에서 부모에게 정기적 송금을 한다. 2개 가구는 아이를 부모에게 맡겼고, 다른 3가구는 형제자매 모두가 한국에 체류하고 있다. 박아나톨리아(남, 39)와 김엘레나(여, 34) 부부는 공장 근무로 부부합산 약 월 400만 원을 번다. 부부는 타슈켄트시의 시부모께 맡긴 딸(6)의 양육비와 시부모 용돈을 보내고,[37] 김엘레나는 이전 혼인에서 태어난 딸(14)을 양육하고 있는 우즈베키스탄 우르겐치의 친정어머니께도 매월 생활비를 보낸다. 한편 남편 아나톨리아도 자신의 이전 혼인에서 낳은 두 아이의 양육비 몫으로 매월 생활비를 전처에게 보낸다.[38]

자매와 형제간의 송금액과 송금 의무를 느끼는 정도는 처해 있는 상황에 따라 차이가 있으며, 이러한 차이를 형제자매가 수용하는 경우는 특별한 갈등의 소지가 줄어든다. 이 연구의 대부분 사례에서 아들이 딸보다 부모에 대한 송금 의무를 크게 느끼고 있으며, 자매만 있는 경우도 큰딸의 경우가 이에 해당한다. 특히 결혼 여부에 따라 미혼이면 남녀 모두 부모에게 더욱 적극적으로 송금하고 있다. 일반적으로 형제자매들은 한국 남성과 혼인한 여자 형제를 한국의 시부모를 돌봐야 하는 존재로 여기고, 우즈베키스탄에 남아 있는 부모에 대한 돌봄을 자신들의 몫으로 생각하고 있다.

한편 부모에게 부정기적으로 송금하는 7개 가구는 부모 생일, 설날, 추석, 신년, 어머니날 등 년 중 기념일 또는 부모의 병환 등 긴급한 현금 수혈이 필요한 때만 송금한다. 부정기적 송금 사례는 유학 중인 자녀의 학비에 대부분 재원이 투입되거나, 타슈켄트에서 경제 활동 하는 다른 형제자매가 부모의 생활비 일부를 지원하는 상황에 해당하였다. 황타티아나(여, 84)의 큰아들 김에르네스트(56)와 둘째 아들(52)은 안산과 평택에 각기 단독으로 체류하고 있다. 아들들이 한국에 가면서 '아리랑 요양원' 의사인 딸(56)이 어머니를 모시고 함께 살고 있다. 큰아들 김에르네스트는 러시아에서 의과대학원을 다니고 있는 아들의 학비와 생활비 지원 때문에 어머니께는 송금을 부정기적으로 하고 있지만, 남동생이 형의 이러한 상황을 이해하고 어머니께 송금과 선물을 더 자주 보낸다. 김에르네스트는 어머니를 모시고 사는 여동생을 고맙게 여겨 여동생 딸(18)에게 스마트 폰 등 선물을 가끔 보낸다.

정서적 지지

토마스Thomas, 1993는 정서적 지지를 어떤 사람에 대해 '관심을 가지는 감정 상태'feeling state of caring about로 정의하고, 이는 특정 사람에 대한 '돌봄에 관여하고 있는 활동상태'activity state involved in caring for, 즉 실제적인 과업을 수행하는 것과는 차이가 있다고 주장한다. 지리적으로 부모와 멀리 떨어져 있는 자녀가 가까이에서 부모를 돌볼 수는 없다. 원거리에 있는 자녀는 일반적으로 국제전화, 스카이프, 정보통신기술Information and Communication Technologies, ICTs을 이용해 본국의 부모에 대한 '정서적 지지'를 하고 있다. 한국의 고려인 성인 자녀도 본국 방문을 통해 부모를 돌보는 일이 쉽지 않기 때문에 ICTs를 이용한 가상공간에서 부모의 안부를 묻거나 필요한 정보를 전달한다. 이는 부모에 대해 '마음을 쓰고 있다'caring about라는 자신의 정서적 상태를 표현하는 것인데, 본 연구의 모든 고려인 성인 자녀는 이러한 정서적 지지를 일상적으로 하고 있다.

ICTs를 이용한 부모와의 접촉 빈도는 개인 또는 가족마다 차이가 있지만, 한국의 성인 자녀 부부 모두가 주중에 일하므로 주로 주말에 부모와 연락하는 점은 공통적이다. 통상 정해진 시간에 전화했을 때 부모가 전화를 받지 않는 경우 한국의 자녀는 우즈베키스탄 내 친척들에게 연락하여 부모님이 전화 받지 않는 이유를 확인하려 든다. 이러한 상황에 대해 타슈켄트시 인근 농촌에 사는 최알렉산드로(남, 31)의 아버지 최표트르(71)는 자신의 경험을 다음과 같이 말하고 있다.

> 한국에 있는 아들과 딸들이 주로 전화를 주말에 해서, 시차를 계산해 전화 올 시간이 되면 셀 폰을 몸에 가지고 다닌다. 만일 전화 연결이 되지 않으면 자식들이 인근에 사는 모든 친척에게 전화해 엄마·아빠가 전화를 받지 않는 데 무슨 일 있냐고 '소란'을 피우기 때문이다. 그래서 전화를 받지 못하기라도 하면 주변 사람들의 핀잔을 받기 일쑤지만 자식들이 우리를 늘 마음에 두고 있다는 것을 생각하면 흐뭇하다. (최표트르, 71)

최표트르의 말대로 부모들은 전화 연락이 되지 않아 '소란'이 일어나도 내 자식이 나에게 관심이 있음을 느끼고 있다. 타슈켄트시에 사는 최로자(여, 31)의 어머니 박나탈리아(57)는 한국에 있는 세 명의 딸 전화를 하루에도 2~3번씩 받는다. 박나탈리아는 딸들의 전화를 받을 때면 너무 보고 싶어 자주 운다. 18년 전에 남편과 이혼하고 홀로 세 딸을 키운 그녀에게 딸들은 너무 소중한 존재다.

> 한국의 딸들이 오늘만 해도 3번 전화를 했다. 엄마 보고 싶다고 전화를 자주 한다. 딸들은 한국이 다 좋은데 엄마를 안아주고 싶을 때 그렇지 못해 아쉽다고 늘 말한다. 나도 전화를 받을 때마다 딸들을 안아주고 싶은데 그렇게 못해 자주 운다. 한국에 딸들 보러 가고 싶지만 내 몸이 아파 비행기를 탈 수 없다.(박나탈리아, 여, 57)

우즈베키스탄 내 고려인 가정마다 ICTs의 환경에도 차이가 있다. 한국의 고려인 성인 자녀는 모두 스마트 폰과 개인용 컴퓨터를 소유하고 있다. 반면 우즈베키스탄의 12개 가구(안산 자녀의 3가구 포함)의 부모 가운데 7개 가구는 부모의 한쪽만 이동 통신수단을 소유하고 있으며(이 가운데 3가구는 스마트 폰 소유) 나머지 5개 가구는 유선 전화만 있다. 전체 12개 가구의 부모 가정 중 4개 가구는 개인용 컴퓨터로 한국의 자녀와 스카이프를 이용한 화상통화를 하는데 이들 모두 타슈켄트 시내에 거주한다. 개인용 컴퓨터는 우즈베키스탄을 방문한 자녀가 부모와의 화상통화를 위해 설치해 준 것들이다. 스카이프를 이용하는 부모는 컴퓨터 사용이 익숙지 않지만, 자녀가 본국 방문 시에 알려준 대로 하거나 함께 사는 다른 자녀나 손자녀의 도움으로 스카이프를 한다.

스카이프와 같은 ICTs를 이용해 가족원의 얼굴을 보면서 일상적 대화를 함으로써 가족원들은 멀리 떨어져 있지만 함께 있는 것처럼 가상적 세계에서의 친밀함을 느낄 수 있다.[39] 성인 자녀는 화상을 통해 노부모의 건강 상태를 확인할 수 있고 손자들의 재롱을 부모님께 보여드릴 수 있다. 부모는 스카이프를 통해 한국 생활하는 자녀의 일과를 들여다볼 수 있어 멀리 있는 자녀 걱정과 그리움을 다소 해소한다. 스카이프를 이용하는 타슈켄트의 백세르게이(남, 35)와 한국의 박아나톨리아의 다음의 사례는 이를 잘 보여준다.

> 일요일마다 스카이프로 한국 식구들을 만날 수 있다. 스카이프가 있어 아들 부부와 손주들 얼굴을 볼 수 있어 너무 좋다. 큰 손자가 언젠가 유치원에서 배웠다는 한국 노래를 부르는데 무슨 말인가 잘 이해하지는 못했지만, 너무 잘해서 안아주고 싶었다. 사실 큰 손자는 내가 4년 동안 키웠다. 한국 간 뒤로 아들은 약 15kg 그리고 며느리는 10kg 살이 빠졌다고 한다. 스카이프로 보기에도 살이 빠진 것을 알 수 있어서 일이 힘들어 빠진 것 같은데 안타깝기도 하지만, 아들의 경우 이곳에서 살이 너무 쪘을 때보다 더 건강하게는 보이더라. 이제는 스카이프로 다 알 수 있지 않은가!. 그런데 사는 집은 춥지 않고 따뜻한가 보더라. 손자들이 겨울인데 짧은 속옷만 입고 집에서 놀더라. 모두 스카이프로 봤다. 그래서 추운 겨울 걱정은 덜 하게 되었다.(백세르게이 어머니, 65)

> 옛날에 전화만 한 것에 비해 스카이프로 얼굴도 보고 하니 살아 있는 것 같은 느낌이 든다. 언젠가 스카이프를 하는데, 어머니의 얼굴이

좋지 않아서 "요즘 잘 못 먹고 사는가요?"라고 물어봤는데, 옆에서 아버지자 등장하여 잘 먹고 살고 있으니 걱정하지 말라고 그러시더라.(박아나톨리아, 남, 39)

광주의 박아나톨리아가 "얼굴을 보고 하니 살아 있는 것 같은 느낌이 든다."라는 표현과 백세르게이 어머니의 "스카이프를 이용하면서 떨어져 있는 느낌이 들지 않는다."라는 말은 초국적 가족원 간의 '가상적 친밀함'virtual intimacy의 공유를 잘 드러낸다. 타슈켄트의 백세르게이 어머니는 스카이프 하는 날인데 집에 인터넷이 안 되면 마음이 불안해서 남편에게 인터넷을 빨리 고치라고 종용한다. 그녀는 인터넷이 결국 안 되면 휴대전화기로나마 세르게이에게 통화를 하거나 문자를 보내 안부를 확인해야 마음이 놓인다고 말한다.

개인용 컴퓨터를 직접 소유하고 있지 않은 가정 가운데 컴퓨터를 소유한 인근의 다른 자녀나 손자녀의 도움을 받아 스카이프로 가끔 한국 자녀의 얼굴을 보는 부모도 있다. 광주 송크세니야는 부모 얼굴을 보고 싶을 때면 부모님과 따로 타슈켄트 시내에서 사는 막내 남동생에게 노트북을 갖고서 부모님 집에 가게 하여 부모님과 화상통화를 한다. 이처럼 본국의 가족과 친족 구성원은 한국 이주 자녀와 남겨진 부모를 연결해 주거나 부모의 근황을 간접적으로 알 수 있는 초국적 네트워크인 셈이다. 부모가 아프더라도 외국에 있는 자녀에게 질병을 감추기 때문에[40] 한국의 성인 자녀는 부모 인근의 친인척 네트워크를 통해 부모의 근황을 접할 수 있다. 타슈켄트 시내에 사는 막내 이모의 딸, 즉 최알렉산드로의 사촌 여동생은 최알렉산드로 부모님의 건강을 비롯한 근황들을 한국에 있는 최알렉산드로에게 SNS를 통해 알려주는 역할을 한다. 특히 부모님이 일을 보시러 타슈켄트 그녀의 집을 방문할 때마다 그녀는 스카이프를 연결해 한국의 사촌 오빠와 화상통화를 할 수 있게 도움을 준다. 국제전화나 스카이프 등의 정보통신기술의 인프라 여건과 이용방법 및 비용의 차이 때문에 한국 자녀와 본국의 부모 간의 ICTs를 통한 연락은 한국의 자녀가 우즈베키스탄의 부모에게 먼저 연락을 취하고 부모는 연락을 받는 형식이 일반적이다. 이 때문에 이동통신기술을 이용한 정보교환은 흔히 한국의 자녀가 본국의 부모에게 연락을 취하는 '일 방향적' 성격이 강하다. 그러나 가상세계에서 부모와 자녀 간의 상호접촉을 통한 정서적 지지는 일 방향적인 것이 아닌 부모가 자녀를 그리고 자녀가 부모를 위로해 주는 '쌍방향적'인 성격으로 이해되어야 한다.

본국 방문 및 한국으로의 초청

초국적 돌봄이 지역과 국가를 종횡하면서 가족과 친구 등의 광범위한 네트워크를 순환하고 있지만, 이러한 돌봄의 순환이 근거리에서 직접 행하는 돌봄과 모든 점에서 똑같다고 주장하기는 어렵다. 사실 멀리서 돌봄을 제공하는 것은 어려울뿐더러 시간과 재원을 필요로 하며 사람을 지치게 하기도 하는 어려운 일이다Baldassar & Merla, 2014 : 22. 국제 이주로 인해 부모와 근거리에서 일상적 방문과 음식 제공 및 간병 등을 하지 못한다는 것 때문에 흔히 이주 성인 자녀는 부모에 대해 죄의식과 미안한 감정이 있다. 이 때문에 이들은 기회가 되면 본국을 방문하여 부모와 시간을 보내려고 한다. 발다사와 발독

Baldassar & Baldock, 2000은 이주자가 본국을 정기적으로 방문하는 것은 멀리서는 할 수 없는 성격의 돌봄을 직접 하기 위한 것이며, 이주자 자신에게도 잠시나마 고향의 공기를 마실 수 있어 향수병을 치료할 기회가 된다고 주장한다. 부모 돌봄을 위해 이주 성인 자녀가 본국을 방문하는 것이 일반적이지만 상황에 따라서는 이주지로 부모를 초청하여 장·단기간 함께 거주하면서 부모를 돌보는 일도 매우 흔하다.

대부분의 한국 체류 고려인은 방문취업비자(H-2) 또는 재외동포비자(F-4)를 소지하고 있다. 만 25세 이상 60세 미만의 고려인 동포에게는 5년간의 한국 체류를 허가하는 H-2비자가 발급되며, 일정 학력 등 전문적 자격이 있거나 H-2로 한국에 체류하면서 일정 조건을 갖춘 고려인 또는 만 60세 이상의 고려인 동포에게는 F-4비자가 발급된다. 이 두 종류 비자 모두 비자 기간 내에 한국과 우즈베키스탄의 왕래에 제한이 없으므로 한국에 체류하는 성인 자녀의 우즈베키스탄 방문이나 우즈베키스탄 부모의 한국 방문을 위한 출입국 정책은 다른 외국인에 비해 매우 개방적이다.

본 연구대상 성인 자녀의 한국 체류 평균 기간은 약 3년 9개월이며, 이들은 이 기간에 1~3회 우즈베키스탄을 방문한 바 있다. 해외체류 우즈베키스탄 국적 소유자는 2015년까지 신형 여권으로 변경해야 하므로 최근 2~3년 이내에 본국을 방문한 성인 자녀가 많다. 이 밖에 가족의 일생 의례 참여를 위해 본국을 방문한 사람도 적지 않은데, 이들은 돌잔치·결혼식·환갑잔치에 축의금만 보내도 되지만 이런 일생 의례가 부모를 만날 기회로 작용하기 때문에 바쁜 중에도 일부러 본국 방문을 한다. 2014년 초에 첫 손주 탄생을 기념한 가족 모임 차 타슈켄트를 다녀온 안산 거주 김에르네스트(남, 56)와 조카 결혼식 참석차 2014년 말에 타슈켄트를 방문한 박빅토르(남, 55)는 행사 참여를 '핑계 삼아' 2~3년 만에 부모님을 만나기 위해 본국을 방문했다고 말한다. 박빅토르는 우즈베키스탄 갈 때 부모님께 드릴 의복, 한국 이불, 전기밥솥 등을 가져갔다. 남동생이 부모님 가까이에서 살면서 부모님을 돌보고 있는데, 박빅토르는 지난 2014년 연말의 본인 방문에 대해 다음과 같이 말하고 있다.

> 2014년 8월에 어머니의 당뇨가 악화하여 다리 한쪽을 절단할 때 난 직장에서 휴가를 받지 못해 직접 타슈켄트에 가지 못해 정말 안타까웠다. 내가 장남인데 타슈켄트의 남동생에게 어머니 수술을 맡기고 난 병원비의 일부를 송금할 수밖에 없었다. 어머님께 죄송한 마음이 늘 있었는데 조카가 결혼한다고 해서 타슈켄트를 다녀왔지만, 사실은 어머님께 죄송한 마음을 전하고 다리 한쪽을 잃은 것을 위로해 드리고 싶었다.(박빅토르, 남, 55)

부부 모두 공장을 다니는 등 생업에 종사하기 때문에 여권 변경이나 부모와 가족원의 중병 또는 사망과 결혼 등 주요 일생 의례의 참석 등 뚜렷한 이유 없이 본국을 방문하기는 쉽지 않다. 최에브게니(남, 31) 부부는 여권 변경을 위해 한국 이주 후 처음으로 우즈베키스탄을 방문한 바 있다. 이들은 여권 변경과 출국비자exit visa[41] 발급에 드는 약 2~3개월의 체류 동안 부모 가까이에서 함께 시간을 보낼 수 있었고, 부모님이 해준 음식을 오랜만에 맛볼 수 있어서 몸과 마음의 위로까지 받을 수 있었다고 자신의 본국 방문을 기억하고 있다. 여권 변경을 위해 2013년 연말에 본국을 방문한 최에브게니 부부는 다리 관절염이 심해 거동이 불편한 어머니를 위해 아버지께 중고 승용차를 구입해 드린 이야기를 아래처럼 한다.

> 아버지는 2013년에 광주에 오셔서 3개월 동안 우리 집과 두 명의 누나 집에서 쉬시다 가셨기 때문에 오랫동안 보지 못한 어머니가 더 보고 싶었다. 마침 여권을 변경해야 해서 우즈베키스탄에 갔는데, 어머님의 다리 상태가 더 안 좋아져서 거동이 불편하신 어머님을 보고 마음이 너무 아팠다. 어머님의 돌아다니시는 데에 편하게 아버지께 중고 승용차를 구입해 드렸다. 어머니가 편하게 거동하시는 데 도움을 주고 싶었다. 곁에서 도와드리지 못한 마음의 짐을 조금은 덜고 싶었다.(최에브게니, 남, 31)

한국에 정착한 성인 자녀가 우즈베키스탄을 방문해 부모를 직접 돌볼 계획을 세울 때 다양한 요소들에 대한 고려가 필요하다. 본국을 방문하면 부모를 포함한 확대 친족 구성원을 만날 수 있다는 장점이 있지만, 가족 전체가 이동할 때 큰 경비 지출이 요구되고, 부부 중 한 사람만 이동할 때 떠맡아야 하는 육아 부담, 장기간 휴가를 주는 직장이 거의 없다는 점 등을 고려해야 한다. 자녀의 본국 방문보다 부모를 이주지로 초청하는 것이 여러 이유로 더욱 유리하고 실용적이라 판단되면 부모를 한국으로 초청해 가까이에서 장·단기간 돌봄을 제공한다. 특히 우즈베키스탄 현지에 자녀 없이 부모만 살거나 부모가 심각한 질병에 노출되어 있을 때 정착지 한국으로의 부모 초청은 매우 적극적으로 고려된다.

박아나톨리아와 김엘레나(34) 부부는 2008년부터 광주에 사는 언니 부부의 도움을 받아 광주에 정착하였다.[42] 우즈베키스탄 호레즘Khorezm 주의 주도 우르겐치에 남동생(22)과 사는 어머니(58)가 2012년에 자궁암 진단을 받았다. 한국의 의료기술이 뛰어나다는 생각에 두 딸은 어머니를 광주로 모셔 지역 국립대학교병원에서 자궁암 수술을 받게 해 드렸다. 의료보험 적용이 되지 않아 병원비 부담이 컸지만 김엘레나 부부와 형부는 공장을 다니면 병원비를 감당했고 언니는 직장을 잠정적으로 그만두고 어머니를 병간호했다. 수술 예후가 좋아 어머니는 4개월 광주에서 두 딸의 간병을 받은 후 본국으로 귀국했다. 2015년 6월 초에 경과 검사를 위해 어머니는 다시 광주를 방문했으며 같은 해 11월에 귀국할 예정이다. 어머니의 한국 방문 비용과 체제 등 일체 비용은 두 딸 부부가 지원하고 있다.

건강 문제 등 긴급 사안이 아닌 관광이나 휴가 목적으로 한국을 방문하는 고려인 부모도 적지 않다. 송크세니야의 어머니는 2015년 6월 초에 남편(71)이 카자흐스탄의 남동생과 매년 2월 말에서 12월 초까지 하는 '고본질'(계절농사)을 가서 약 6개월을 한국의 송크세니야의 집에서 보내기 위해 한국을 방문했다. 방문 일주일이 지나서부터 어머니는 비가 오는 날을 제외하고 거의 매일 배·블루베리·아로니아 농장 등에서 일용직 아르바이트[43]를 한다. 송크세니야는 힘들게 일하는 어머니의 건강이 걱정되어 어머니의 아르바이트를 만류하지만, 어머니는 아직 딸에게 고백하지 않은 자신의 아르바이트 목적을 다음과 같이 필자에게 들려주었다.[44]

딸은 날마다 힘들게 일하는 내가 병날까 봐 걱정하면서도 내가 뭘 위해 이처럼 열심히 일하는지 아직 모를 게다. 타슈켄트에 있는 아들에게만 국제전화로 내 꿈을 귀띔했는데 난 광주에 있는 동안 가능한 많은 현금을 모아서 돌아갈 계획이다. 남편이 카자흐스탄에서 약 1/2헥타르 땅에 고본질을 하는데 비용보다 수익이 너무 낮아 어떤 해에는 아무것도 남는 게 없다. 남편이나 나는 농사일 하는 것을 좋아한다. 러시아 국적자인 내 두 여동생과 남동생 한 명이 러시아 로스토프주에서 비닐하우스에 토마토와 오이 등을 재배해 러시아 도시들로 파는데 크게 힘들지 않고 수입도 좋다고 우릴 그곳으로 오라 한다. 동생들이 정착부터 많은 것을 도와주겠다고 한다. 50만 루블(한화 약 900만 원)이면 거처할 작은 집이 딸린 비닐하우스 3동을 구입할 수 있는데, 현재 소유한 카자흐스탄 농지와 중고 자동차, 그간 모아둔 적은 돈에 내가 지금 광주에서 일하면서 모은 돈을 합치면 원하는 비닐하우스를 구입할 수 있을 것 같다. 이것은 나의 마지막 꿈이며 꼭 이 꿈을 실현하고 싶다. (황타티아나, 여, 68)

황타티아나는 자신의 '마지막 꿈'의 실현에 도움이 되는 기회를 준 딸 부부의 초청에 고마움을 느끼고 있다. 사실 송크세니야는 어머니의 방문을 앞두고 어머니의 한국 생활이 불편할까 싶어 침실 2칸과 거실로 구성된 기존의 주택 2층 독채(월세 40만 원)에서 침실 3칸과 거실이 있는 현재의 빌라(월세 53만 원)로 지난 4월 말에 이사해 어머니가 방 한 칸을 별도로 사용할 수 있게 배려했다. 사실 어머니가 오심으로써 더 많은 집세를 지출하고 있는 셈이다. 이뿐만 아니라 송크세니야는 어머니가 길을 잃을까 싶어 중고 핸드폰도 사드려 수시로 어머니 위치를 파악한다.

어머니가 한국에서 그냥 쉬었다 가시면 좋겠는데 아르바이트가 있을 때마다 나가셔서 일하신다. 돈을 이렇게 열심히 벌어 무엇을 하실지 몰라도 기왕 일하신다니, 나는 어머니께 용돈을 별도로 드릴 테니 여기서 버신 것을 일절 사용하지 말고 모아서 가시라고 말씀드렸다. 사실 어머니가 한국에 오신 뒤 나는 돌봐야 할 아이가 두 명에서 한 명 더 늘어 세 명이 되었다. 공장에서 일하다 쉬는 시간에 어머니께 전화했는데 어머니가 전화를 받지 않으면 혹시 길이라도 잃었을까 싶어, 일이 손에 잡히지 않는다. 나중에 어머니께 물어보면 어머니는 내가 사준 핸드폰을 일하다 분실할까 싶어 집에 놔두고 다니신다는 것이다. 어머니가 우즈베키스탄에 돌아가시기 전에 고려인종합지원센터에서 주선하는 건강검진도 받게 할 생각이다. 2년 전에도 한 번 받고 가셨다.(송크세니야, 여, 41)

딸은 어머니를 배려해 새집으로 이사하고 핸드폰도 준비하고 또한 건강검진[45]을 받게 하는 등 곁에 어머니가 있는 동안 많은 돌봄을 제공하고자 한다. 물론 아르바이트 없는 날 어머니는 식사 준비와 세탁 및 집안 살림을 도와주기 때문에 어머니의 단기방문은 부모와 자녀 간의 돌봄에 호혜적 성격도 있음이 분명하다. 부모와 자녀의 호혜적 성격의 돌봄은 사실 성인 자녀들이 국제 이주를 떠나면서 시작되는 '가족의 발달 주기'의 과정 가운데 가족 분거와 가족 재결합 과정에서 흔히 발견된다. 고려인 성인 자녀의 국제 이주 초기에 남성 단독으로 한국에 온 뒤 부인과 자녀가 남편에 합류하거나 자녀를 조부모에게 맡기고 부인만 합류하는 단계가 일반적이다. 이 연구의 5개 가구[46]의 노부모는 아들 부부의 자녀나 딸 부부의 자녀를 우즈베키스탄에서 돌보고 있다. 또한 광주의 2개 가구의 성인 자녀는 본국의 부모에게 자녀를 일정 기간 맡겨두었다가 나중에 광주로 합류시켰다. 손자녀를 본국에서 장단기 돌보는 노부모는 해외에 체류 중인 성인 자녀의 돌봄만을 일방적으로 제공받는 수혜자라기보다는 손자녀를 돌보는 돌봄 제공자가 될 수 있으므로, 이는 돌봄이 가족 내에서 세대를 횡단하며 순환하고 있음을 잘 보여준다.

우즈베키스탄의 노부모가 해외의 자녀에게 돌봄을 제공하기 위해 국경을 넘는 가장 전형적인 맥락은 한국에 있는 딸과 며느리의 출산에서다. 광주광역시 광산구 '고려인 마을' 주변에서 임신한 고려인 젊은 여성을 보는 일은 어렵지 않다. 광주 고려인종합지원센터장 신조야(여, 58)는 이민 생활하는 고려인 젊은 여성의 한국에서의 출산 비율은 점차 증가하고 있다고 말한다. 고려인 산모가 한국의 의료기술을 신뢰하고 있으며 게다가 고려인종합지원센터와 일부 산부인과, 예컨대 광주 M 산부인과 전문병원과의 의료지원협약 체결로 매우 저렴한 비용으로 광주에서 아이를 낳을 수 있기 때문이다. 광주의 최 에브게니 어머니는 며느리의 출산을 돕기 위해 2015년에 광주를 방문했다. 7월 초에 출산하는 며느리의 몸조리와 육아를 돕기 위해 어머니[47]는 광주에 체류하다가 지난 9월 말에 귀국했다. 아들 에브게니는 어머니의 항공료 지원뿐만 아니라 체류 기간 중 거동이 불편한 어머니의 이동 편의를 위해 승용차도 구입했다.[48]

출산을 돕기 위해 방문하는 부모가 출산 도우미 역할을 끝내면 한국에 장·단기 체류하면서 일용직으로 노동시장에 개입해 목돈을 벌어 본국으로 귀국하는 경우가 일반적이다. 큰딸의 두 명의 아이 출산을 돕기 위해 김그레고리 부모님은 광주를 방문하여 길게는 1년 가까이 큰 딸 집에 머물면서 어머니(63)는 모텔 청소를 아버지(63)는 공단에서 일용직으로 일해 목돈을 벌어 간 적이 있다. 2014년 12월 말에 타슈켄트에서 만난 김그레고리 아버지는 당시 경험을 다음과 같이 말한다.

> 큰딸이 한국 남자와 결혼했는데 출산한다고 해서 우리 부부가 광주에 갔다가 나중에 집사람과 내가 일을 해서 돈을 벌어 귀국했다. 우즈베키스탄에서는 젊은 사람도 일자리가 없는데 한국에는 우리처럼 나이 먹은 사람도 일할 기회가 있어서 좋았다. 집사람은 사무실이나 모텔에서 청소하느라 고생이 많았는데, 나는 공장에서 일했다. 내가 나이 먹었다고 약간 괄시받는 느낌은 받았는데, 내가 소련 시절의 기술자였기 때문에 공장에서 실력도 인정받았다. 한국에서 벌어온 목돈이 우즈베키스탄 생활에 큰 도움이 되었다. 조금만 더 젊으면 다시 한국 가서 일하고 싶다.(김그레고리 아버지, 63)

부모가 자녀를 방문해 출산과 같은 '삶의 위기' 상황에서 도움을 주고 자녀는 부모의 장·단기 체류를 지원하며 경제활동을 할 기회를 마련하는 것은 초국적 가족 내에서 부모와 자녀 간의 호혜성을 토대로 한 돌봄이 세대를 횡단하여 순환하는 국면을 잘 보여준다. 그러나 부모의 한국 체류가 세대 간, 특히 노부모와 성인 자녀 간 또는 성인 자녀 부부간의 긴장을 불러올 수 있는 상황도 배제할 수 없어서 노부모와 성인 자녀 모두 인내심을 발휘해야 해야 한다. 광주에서 머무는 동안 딸과 사위가 자신의 존재를 배려해 행동하고 있는 바에 대해 송크세니야 어머니 황타티아나는 다음과 같이 고마움을 표현한다.

> 내가 한국에 온 뒤로 사위와 딸이 서로 목소리를 높여 싸운 적이 한 번도 없어서 너무 다행이고 두 사람에게 고맙게 생각한다. 비가 와서 일 나가지 못하는 날에나 차분히 집에서 식사와 세탁 등 집안 살림을 해주고 큰 도움을 주지 못하는데 내 앞에서 부부가 싸우지 않고, 또 손주들이 나를 챙겨주는 것 같아 고맙게 생각한다. 사실 나도 내 집이 아니어서 들고 나는데 맘이 편치는 않아도 내색을 하지 않는다. 사실 내 사위는 어렸을 때부터 봐서 특별히 어렵지는 않지만, 사위와 장모라는 것이 다 그렇잖아요.(황타티아나, 여, 68)

'협상된 개입'negotiated commitments

초국적 돌봄에 관한 연구는 다양한 분석 수준levels 간의 상호연관성에 주목해야 한다. 발다사Baldassar, 2008는 초국적 가족의 돌봄이 미시적, 중범위적, 거시적 수준의 요인들의 특정한 조합이 반영된 '협상된 개입'negotiated commitments에 따라 이루어진다고 주장한다. 미시적 수준에는 초국적 가족과 친족, 돌봄 제공 의무에 대한 문화적 개념에 따른 개인적 선택 등의 요인, 중범위적 수준에서는 돌봄 제공을 지원하는 공동체와 지원단체, 민족 네트워크, 공동체의 정착 경과 등의 요인, 그리고 거시적 수준에는 통신인프라구조에 대한 접근성, 출입국 비자, 건강의료보험, 돌봄 서비스를 위한 국가적 규정, 정착과 이민자 통합을 관장하는 사회와 이민에 관한 정책 등의 요인이 있다.

우즈베키스탄 부모에 대한 초국적 돌봄에 관여하는 미시적 수준의 요인에는 해당 고려인 가족사와 인생사, 우즈베키스탄과 한국 외의 다양한 국가에 거주하는 초국적 가족과 친족 네트워크, 송금과 방문에 필요한 이주자의 재원과 시간 동원 가능성, 노년과 돌봄에 관한 고려인의 문화적 개념 등이 있다. 한편 우즈베키스탄과 한국 방문을 위한 출입국에 관한 법률과 이민정책, 재외동포에게 부여하는 비자 유형, 양국의 교통과 정보통신 인프라 구조 성격, 우즈베키스탄의 의료와 연금복지 내용, 한국의 건강의료보험 적용 범위 등은 거시적 수준의 요인들에 해당된다. 우즈베키스탄 '고려인연합회'와 '고려인문화협회' 그리고 광주광역시의 고려인 정착을 지원하는 '고려인종합지원센터'와 같은 관련 단체 등의 활동은 중범위적 수준의 요인에 해당한다고 볼 수 있다.

사실 우즈베키스탄과 한국 현지에서 중범위적 수준의 요인이 초국적 돌봄에 개입될 여지는 많지 않기 때문에, 우즈베키스탄의 노부모에 대한 성인 자녀의 초국적 돌봄은 일반적으로 거시적 수준의 요인과 미시적 수준의 요인 간의 조합에 의해 타협된 개입의 결과에 따라 실천된다. 현재 우즈베키스탄 내의 고려인 노년 세대의 사회보장의 지원하는 관련 공동체 또는 기관은 '아리랑요양원'을 제외하고 거의 찾아보기 힘들다. 다만 광주광역시의 '고려인종합지원센터'와 같은 한국 내 지원단체가 고려인에 대한 의료지원[49] 및 고용주선 등의 방식으로 한국에 장단기 체류하는 고려인 노년 세대를 직간접적으로 지원하고 있다.

2015년 8월 현재 광주에 체류하고 있는 김엘레나 어머니는 2년 전에 한국에 와서 암 수술을 받았고, 수술 경과 검사를 위해 재차 한국을 방문해 딸들의 보살핌을 받고 있다. 이러한 초국적 돌봄은 더 뛰어난 의료혜택을 어머니께 제공해야 한다는 딸 부부의 생각과 비싼 의료비용을 감당하기 위해 김엘레나 부부와 형부의 근로활동과 언니의 간병 활동이란 가족 내 역할 분담 등의 미시적 수준의 요인들과 우즈베키스탄과 한국의 의료수준의 차이 및 재외동포의 출입국이 상대적으로 개방된 한국의 이민법과 제도 등의 거시적 수준의 요인들 조합에 의한 타협의 산물이다.

송크세니야와 한세르게이 부부는 2012년 2월에 광주에 정착했다. 송크세니야 언니(43)는 2002년 미국에 이민 가서 꽃가게를 운영하는데, 남편의 건강 악화로 경제적 어려움을 겪고 있어 부모님께 송금하지 못한다. 그녀는 미국에 이민 간 후 단 한 번도 우즈베키스탄을 방문하지 않았다. 미국 시민권 취득 후 그녀의 가족이 우즈베키스탄을 방문하여 부모님 집에서 지내기 위한 비자 신청에는 많은 서류가 필요하다. 이런 번거로운 출입국 정책과 경제적 어려움 때문에 그녀는 이민 간 후 단 한 번도 우즈베키스탄을 방문하지 않았다.[50] 그녀는 이민 간 후 처음으로 어머니를 만나기 위해 2013년에 우즈베키스탄이 아닌 미국 시민권자가 쉽게 입국할 수 있는 한국의 여동생 송크세니야 집을 방문했다. 어머니를 한국의 동생 집으로 오시게 하여 광주에서 한꺼번에 많은 가족의 상봉이 성사되었다. 3주 동안의 한국 체류 기간에 송크세니야 언니는 한국 관광을 포함하여 모처럼 어머니와 시간을 보낼 수 있었다. 부모를 만나기 위해 우즈베키스탄 방문 대신 한국을 선택한 점 등은 송크세니야 가족의 이민사라는 미시적 수준의 요인과 출입국 정책과 같은 거시적 수준 요인의 조합에 따른 산물로 이해될 수 있다.

한편 송크세니야의 남편 한세르게이(37)는 삼 남매의 맏이로 아래로 여동생 두 명이 있다. 한세르게이보다 1년 이른 2011년에 광주에 먼저 이주한 둘째 여동생 가족이 한세르게이 부부의 광주 이주와 정착에 큰 도움을 주었다. 막내 여동생은 카자흐스탄 고려인과 결혼해 카자흐스탄에서 산다. 사실 카자흐스탄 출신인 어머니는 우즈베키스탄 출신 남편을 만나 결혼하였으며 남편(한세르게이 아버지)은 2011년 사망하고 현재는 홀로 타슈켄트에 살고 있다. 혼자된 어머니를 돌봐야 한다는 책임감을 늘 느끼고 있는 한세르게이가 어머니를 한국으로 모시고 싶었으나, 방문취업비자(H-2)와 재외동포비자(F-4) 발급에 필수적인 '고려인출생증명서'를 분실한 어머니는 한국에 입국해도 장기 체류하기 어렵다. 제도적인 이유로 어머니를 모시지 못하는 한세르게이는 어머니께 늘 미안하고 죄스러운 마음을 지니고 살아간다. 그는 자신의 힘으로는 어머니를 한국으로 모셔올 수 없다는 무기력함을 느끼고 있다. 어머니는 아들과 큰딸이 있는 한국을 방문하는 대신 친정 식구들과 막내딸이 있는 카자흐스탄을 자주 방문한다. 2015년 8월 현재 어머니는 임신한 막내딸을 돕기 위해 카자흐스탄에 체류하고 있다. 한국의 한세르게이와 여동생은 어머니께 정기적 송금과 국제전화를 하며,[51] 카자흐스탄의 막내 여동생은 홀로 있는 어머니를 방문하기 위해 우즈베키스탄을 자주 가는 편이다. 한국의 한세르게이와 여동생은 카자흐스탄의 막내 여동생을 통해 어머니의 근황을 파악한다.

앞서 살펴본 김엘레나와 송크세니야 및 한세르게이의 가족의 '초국적 사회적 장'에서 유지되는 가족 유대는 한국과 카자흐스탄 및 러시아 등에 이산된 가족과 친족관계 네트워크, 돌봄에 필요한 자녀의 현금과 시간 동원 능력, 물리적 거리에 따른 돌봄 노동의 분화(근거리 자녀는 직접적 돌봄 활동, 원거리 자녀는 현금지원), 돌봄의 의무라는 문화적 개념 등의 미시적 수준의 요인들이 해당 국가들의 출입국에 관한 법률 및 이민정책, 국가 의료체계, 국제 관계사 및 국가체계의 친연성 등의 거시적 수준의 요인들과의 조합에 의해 부모에게 돌봄을 제공하기 위한 실천이 협상되고 있음을 보여준다.

국제 이주가 남겨진 노부모에게는 무엇인가?

성인 자녀의 국제 이주가 남겨진 노부모에게는 어떻게 다가오는가를 노부모의 관점에서 이해하는 것은 국제 이주, 가족의 분거, 초국적 가족 유대 및 돌봄, 가족 재결합 등에 대한 노부모 인식의 단면을 파악할 수 있게 할 것으로 생각된다. 남겨진 노부모는 자녀의 국제 이주로 가족 이별이라는 정서적 고통을 경험하지만, 국제 이주를 젊은 자녀가 직면한 불편한 현실 타개를 위한 불가피한 선택으로 인식한다. 자녀에 대한 그리움과 안타까움 때문에 '자녀 사진 보기'와 같은 새로운 일과나 습관이 노부모의 일상에 자리 잡게 된다. 자녀의 이주 기간이 길어지면서 송금과 같은 물질적 지원뿐만 아니라 전화나 화상통화를 통한 자녀의 정서적 지지를 자신들에 대한 자녀의 관심으로 간주한다. 귀국 시기의 불확실성에도 언젠가는 모든 가족이 함께 살 수 있다는 소망이 있다. 그러나 이주지에서 자녀와 손자녀의 더 밝은 미래가 전개될 수 있다면 귀환이 유예되거나 기약되지 않더라도 노부모들은 이를 수용할 수 있게 자신의 감정과 돌봄 기대를 조정한다.

'우즈베크 민족주의'로 인한 민족 편향성과 낮은 고용률 및 임금 등 열악한 경제 환경은 고려인 성인 자녀의 국제 이주 배출요인이 되고 있다. 이런 상황에서 노부모는 자녀의 한국으로의 이주를 만류할 수 없었다. 최에브게니 아버지(71)는 "우즈베키스탄에는 일자리도 없고 있다 해도 월급이 너무 낮은데, 생활비는 오르고 각종 들어가는 돈을 감당할 수 없어서 아들들이 한국으로 간다는 것을 만류할 수 없었다."라고 말한다. 또한 "아들 사는 집에 방 하나만 있는데, 아이가 둘이기 때문에 돈을 벌어서 큰 집을 산다는데, 우즈베키스탄에서는 돈 벌 가능성이 없어서 아들이 한국 간다고 할 때 만류하지 않았다."라고 말하는 백세르게이 어머니(65)도 같은 맥락에서 이해된다.

불가피한 선택으로 떠나는 자녀의 한국행은 노부모에게는 안타까움이 가득한 큰 사건이었다. 세 명의 딸이 순차적 한국 이주를 했던 최로자의 어머니는 딸들이 우즈베키스탄을 떠날 때마다 "이것이 꿈인지 생시인지 몰라" 울었는데, "딸들이 한국말도 못 하고 너무 멀리 떨어져 자유롭게 왕래도 못 할 것 같아서" 딸들이 떠난 후 6개월 내내 혼자 울었다. 남겨진 노부모가 일상에서 한국으로 떠난 자녀에 대한 그리움을 달래는 방식은 다양했다. 최에브게니 아버지는 막내아들 에브게니 부부가 살던 집을 매일 아침에 열고서 안방 벽면에 부착된 아들 사진을 보며 "아들아 안녕"이라 혼자서 인사말을 건넨다. 백세르게이 어머니와 최로자 어머니는 특히 집에 혼자 있을 때 떠난 자식이 그리워 자녀와 손자녀 사진을 보면서 혼자 말을 건다. 김그레고리와 박아나톨리아 부모는 자녀들이 보고 싶을 때마다 결혼식이나 환갑잔치 DVD에 등장하는 자녀의 얼굴을 보면서 그리움을 달랜다. 한세르게이 어머니는 아들 부부가 살던 널찍한 아파트 방안을 둘러 보면서 함께 지냈던 기억을 떠올리거나 스마트폰 안에 저장된 자녀와 손자녀의 사진을 보면서 그리움을 달랜다. 이 모든 일상에서의 습관은 자녀가 한국으로 국제 이주한 이후 생긴 것들이다.

남겨진 노부모는 일상생활 가운데 자녀의 이주로 생기는 돌봄 공백을 자주 느낀다. 안산에 거주하는 김에르네스트의 어머니(84)는 두 아들이 한국에 간 후 결혼한 딸과 외손녀와 함께 산다. 에르네스트는 한국으로 떠나기 전에는 홀로 계신 어머니를 주마다 찾아가 생활에 불편 사항을 해결해 드렸다. 어머니는 아들 떠난 후 전기나 수도가 고장 날 때마다 아들의 부재를 가장 많이 실감한다고 한다.

> 아들이 이곳에 있을 때 내 아파트의 전기나 수도가 고장 나면 즉시 와서 고쳐주었다. 지금도 이런 것들이 고장 날 때면 큰아들이 더욱 보고 싶다. 예전에는 일주일에 한 번씩은 나를 보러 왔는데, 그래서 늘 오는 날이면 밖에서 자동차 소리가 들리면 창밖을 내다봤는데, 이제는 그럴 일이 없어서 무척 안타깝고 마음이 아프다.(김에르네스트 어머니, 84)

최로자 어머니 박나탈리아의 세 딸은 모두 한국에 있다. 10년 전에 고혈압으로 쓰러져 건강이 악화한 후 지금도 1년에 3차례 이상 혈액순환제 주사를 맞아야 한다. 다행히도 딸들이 이주한 후 지금까지 응급상황이 일어나지 않았지만, 막상 응급상황이 일어나면 곁에서 의사와 구급차를 불러줄 사람은 19세의 손녀(이혼한 큰딸의 딸)뿐이다. 22년 전에 남편과 이혼하고 박나탈리아씨 혼자서 딸들을 키웠기 때문에 어머니에 대한 딸들의 애정은 남다르다. 어머니는 곁에서 자신의 건강 등을 자상하게 살피던 둘째 딸 최마리아(32)의 공백을 가장 많이 느끼고 있다.

> 큰딸은 아직도 속을 차리지 못했다. 실수와 질투가 많은 편이다. 원래 책임져야 하는데 나이 들어도 마찬가지다. 둘째 딸 마리아는 늘 가장 듬직했다. 유난히 내 건강을 자상하게 챙겼던 아이이다. 둘째가 부산으로 갔을 때 너무 서운했지만 지금도 마리아는 나에게 또는 내 손녀에게 하루에 세 번씩이나 전화해서 나의 건강을 살핀다. 막내 최로자는 아직도 어리기 때문에 크게 의지할 수 없다.(박나탈리아, 여, 57)

딸들이 생활비를 정기적으로 보내지만 박나탈리아에게 더 큰 위로가 되는 것은 매일 오는 딸들의 전화다. 전화를 받으면 딸들이 자신에게 "마음을 쓰고 있다."라는 것을 느낄 수 있기 때문이다. 그녀처럼 대부분 노부모는 직접적인 돌봄이 아니더라도 전화나 송금 등의 초국적 돌봄 행위를 통해 자식들이 자신들에게 '관심이 있음'을 느낀다고 한다.

남아 있는 노부모는 자녀가 우즈베키스탄에 돌아와 언젠가는 함께 살 수 있다는 바람을 지니고 있었다. 귀환 시기를 짐작하는 노부모도 있지만, 그 시기는 막연하다. 김에르네스트 어머니는 큰아들이 한국에 가서 일하는 것은 러시아에서 의과대학원을 다니는 손주(김에르네스트 둘째 아들)의 비싼 학비와 생활비(1년 약 600만 원 학비와 매월 약 100만 원의 생활비)를 지원하기 위해서라고 알고 있다. 따라서 어머니는 손주의 공부가 끝나면 아들 김에르네스트도 귀국한다고 믿고 있다. 그러나 2015년 1월 안산에서 만난 김에르네스트는 2015년 11월에 둘째 아들의 학업이 끝나면, 우즈베키스탄의 큰아들 부부와 부인까지 한국으로 초청해 최소한 향후 5년 이상 한국에 체류할 계획을 필자에게 말해 주었다. 그간 한국에서 번 돈을 모두 러시아의 아들에게 보내서 자신의 수중에 모아 놓은 돈이 없다는 것이다. 김에르네스트처럼 대부분 고려인 성인 자녀는 자신의 귀국 시기를 명확히 정해 놓지 않았다. 한국 국내에서 체류를 간단히 연장할 수 있는 F-4비자를 소지한 사람은 조속한 귀국을 강요받지 않고 본인 자신도 조속히 귀국할 생각이 없었다. 김에르네스트는 현재 어머니를 돌보고 있는 여동생이 미국 남편을 부름을 받아 미국으로 떠날 계획이기 때문에 향후에 어머니도 한국으로 모셔올 계획이다.

타슈켄트의 김그레고리 부모님은 한국인과 결혼한 큰딸과 막내딸이 아닌 아들인 김그레고리가 자신들과 함께 살 것인데, 아들의 귀국 시기는 예측하기 힘들지만 아주 늦지는 않으리라고 생각했다. 그러나 광주에 있는 김그레고리의 본국 귀국은 가까운 시일 내에는 이뤄지지 않을 전망이다. 최근 그의 아들(6)을 고려인종합지원센터에서 운영하는 '새날어린이집'에서 한국인이 운영하는 일반 어린이집으로 옮긴 그의 태도가 이를 짐작게 한다.

> 아들이 큰누나(한국인과 국제결혼) 아이들과 만나면 한국말을 못 해 함께 놀 수 없어서 늘 속상했다. 아들이 어차피 한국에서 초등학교부터 시작해서 더 높은 과정의 학교에 다녀야 하는데 한국말을 잘해야 한다. 새날어린이집에서는 러시아말로 아이들과 놀기 때문에 한국말이 늘지 않았다. 내 아들은 여건이 훨씬 좋은 한국에서 오래 살면서 교육을 많이 받게 하고 싶다.(김그레고리, 남, 33)

이처럼 김그레고리는 아들이 한국의 더 좋은 환경에서, 많은 교육을 받게 하려면 한국에서 상당 기간 살 것을 예고한다. 타슈켄트에서 만난 김그레고리 아버지를 비롯해 대부분 고려인 노부모는 한국을 잘살면서 시스템이 잘 갖춰진 나라로 인식하고 있다. 또한, 노부모들은 자녀의 한국 이주 전과는 달리 한국 관련 뉴스에 귀를 기울이게 됐다. '연평도 사태'처럼 한국의 위기 관련한 뉴스를 접하면서 이들은 한국의 자녀들 걱정을 많이 했다고 한다. 이런 위기 상황에 직면하면 자녀의 조속한 귀국을 원하지만, 경제적으로 여건이 호전될 전망이 거의 보이지 않는 우즈베키스탄보다 한국에서 자녀와 손자녀의 장래가 밝다면, 그래서 그들이 그곳에서 살겠다면 이들은 이런 현실을 수용할 수밖에 없지 않겠냐고 말하고 있다.

한국에 모든 형제자매가 체류하는 일부 고려인 자녀들은 본국의 노부모를 한국으로 모셔올 계획을 세운다. 그러나 이러한 자녀들의 제안을 수용할 준비된 노부모보다 현재처럼 우즈베키스탄에 머물면서 자녀와의 초국적 관계의 유지에 만족하는 노부모가 더 많다. 일부 노부모들은 한국어도 모르고 기후도 다르며 내 것이 없는 한국에서 특히 영주권이나 국적을 받기 어려워 방랑자로 지내는 것을 선호하지 않아 보인다. 이들은 현재처럼 자녀의 초국적 돌봄을 받으며 한편으로는 자신들이 한국을 방문하여 필요할 때마다 손자녀를 돌봐주는 초국적 삶을 '가족의 생애주기'에 따른 돌봄의 순환으로 이해하고 있는 듯했다. 그러나 최근 들어 손자녀를 돌보고 자녀의 살림살이를 돕기 위해 한국으로 오는 고려인 노부모의 비율이 늘고 있는 것은 사실이다. 성인 자녀와 노부모 간의 돌봄 교환이 필요한 맥락, 예컨대 딸과 며느리의 출산을 돕고, 손자녀를 돌보면서 자신 노년의 삶을 초국적 사회적 장에서 보내는 고려인의 노인 수가 점차 늘어갈 전망이다.

노부모에 대한 초국적 돌봄의 전망

우즈베키스탄의 독립 이후 적절한 임금을 제공하는 일자리의 부족과 자녀를 위한 미래의 불투명, 우즈베크 중심의 민족주의 정책 등의 배출요인과 한국의 고임금과 재외동포에게 개방된 이민정책과 같은 흡인요인의 상호작용으로 한국으로 국제 이주하는 고려인의 규모가 크게 늘고 있다. 한국으로의 이주 후 성인 자녀의 우즈베키스탄에 남겨진 노부모에 대한 돌봄은 초국적 성격을 띠고 있다. 노인 인구에 대한 의료 및 사회복지정책이 취약한 우즈베키스탄 경우 노부모에 대한 돌봄은 가족과 친족 구성원의 몫이 된다. 국제 이주의 맥락에서 본국에 남아 있는 노부모에 대한 초국적 돌봄은 흔히 송금과 정서적 지지 및 상호 방문의 형식으로 수행된다. 소련 시절 사회주의 정책과 우즈베크 민족 등 다른 민족들과의 상호작용에 크게 노출되어 있었음에도, 부모에 대한 공경이나 가족원들 간의 유대관계의 중요성이 고려인 사회에 상당히 강하게 유지되고 있다.

정기적 또는 부정기적 송금은 소규모 연금에 의존하는 노부모의 의료비용, 돌·결혼·환갑잔치에 필요한 의례 비용, 생활 수준 향상과 복지비용에 실제로 기여하고 있다. 또한 국제전화·화상전화·SNS를 이용한 문자와 사진전송 등의 형식으로 이루어지는 노부모에 대한 규칙적인 자녀의 정서적 지지는 물질적 지원 못지않게 중요한 초국적 돌봄으로 인식되고 있다. 그리고 막대한 경비와 시간이 요구되는 우즈베키스탄 방문이 쉬운 일이 아니지만, 이주 자녀들은 가족의 일생 의례 참여와 이민 관련 서류처리 등을 목적으로 하는 본국 방문을 노부모에 대한 직접적인 돌봄 기회로 삼고 있다. 본국 방문 외에 한국 체류 기간이 장기화하면서 한국으로 초청되어 장단기 성인 자녀와 체류하면서 돌봄을 받는 노부모가 늘고 있다. 특히 노부모의 심각한 질병의 발병과 성인 자녀의 출산 등 삶의 위기 상황에서 한국을 방문하는 노부모의 사례도 많이 증가하고 있다.

이 연구는 초국적인 상황에서 노부모 돌봄이라는 규범이 구성되고 타협되는 방식을 규명하고자 했다. 국제 이주의 맥락에서 이주자 자녀의 현금과 시간 동원 능력, 노부모 돌봄을 위해 한국과 다른 국가에 이산되어 있는 초국적 가족 및 우즈베키스탄에 남아 있는 확대 가족 네트워크 등의 미시적 요인들이 자녀와 부모의 국경을 넘는 일에 관계되는 출입국에 관한 법률 및 이민정책, 기존의 국제 관계의 성격, 국가 의료 및 복지체계의 수준 등 거시적 요인들과의 조합을 통해 본국에 남아 있는 부모에 대한 초국적 돌봄 활동이 협상되고 있음을 보여준다.

이 연구는 또한 자녀들의 국제 이주, 자녀 이주가 자신들에게 남겨진 정서적 결과, 가족 재결합, 초국적 노년의 삶 등을 우즈베키스탄에 남아 있는 노부모의 시각에서 이해하고자 하였다. 특히 가족의 생애주기의 한 과정으로서 한국의 자녀와 노부모의 재결합이 점차 늘어가는 추세에서, 초국적 맥락에서의 성인 자녀와 노부모의 돌봄은 일방적인 성격이 아닌 세대를 횡단하는 호혜적인 순환의 성격임이 드러나고 있다. 이 연구는 기존의 '전 지구적 돌봄 고리'의 개념을 토대로 수행된 초국적 돌봄에 관한 연구가 가족의 결속을 저해하는 계기가 되는 '문제가 있는 사건'으로 바라보는 것과는 다른 견해를 밝히고자 했다. 국제 이주의 맥락에서 세대, 이주자와 비 이주자, 거주국가, 나이 등에 구애받지 않고 돌봄이 초국적으로 확장된 가족과 친족 네트워크 내에서 순환되는 것으로 바라볼 필요가 있다. 이런 시각에서 본다면 현재 전개되고 있는 우즈베키스탄 고려인의 국제 이주, 부모에 대한 초국적 돌봄, 가족 재결합 등의 다양한 사회·문화적 양상은 가족 결속을 해치는 문제가 있는 사건이라기보다는 해당 고려인들이 개인·가족적으로나 제도적으로 한국과 본국에서 이용 가능한 자원과 구속 요인 등에 따른 특정한 형식의 전략적 산물들로 해석될 수 있을 것으로 생각한다.

현재 진행 중인 성인 자녀와 노부모의 호혜적 돌봄 순환에 작용하고 있는 중요 요인의 하나가 재외동포에게 제공하는 개방된 출입국 정책과 같은 거시적 수준의 요인임은 분명하다. 특히 광주광역시 '고려인종합지원센터'를 비롯한 민간 차원의 지원단체와 지방정부 차원[52]의 고려인에 대한 높은 관심 등 중범위적 수준의 요인들은 한국의 성인 자녀와 가족 재결합하는 노부모가 포함된 '다세대' 고려인 가구의 증가를 예측해 볼 수 있게 한다.

가족의 생애주기에 따라 한국에서 재결합된 고려인 가족의 수가 늘어가는 등 국내 고려인 인구의 급증에 따라 고려인 지원단체들은 국내 고려인 사회복지의 영역이 확장되어야 한다고 주장한다.[53] 고려인 초국적 가족이 물리적인 가족 분거의 상황에서도 노부모에 대한 초국적 돌봄의 필요성에 전략적으로 대처하고 있지만, 이러한 점이 고려인 초국적 가족 구성원이 직면하고 있는 여러 돌봄 문제를 온전히 고려인 가족에게만 떠맡기라는 말은 아닐 것이다. 사실 초국적 상황에서 본국의 노부모를 돌보는 일 등 가족의 유대를 유지하는 일은 많은 시간과 재원이 소비되고 정서적으로 고통스러운 상황을 수반한다.

최근 국내 고려인 사회에 성인 자녀의 돌봄을 근거리에서 받으면서 동시에 손자녀에 대한 돌봄을 제공하는 소위 '3세대형' 고려인 가족의 형태가 늘고 있는 것은 사실이다. 그러나 한국어 구사 능력의 부족과 사회적 관계의 단조로움, 가족 내 재원과 권위 등을 둘러싼 세대 간 긴장 및 낯선 세계에 대한 적응의 어려움 등으로 우즈베키스탄으로의 귀환을 원하는 노부모의 사례도 적지 않다. 또한 우여곡절 끝에 우즈베키스탄에 남겨진 미성년 자녀와의 한국에서의 가족 재결합이 성사되었지만, 한국의 재외동포에 관한 법률과 제도로 인해 가족의 분거 상황이 재발하는 사례가 적지 않게 발생한다.[54] 이처럼 고려인 초국적 가족원들이 수행하는 노부모와 자녀에 대한 초국적 돌봄은 앞서 언급된 다양한 방식을 통해 적극적인 형태로 실천될 수 있지만, 실천 상황에는 여전히 개인적이거나 제도적인 차원의 기회와 제약으로 인한 물질적이고 정서적인 어려움이 수반됨을 인식할 필요가 있다.

5장

고려인 노년 세대의 '조부모 노릇'

‘조부모 노릇’ 위해 한국에 오는 고려인 노부모

5장은 국제 이주의 맥락에서 우즈베키스탄, 카자흐스탄 등 구소련권에서 한국의 성인 자녀와 손자녀를 돌보기 위해 한국에 입국한 조부모 세대 이주자를 대상으로 하여, 이들이 행하는 손자녀에 대한 ‘조부모 노릇’의 구체적인 실천 양상과 이 과정에서 낯선 한국에서 경험하는 노부모 세대의 다양한 초국적 삶 및 이들의 노년에 관한 생각을 밝혀보고자 한다. 한국에서 경제활동 하는 20~40대 노동 가능 연령대의 고려인 이주자의 노부모들은 본국에 남아 있는 것이 일반적이지만, 최근 들어 한국의 손자녀 돌봄을 위한 60대 이상 조부모 세대의 한국으로의 이주 사례가 급증하고 있다. 한국에서의 적극적인 사회·경제활동을 하는 고려인 성인 자녀의 현지 적응 노력 가운데 육아 등 자녀 돌봄은 중대한 변수로 떠오른다. 국내 재외동포에 대한 사회복지 지원체제의 부재, 돌봄 지원에 필요한 사회적 네트워크의 제한, 돌봄 노동시장 이용에 필요한 재정적 한계 등에 직면한 국내 고려인 성인 자녀는 돌봄 노동 시장이 아닌 가족원, 특히 본국의 부모에게 돌봄 지원을 요청하는 것이 현실이다. 따라서 우즈베키스탄의 노년 세대는 한국의 손자녀 돌봄을 지원하기 위해 ‘유연하게 이동하는’ 돌봄 노동 제공자가 되고 있다. 더 나아가 만 60세 이상의 노년 세대의 고려인에게 ‘재외동포비자’(F-4)를 부여하는 한국 정부의 고려인 동포에 대한 출입국정책은 국경 너머 구소련권에 있는 노부모의 손자녀 돌봄을 위한 한국입국에 우호적인 환경을 조성하고 있다.

한국으로 국제 이주한 성인 자녀의 이주 생활을 지원하기 위한 고려인 노부모들의 한국 이주는 초국적인 환경 내에서 돌봄과 지지의 제공자이자 다른 한편으로는 성인 자녀의 돌봄을 받는 수혜자로 간주할 수 있다. 이런 점에서 고려인 조부모 세대의 한국 이주와 정착 과정에서 '조부모 노릇'을 하는 실천적 측면에 관한 6장은 '초국적 가족'에 대한 연구라는 더욱 광범위한 연구 맥락 안에서 이해될 수 있을 것이다. 한국의 성인 자녀의 이주 생활을 지원하기 위해 국제 이주의 대열에 합류한 고려인 노년 세대는 일상적으로 가사를 전담하는 도우미와 손자녀의 돌봄 제공자로서 해야 할 역할을 한다. 이 과정에서 이들은 성인 자녀와 손자녀와의 동거를 통해 정서적 만족감을 느낌으로써 자신의 노년 생활에서 정신적 위안을 가질 수 있고, 한국의 발전된 의료시설에서 치료를 받는 등 근거리에서 성인 자녀의 직접적인 돌봄을 받는 돌봄 수혜자가 된다.

한편 고려인 노년 세대는 낯선 환경에서 육아와 가사노동의 과중함, 경제적 독립성 상실, 사회적 네트워크 제한으로 인한 고립감 등의 부정적 경험을 하게 된다. 이 연구는 성인 자녀의 한국으로의 국제 이주와 정착 과정에 합류한 고려인 노년 세대가 이질적인 정착 사회와 변화된 사회·경제적 관계 속에서 경험하는 이민 생활에 대한 서사를 분석하여, 초국적 상황에서 노년을 보내는 것의 의미를 그들의 목소리를 통해 이해하고자 한다. 이 연구의 주요 목적은 고려인 노부모의 돌봄 제공자로서 해야 할 역할뿐만 아니라 변화된 초국적 환경에서 이들이 직면하게 되는 물리적·심리적 복지와 정서적 변화 및 자아 정체성을 규명하는 것이다.

이 연구는 한국에서 이민 생활을 하는 고려인 노년 세대를 노동하는 초국적 경제 주체[55]로 간주하거나, 전적으로 성인 자녀의 돌봄을 받는 돌봄 수혜자로만 인식하지 않는다. 이 연구에서 고려인 노부모 세대는 국제 이주의 맥락에서 '조부모 노릇'을 수행하면서 손자녀 돌봄과 가사를 전담하는 당사자로 간주하며, 이들의 이민 생활에 관한 서사의 분석을 통해 초국적 노년의 삶을 규명하고자 한다. 이를 위해 고려인 마을에 거주하는 20명의 고려인 노년 세대를 중심으로 심층 인터뷰를 시행해 기초자료를 수집하였다. 필자는 광주광역시 고려인 사회를 연구하기 위해 2014년부터 고려인들과 지속적인 관계를 유지해왔다. 필자는 다양한 고려인 행사들에 참여하면서 고려인 노년 세대와의 친화감을 형성할 수 있었다. 자신들 노년의 삶에 대해 마땅히 이야기할만한 사람과 만날 기회가 없었던 까닭에 필자가 이들 연구대상 노년들과 만나 국제 이주에 합류하게 되는 과정과 한국에서의 삶에 관한 이야기, 특히 손자녀와 성인 자녀에 대한 돌봄 실천과 한국 생활에서 경험한 애로사항 등에 대해 청취하고자 하였을 때 대부분의 노년 이주자들은 매우 적극적인 태도로 이야기를 들려주었다. 모든 연구대상에 대한 인터뷰는 한 번에 2~3시간 동안 그리고 연구대상별로 최소 2회 이상이 실시되었다. 연구대상에 대한 심층 인터뷰와 참여관찰은 2015년 4월부터 2016년 9월까지 수행되었으며, 본 연구에 등장하는 고려인 이름은 모두 가명 처리되었으면 밝힌다.

한편 국내 고려인의 체류자격 가운데 F-4 비자의 증가추세가 이어지고 있는데, 이는 H-2에서 F-4로의 자격변화 외에, 60세 이상의 고령 고려인 인구의 국내 유입의 증가 때문으로 추정된다. 〈표 1〉은 2012~2015년 최근 4년 동안 국내에 입국한 만 60세 이상의 우즈베키스탄 출신 고려인의 나이별 현황을 보여준다. 한국 법무부는 만 60세 이상의 재외동포의 경우 방문취업(H-2) 비자를 발급받아 입국 뒤 일정 기간이 지난 후 F-4를 발급받을 수 있었던 기존 제도를, 2013년부터 만 60세 이상의 외국적 재외동포는 누구나 한국입국 시에 재외동포비자를 발급받을 수 있게 재외동포비자 발급 조건을 완화했다. 〈표 1〉의 60세 이상의 국내에 입국한 우즈베키스탄 고려인의 대부분은 F-4비자 소지자로서 한국입국을 비롯해 한국과 우즈베키스탄 간의 왕래 과정에서 출입국에 관한 어려움을 경험하지 않으리라고 생각한다. 이러한 제도적 변화에 따른 60세 이상 고려인 인구의 유입 증가는 2012년에 비해 2013년 12월 말의 60세 이상의 우즈베키스탄 고려인 인구가 거의 2배에 가깝게 급증한 점에서 드러난다. 지난 4년 동안 국내 유입 60세 이상 고려인 가운데 약 90%는 60대에 걸쳐 있고 70대는 전체 고령자 인구의 약 8%에 불과한 점을 볼 때 국내 고려인 노년 인구의 대부분은 60대에 속하고 있음을 알 수 있다. 또한, 2015년 고려인 노년 인구의 약 65%가 여성이며 그 이전에도 여성 인구가 남성 인구보다 크게 높은 것은 국내 성인 자녀의 한국 생활을 지원하기 위한 노년 세대의 주요 역할이 손자녀 돌봄과 가사 전담이란 점에 비추어 볼 때 이해 가능할 것으로 생각된다. 이는 국내 고려인 노년 세대의 돌봄 노동 역할에 있어서 젠더에 따른 노동 분화가 지속하고 있음을 짐작하게 한다.

표 1. 우즈베키스탄 고려인 55세~80세 이상 인구수 추이(2012~2015년)

연도	성	60-64세	65-69세	70-74세	75-79세	80세 이상	계
2015	남	395	142	35	13	2	587
	여	725	251	709	14	8	1,068
	계	820	383	105	27	10	1,655
2014	남	397	80	25	8	4	515
	여	692	187	51	14	6	950
	계	1,089	267	76	22	10	1,465
2013	남	346	73	26	8	2	454
	여	609	146	38	8	4	805
	계	955	219	64	16	6	1,259
2012	남	243	71	23	20	10	260
	여	440	109	45	34	9	407
	계	683	180	68	54	19	667
계		3,547	1,049	313	119	35	5,063

통계자료 기준은 매년 12월 말 기준임.

고려인 마을에 고려인 수가 증가하면서 이들을 대상으로 하는 인력사무소의 수가 크게 늘고 있다. 이는 육체적으로 고되지만 일당이 10~15만 원으로 상대적으로 높은 일용직 일을 인력사무소를 통해 구하고자 하는 고려인 젊은 남성들이 늘고 있기 때문이다. 고려인 마을의 60대 이상의 소수의 노년 고려인들도 이들 인력사무소를 통해 시간제 '아르바이트'에 나가 용돈을 번다. 영유아 손자녀를 돌보거나 건강상 문제가 있는 노년 세대는 아르바이트를 못 하지만, 손자녀가 보육과 교육기관에 다니는 노년 인구 가운데 시간제로 모텔과 원룸 등의 청소 일을 하는 할머니들은 5~6시간 노동에 약 3~4만 원의 수익을 올린다. 또한, 배와 아로니아 등 과일 농장과 채소 농장에서 일손이 필요로 하는 계절에는 남녀 노령 인구들의 아르바이트 일자리가 많은 편이다. 그러나 이런 농장 일은 새벽 6시에 고려인 마을을 출발해 저녁 7시경에 귀가하기 때문에 손자녀 돌봄에서 자유롭고 건강한 소수의 노년 고려인들만 참여할 수 있는데 일당은 5~6만 원으로 이들 처지에서는 상당히 임금이 높은 일로 간주한다.

소비에트 시대와 그 이후의 고려인 조부모 세대

우즈베키스탄을 비롯한 중앙아시아 고려인의 삶은 한반도에서 러시아 연해주로의 이주, 중앙아시아로의 강제 이주, 약 60년 기간의 소비에트 시절, 1990년대 초 독립 국가로 분리된 후인 '포스트-소비에트' 시대 등을 지내오면서 사회주의 이념과 러시아를 비롯한 중앙아시아 거주국의 주류 민족 등 다양한 민족 문화의 영향을 받아왔다.

중앙아시아로의 강제 이주와 소비에트 체제의 붕괴 등 정치적 격변기에 고려인들을 결속시켜 준 것은 가족제도였다. 가족적 유대 특히 자녀에 대한 부모의 관심, 여성들의 헌신 등은 고려인 가족적 유대에서 두드러진 점이었다. 여성에게 가장 중요한 것은 '좋은 어머니'와 '집안 돌보기'였고 남성에게는 '집안을 이끌어가기'가 가장 중요했다(박명규, 1996, 38-39). 고려인 사회에서 가족 간 응집력의 구체화는 생일잔치, 돌잔치, 결혼, 부모의 환갑, 제사 등에서 가족 구성원의 '세대 간 호혜적 관계'의 유지가 드러난다.

소비에트 사회에서 할머니 '바부쉬카'babushka는 가족 재생산의 중심에 있었다. 문화적으로나 역사적으로 바부쉬카는 자녀 양육과 일상적인 가족사에서 매우 핵심적인 구실을 하였다. 반면 소비에트 남성성은 공적인 영역에서 남성의 일을 하는 것으로 구성되었다Kukhterin, 2000. 오늘날 러시아문화에서 자녀를 양육하는 데에 일부 남성들이 참여하고 있지만, 조부모 세대에서 자녀 돌봄과 확대가족을 유지하는 주요 인물은 여전히 바부쉬카임에 틀림없었다. 소비에트 시대나 그 이후 시대에서 바부쉬카는 자기 일(공장 등 작업장에서의 일)과 어머니의 의무를 병행하는 '일하는 어머니'로 이상화되었다Ashiwin, 2000.

고려인 사회에서도 할머니 '바부쉬카'는 자녀 양육과 가족사 전반에 걸쳐 중요한 역할을 하였다. 중앙아시아 고려인 사회의 역사적 격변 과정에서 일차적인 피해 대상은 남성 가장이 되는 것이 일반적이

그림 1. 카자흐스탄 크즐오르다 선봉 콜호즈 고려인 가족, 1974년
(고려인 마을 역사유물전시관 자료실)

었기 때문에, 남성 가족원의 물리적 심리적 부재 상태에서 가족 되살리기 주체는 여성, 다시 말해 어머니, 아내, 이모나 고모, 누이가 되었다(이정옥, 1996 : 143). 기계형(2011)은 고려인 강제 이주 과정에서 남편의 사망이나 강제수용소행으로 혼자서 가족을 이끌 수밖에 없었던 고려인 여성은 '살아남는 것'을 주요 목적으로 자식들의 소련화를 적극적으로 지원하였다고 주장한다. 이 연구에 따르면 당시 고려인 여성들은 민족 정체성을 벗고 소비에트 체제에 순응하는 소비에트 사람으로 변하는 것을 하나의 생존전략으로 선택할 수밖에 없었었기 때문에, 이 과정에서 여성들은 러시아어와 러시아문화와 생활을 공유하고 소비에트의 규범적 문화를 적극적으로 수용하였다.

소비에트 시대나 그 이후 시대에서 바부쉬카는 자신의 외부적 업무(바깥일, 공장 일 등)와 어머니의 의무를 병행하는 '일하는 어머니'가 될 것을 독려 받아왔다. 중앙아시아 카자흐스탄의 경우 카자흐 여성의 사회활동은 부진해 주부가 많았던 데 비해 다른 소수민족의 여성들은 직장생활을 함으로써 출산과 양육에 어려움이 있었다(정근식, 1996 : 125). 소수민족의 하나에 속한 고려인도 자녀 양육과 집안 살림하는 것은 여성의 일이었음에도 직장생활을 하였던 바부쉬카가 적지 않았던 것으로 보인다.

초국적 맥락의 '가족 만들기'에서 바부쉬카인 할머니의 핵심적 역할은 할머니의 소비에트 젠더 주체성, 특별히 소비에트 젠더 문화 내에서 환영받고 재생산되었다. 바부쉬카의 이상ideal을 알 수 있게 하는 기존 연구들, 예를 들어 이스라엘로 이주한 러시아 출신 유대인 노년층의 초국적 바부쉬카의 연구Fogiel-Bijaoui, 2013와 우크라이나에 남아 있는 자신의 확대 가족원을 지지하고 있는 이탈리아의 우크라이나 할머니에 대한 연구Solari, 2010, 경제활동으로 자녀를 돌보지 못하는 이탈리아 성인 자녀를 대신하여 우크라이나에서 손자녀를 돌보고 있는 할머니에 대한 연구Tolstokorova, 2012 등은 포스트 소비에트 시대의 바부쉬카의 젠더 모델에 대해 많은 것을 이야기하고 있다.

이 연구의 주제인 초국적 맥락에서 '조부모 노릇'은 한국으로 이주한 성인 자녀와 손자녀에게 돌봄을 제공하기 위해 한국으로 이주·정착한 조부모와 한국과 본국의 삶을 병행하기 위해 초국적으로 이동하는 조부모를 분석의 주요 대상으로 삼고 있다. 이 밖에 비록 한국으로 물리적인 이동을 하지 않았지만, 이주자 성인 자녀를 돕기 위해 본국에 남아 손자녀를 돌보고 있는 조부모도 이 연구의 범위에 포함된다. 조부모 가운데 특히 할머니(바부쉬카)는 '초국적 바부쉬카'로 간주할 수 있는데, 이들은 초국적 가족 내에서 돌봄과 가사 등을 전담하고 이주 생활에서 가족 만들기에 핵심적인 역할을 하는 사람들이다. 이 연구는 노년 이주자를 '짐'으로 간주하는 연구Izuhara & Shibata, 2002 : 162와는 달리 국경을 횡단하면서 가족과 가정을 만들어가는 초국적 조부모, 특히 초국적 할머니의 다양한 실천들에 대해 주요 관심이 있다.

한국으로 이주하는 고려인 노년 인구

조부모가 손자녀를 포함하여 가족을 돌보고 친족 관계를 유지하는 것은 이주자 성인 자녀가 해당 사회의 경제와 사회생활에 적극적으로 참여할 수 있게 한다. 이러한 조부모들은 본국에 남아서 손자녀를 돌보거나 국제 이주를 통해 성인 이주 자녀에 합류하여 돌봄 제공과 가사를 전담한다. 성인 자녀가 본국에 두고 간 손자녀를 돌보는 조부모 역시 부정기적으로 본국을 방문하는 이주 가족원들을 맞이하고 스카이프 등 정보통신기술을 통해 이주 가족원과 초국적 연결을 일상적으로 맺고 있다는 점에서 이미 국제 이주의 맥락에서 '조부모 노릇'을 하는 셈이다. 본국의 노부모는 돌보던 손자녀만을 한국의 성인 자녀에게 보내거나, 손자녀와 함께 한국의 성인 자녀의 가족과 재결합을 한다. 이처럼 경제적 목적으로 촉발된 성인 자녀의 한국 이주는 일정 기간 후에 자신들의 자녀와 부모 세대의 이주를 이끌고 있다.

한국의 자녀들과 재결합하기 이전에 본국에 남겨진 노부모는 가족 분거라는 정서적 고통을 경험하지만, 자녀의 한국으로의 국제 이주를 본국에서 자녀가 직면한 어려운 현실 타개를 위한 불가피한 선택으로 인식한다. 노부모는 남겨진 손자녀 돌보는 일을 조부모로서 마땅히 해야 할 일이며 낯선 한국에서 분투하는 성인 자녀를 지원하는 것으로 생각한다. 또한 노부모들은 자녀의 한국 이주 후 한국을 매우 친근한 나라로 인식하게 된다. 2015년 초에 타슈켄트 인근의 농촌 지역에서 만난 최표트르(남, 71) 부부는 삼 남매 자녀들이 거주하는 한국은 단순한 동포 국가를 넘어 이제는 자녀들이 사는 매우 친근한 나라로 인식되기 시작했으며, 특히 한국 관련한 뉴스가 나오면 관심을 가질 수밖에 없게 되었다. 최표트르 부부는 큰딸 안나(43) 부부의 한국 생활이 안정될 때까지 3년 동안 돌보았던 손자 다니엘을 최근에 한국의 부모에게 보냈는데, 이는 성인 자녀의 분거에 따른 외로움을 더욱 심화시키는 정서적으로 충격적인 경험이었다. 최표트르는 손자에 대한 그리움 때문에 자녀와 손자가 있는 한국행을 생각했으나 부인의 심한 관절염 때문에 자녀들에게 짐만 될까 싶어 포기했다.[56]

최표트르 부부처럼 우즈베키스탄에 남아 있는 노부모들은 한국의 성인 자녀의 물질적이고 정서적인 지지를 받는 등 초국적 돌봄의 수혜자인 동시에 남아 있는 손자녀에 대한 돌봄 제공자가 된다. 이들은 한국의 성인 자녀의 초국적 돌봄을 받으면서 동시에 우즈베키스탄을 정기적 또는 부정기적으로 방문하는 성인 자녀와 손자녀를 맞이하는 등 일상적 실천을 통해 이미 국제 이주와 초국가적 상황에 적지 않게 영향을 받고 있다. 우즈베키스탄의 노부모들은 소규모의 연금[57]만으로 생활하기 힘들어 한국 자녀의 송금으로 생활비와 의료비 등을 감당하고 있다. 생활의 어려움만으로 자신들의 과거와 기억이 남아 있는 우즈베키스탄을 떠나기로 하는 것은 쉬운 일이 아니다. 또한 노부모 대부분은 성인 자녀가 한국으로 이주할 때 이들이 일정 기간 돈을 벌어 귀국할 것이라 기대하였다. 그러나 우즈베키스탄의 경제 상황 호조의 가능성이 매우 낮고 자녀들 또한 한국 생활에 익숙하게 되면서, 노부모들은 자녀들의 한국에서의 장기적인 정착 계획을 알게 되고 이를 묵묵히 수용할 수밖에 없다. 2015년 타슈켄트 현지 조사에서 만났던 광주의 고려인 성인 자녀의 노부모들은 '부모의 3년 제사가 끝나지 않아서', '몸이 불편해 비행기를 탈 수 없어서', '아는 사람이 없어 한국 생활이 답답할 것 같아서', '만성질환으로 자녀에게 짐이 되고 싶지 않아서', '본국에 돌봐야 할 식구가 있어서' 등의 다양한 이유를 들며 한국의 자녀들과의 가족 재결합이 쉽지 않은 일임을 필자에게 말한 바 있다.

한국의 자녀들과 합류하지 못하는 다양한 이유가 있어도 한국의 성인 자녀가 '맘 놓고' 경제 활동하기 위해 한국에 와서 손자녀를 돌봐주라는 간절한 요청을 거절하는 노부모들은 많지 않다. 사실 육아 등 사회복지 지원대상이 아닌 '외국인'인 고려인 처지에서 특히 유치원이나 초등학교에 보내기 이전의 어린 자녀를 한국의 유아 돌봄 시장에 맡기기는 쉽지 않다. 더 나아가 이들에게는 한국에 육아와 가사를 지원할 가족과 친인척 등의 사회적 네트워크도 없는 것이 현실이다. 고려인 성인 자녀의 이주 생활에서 자녀의 유무는 성인 부부 노동의 양과 분배에 변화를 가져오며, 특히 자녀 돌봄은 가족 구조와 가족 내 노동 분화의 중심이 된다. 특히 돌봄 노동이 젠더에 따라 분화된 고려인 사회에서 자녀의 존재는 여성의 취업 가능 여부에 큰 영향을 주기 때문에, 빨리 한국의 이민 생활에 안정성을 찾고자 부부가 노동하고자 하는 성인 이주자에게 가족과 친족 네트워크의 단절과 재정적 자원의 한계로 인한 자녀 돌봄의 어려움은 해결해야 할 큰 과제로 다가온다.

일반적으로 한국의 성인 자녀는 경제활동과 자녀 보육 및 교육을 병행하기 위한 돌봄 노동력을 본국의 노부모에게 '조부모 노릇'을 요구하는 것으로 해결하는 것이 현실이다. 노부모의 한국입국을 통해 노부모 세대와 성인 자녀 세대나 손자녀 세대가 함께하는 고려인 '초국적 다세대 가족'의 삶이 한국에서 시작된다. 한국의 고려인 가족이 '초국적' 성격을 띠고 있는 것은 본국에서 돌보던 손자녀와 함께 조부모가 한국에 입국하고, 한국에 거주하면서도 본국에 돌봐야 할 가족원이 있어 국경을 빈번히 횡단해야 하고, 돌보던 손자녀를 본국의 노부모나 다른 대리 부모에게 보내야 하는 등 돌봄에 관련한 맥락에서 국경을 횡단하는 가족원들이 역동적인 성격을 보이기 때문이다.

한국의 자녀와 합류하기 위한 우즈베키스탄에서 한국으로의 여행 과정에서 한국어로 의사소통이 잘되지 않아 한국입국 과정에서 어려움에 직면할 것으로 예상했던 조부모들은 여권만 보이고 특별한 질문을 받지 않고 통과했음에도, 무사히 입국했던 자신들의 경험에 만족해하며 이를 자랑스럽게 생각한다. 특히 입국 과정에서 소시지 등 일부 음식물[58]이나 약품 등의 반입으로 어려움에 직면한 경우에는 이를 혼자 힘만으로 해결했던 '모험담'을 열거하며, 우즈베키스탄과 한국 간을 초국적으로 이동하는 자신들이 더는 성인 자녀에게나 의존하는 존재가 아닌 '역량 강화된' 자아임을 강조한다.

'조부모 노릇'의 실천 양상

이 연구는 본국에 남아 있는 조부모의 돌봄 실천보다는 이주자 성인 자녀의 가족에 합류하여 시간 대부분을 손자녀를 돌보고 가사를 전담하는 한국의 고려인 조부모 세대의 일상적 실천 양상에 주요한 관심이 있다. 초국적 가족에서의 조부모 세대는 실제적인 돌봄 제공 활동 외에도 가족관계의 유지라는 상징성을 복합적으로 보여주고 있다. 성인 자녀가 경제활동을 하는 동안 손자녀를 돌보고 가정 살림을 도맡아 하는 것은 조부모의 실제적인 돌봄 제공 활동이다. 조부모는 가족관계를 유지하기 위해 한국에 산재해 있는 가족 구성원이 모일 수 있는 생일과 돌잔치 등 의례를 주관하고 가족 구성원 간의 갈등을 조정하는 등 단순 기능적 측면을 뛰어넘는 활동을 하는데 이는 조부모 존재의 상징성에 해당한다. 조부모 세대는 강제 이주나 고려인 민족 문화 그리고 가족사에 얽힌 소소한 이야기를 손자녀 세대에게 이야기해주고, 모국어인 러시아어와 가족의 음식 전통 등을 계승시킴으로써 가족과 친족 관계의 의미와 중요성을 강조한다. 이러한 상징적인 가족 관리는 실제적인 돌봄 제공 못지않게 초국적 맥락에서의 조부모 이주자 존재의 의미를 부각해 줄 수 있다.

조부모 세대가 수행하는 성인 자녀와 손자녀에 대한 돌봄 노동과 가족과 친족 만들기는 한국뿐만 아니라 구소련권 국가들에 흩어져 있는 가족과 친족들과의 관계 유지에도 중요한 매개가 된다. 고려인 노년 세대가 조부모의 의무를 수행하기 위해 멀리 한국으로 국제 이주를 하였다는 점과 한국이란 낯선 땅에서 정서적 외로움과 사회적 고립감을 경험하면서 돌봄을 제공하고 가족과 친족을 유지한다는 점은 국제 이주의 맥락에서 행해지는 '조부모 노릇'에 대한 연구에 매우 특징적이고 독특한 사례를 제공한다.

손자녀에 대한 돌봄 제공

조부모, 특히 '바부쉬카'(할머니)는 손주를 돌보는 당사자가 되며 할아버지는 가끔 손자녀와 놀아주거나 밥을 차려주기도 한다. 조부모가 손자녀를 돌보는 것은 정착 국가에서 성인 자녀 부부가 경제활동과 사회생활에 많은 시간을 집중해야 하는 실정에서 매우 절실히 요구되는 일이기도 하다. 사실 조부모의 손자녀 돌봄은 다양한 형태로 수행된다. 우선 남아 있는 손자녀를 돌보다 한국의 성인 자녀 부부에게 보내고 자신은 여전히 본국에 남아 있는 한 가지 형태가 있다. 그리고 최근 들어 더욱 일반화되는 고려인 초국적 조부모의 형태는 본국에서 성인 자녀의 국제 이주 후 남아 있는 손자녀를 돌보던 조부모가 손자녀의 한국의 부모와의 가족 재결합 시에 함께 한국으로 입국하거나 일정 기간 뒤에 이들과 합류하는 것이다.

박아나톨리아(남, 40) 부부는 2013년 한국으로의 이주 당시 4살 된 딸 아니타(현재 7살)를 우즈베키스탄 타슈켄트 부모님께 맡겨두었다. 부모님과 인근에 거주하는 이모들이 아니타를 돌봐주었지만, 손녀의 주된 돌봄 제공자는 아나톨리아의 어머니(64)였다. 아나톨리아 어머니는 경제활동을 하지 않는 연금 수령자로서 한국의 아들 부부가 보내주는 송금으로 손녀의 보호자 구실을 했다. 아나톨리아 부부는 2016년 6월에 타슈켄트를 방문해 딸을 데리고 한국으로 귀국하였다. 이로써 아나톨리아 부모님은 손녀 돌봄의 '짐'을 벗게 되었지만, 특히 어머니는 매일 타슈켄트에서 스카이프를 통해 한국의 손녀에 대한 그리움을 달래고 있다. 어머니는 손녀와 아나톨리아의 사는 모습을 직접 확인하기 위해 한국에 오고 싶지만 당장 오지 못하는 것은 돌아가신 친정어머니의 3년 제사가 아직 끝나지 않아서이다.

아나톨리아 부모처럼 본국에 남겨진 손자녀를 돌보다 한국의 성인 자녀에게 보내고 본인은 본국에 남아 있는 사례도 있으나, 돌보던 손자녀와 함께 또는 손자녀를 먼저 보내고 일정 기간 후에 한국의 성인 자녀에 합류하는 조부모들이 최근 들어 늘어났다. 최근 한국에 입국하는 조부모 세대가 늘어나는 것은 손자녀를 동반한 조부모 세대의 한국 유입 사례의 증가와 밀접히 관련된다. 손자녀 돌봄을 위해 입국하는 고려인 노년 세대는 부부 동반 유입보다 할머니 단독 입국이 일반적이다. 사실 이주한 성인 자녀에게 손자녀 돌봄과 가사 전담에 직접적인 도움이 되는 사람은 성인 자녀의 어머니(손자녀의 할머니)이기 때문이다. 이 연구대상 20가구 조부모 중 부부가 함께 한국에 거주하고 있는 5가구를 제외한 나머지 15가구는 노년 여성 단독으로 입국하여 성인 자녀와 손자녀에게 돌봄을 제공한다. 15명의 할머니 중 본국에 배우자가 있는 4명의 할머니를 제외한 11명의 할머니는 이미 남편과 사별하거나 이혼한 여성들이다.

남편과 사별 후 딸 부부와 타슈켄트에서 살던 강류다(여, 62)는 2011년 딸 부부가 한국에 이주한 후 본국에서 손녀(4)를 돌보았으나, 2013년에 손녀와 함께 광주에 입국한 후 정착하여 지금까지 손녀를 돌보고 있다. 남편과 사별한 최라셀(여, 66) 역시 2012년 딸 부부가 한국으로 국제 이주하면서 남겨둔 손녀(6)를 타슈켄트에서 돌보기 시작했다. 그녀는 2013년 연말에 손녀와 함께 광주에 입국·정착해 현재는 한국에서 출생한 손녀를 포함해 두 명의 손녀를 돌보고 있다. 한국 남성과 혼인한 큰딸이 경제적으로 어려워 키르기스스탄의 자신에게 보낸 손녀를 5년 동안 돌봐왔던 주엘레나(61)는 2009년에 손녀와 함께 목포에 정착해 손녀 돌봄과 딸 부부 식당 일을 도와주었다. 이들 할머니의 공통점은 자신에게 맡겨진 손자녀를 본국에서 돌보다 한국의 성인 자녀에 합류한 후에도 여전히 손자녀를 돌보고 가사를 전담하고 있다는 점이다.

성인 자녀가 본국의 노부모에게 자녀를 남겨두고 이주한 것이나 이미 한국에 있는 자녀 돌봄을 위해 본국 노부모를 한국으로 부르는 것은 부부가 경제활동을 해야 하는 상황에서 자녀를 돌볼 조부모 세대가 필요하기 때문이다. 일반적으로 손자녀의 수와 연령대에 따라 손자녀를 돌볼 조부모의 입국 시기와 수행하는 돌봄 노동의 강도는 가정에 따라 다소 차이는 있지만, 조부모 세대가 한국에서 행하는 손자녀 돌봄 노동의 내용은 유사하다.

고려인종합지원센터장 신조야(59)에 따르면 최근 한국에서 출산하는 고려인 젊은 부부들이 크게 늘고 있다. 본국에서 출산하기 위해 부부가 일정 기간 경제활동을 중단해야 하는 것보다 한국에서의 출산을 선호하는 젊은 부부가 점차 늘고 있기 때문이다. 한국에서 출산을 결정하면 출산과 신생아 육아를 도와줄 시어머니 또는 친정어머니를 초대하고, 남편은 경제활동을 지속하면서 한국 생활을 유지할 수 있기 때문이다. 출산과 신생아 돌봄을 위한 고려인 노년 인구에 대한 신속하고 까다롭지 않은 재외동포비자(F-4) 발급제도와 한국의 의료기술이 본국보다 탁월하다는 고려인들의 믿음은 한국에서 출산하는 고려인의 수가 크게 느는 배경이 된다. 게다가 광주광역시 일부 산부인과 병원이 현지에서 출산하는 고려인 산모에게 출산 경비를 대폭 감면해 줌으로써 출산에 지출되는 재정적 부담을 크게 줄일 수 있는 것도 현지 출산 결정에 한몫하고 있다. 본 연구대상 가운데 우즈베키스탄 출신 4명의 조부모는 딸과 며느리 출산을 돕기 위해 한국에 입국한 후 몇 개월 후 본국으로 귀국한 후 손자녀 돌봄을 위해 다시 한국에 입국했거나 출산 이후 현재까지 줄곧 한국에 체류하면서 손자녀를 돌보고 있다. 이들 조부모는 딸이나 며느리 출산 시 도움을 주려는 한국입국이 이들의 한국 유입의 단초가 된 사례에 해당한다. 이들 가운데는 방문취업비자가 도입된 2007년 이전에 한국인과 결혼한 딸의 출산을 3개월 도와준 후 불법체류자 생활을 시작한 2명의 할머니 사례가 포함되어 있다.

2015년 7월에 며느리 출산을 위해 한국에서 3개월을 보냈던 최에브게니 모친(68)은 2016년 1월에 남편 최표트르(남, 71)와 함께 장기적인 한국 체류 계획으로 광주에 정착했다. 최표트르 부부의 3남매 자녀들의 부부 모두가 광주의 공장에서 일하고 있으며 최표트르 부부는 막내인 아들 최에브게니 집에 살고 있다. 어머니는 막내아들인 최에브게니의 14개월 된 손자를 돌보고 있고, 아버지 최표트르는 도보로 10분 거리에 사는 큰딸 최안나(43)의 큰아들 다니엘(7)의 등하교를 맡고 있다. 관절염으로 거동이 불편함에도 에브게니 어머니는 이유식 만들기와 목욕시키는 일 등 손자 돌보기와 집안 살림 일체를 맡고 있으며, 최표트르는 큰딸 아들인 다니엘의 등하교와 하교 후 태권도 도장까지 데려다주고 있다.

보육원이나 유치원 또는 초등학교 저학년에 재학 중인 손자녀들에게 조부모의 돌봄의 손길은 절실히 필요하다. 손자녀가 초등학교에 다니기 시작하면서 조부모와 보내는 시간이 줄더라도 조부모는 손자녀 등하교를 시키고 개인 교습 장소 등에 데려다주고 데리고 오는 등 여전히 돌봄의 손길을 제공해야 한다. 손자녀가 초등학교 고학년이나 중학교에 다니기 시작하면서 이주 성인 자녀에게 자녀 돌봄 문제는 크게 완화된다. 그러나 보육원이나 유치원 그리고 초등학교 저학년에 재학 중일 때 손자녀에게 조부모의 돌봄 제공은 매우 절실하다.

대부분의 광주 거주 고려인은 한국 내에 돌봄을 제공해 줄 가족과 친족 네트워크가 없거나 한국 정부로부터 육아 등에 관련된 사회보장 지원을 받을 수 없으므로, 자녀 돌봄은 고려인 성인 부부에게 매우 심각한 문제로 떠오른다. 따라서 이들이 자녀 돌봄을 위해 선택하기 쉬운 대안은 본국의 노부모, 특히 손자녀 할머니의 입국과 이들에게 돌봄을 요청하는 것이 된다.

우즈베키스탄 출신 김크세니야(여, 65)의 둘째 아들(31) 부부는 2012년에 광주에 정착했다. 김크세니야는 아들 부부가 남겨둔 손자(2016년 현재 6살)를 타슈켄트에서 약 1년 6개월 돌보다 2014년 초에 손자와 함께 광주에 정착했다. 손자는 한국 초등학교 입학에 대비해 고려인 유치원[59]이 아닌 한국유치원에 다닌다. 한국어 말하고 듣기는 어느 정도 가능하지만 읽기가 전혀 되지 않은 김크세니야는 일주일에 한 번씩 손자의 유치원에서 오는 한국어로 된 '가정통신문'을 해독하는 일을 몹시 어려워하고 있다. 아들 부부 역시 한국어 독해 능력이 없어서 김크세니야는 매주 한 번씩 한국어 문장 해독이 가능한 '고려인아동지원센터'의 센터장(남, 33)이나 한국어가 되는 인근 고려인 청소년을 방문하여 손자의 유치원 통신문 내용을 파악하고 이에 따라 매주 다양한 유치원의 요구와 준비물 등을 파악한다.[60]

유치원이나 보육원에 다니는 어린 손자녀가 있는 할머니는 집안에서 손자녀를 돌보거나 유모차에 손자녀를 데리고 나와 고려인종합지원센터 인근의 공원에서 비슷한 처지의 고려인 할머니들과 시간을 보낸다. 공원에는 한국인 할머니들이 있을 때도 있지만, 고려인 할머니들은 이들과는 언어 소통이 되지 않아 관계를 맺을 수 없다. 최라셀(66)은 유모차로 어린 손녀를 데리고 유치원으로 가서 그곳에서 큰 손녀를 데리고 와서 두 명의 손녀를 동시에 돌보기 때문에 정신적이고 육체적으로 너무 지친다는 이야기를 자주 한다. 다음의 최라셀 할머니의 일과는 거의 모든 조부모, 특히 손자녀 돌봄과 가사 전담을 맡는 할머니들에게서 공통으로 발견될 것으로 짐작된다.

> 아침 5시쯤에 일어나 새벽일 가는 사위 보내고 7시 30분경에 일 나가는 딸에게 차와 빵 한 조각 주고 나면 조금 쉬었다가 2살 된 막내 손녀 자는 동안 9시에 집 근처의 유치원에 큰손자를 데려다주고 나서 10시경에 빵에 차를 마신다. 막내 손녀가 깨면 유모차에 태워 동네 공원에서 바람 쐬러 나가서 늘 만나는 고려인 할머니를 만나 이야기하다가 2시쯤에 돌아와 점심을 혼자 먹는다. 세탁기 돌리고 청소하고 나서 막내 손녀가 자면 저녁 식사 준비를 한다. 5시 무렵에 막내 손녀를 유모차에 태워 끌고 유치원에서 가서 큰손자를 데리고 와서 공원에서 시간을 보내다가 저녁 7시 30분경에 귀가하는 딸과 함께 저녁 식사를 한다. 그 후에 사위가 귀가하면 30분에서 1시간 정도 이야기하다가 나는 두 손주를 데리고 다른 방으로 가서 잠을 청한다.(최라셀, 66)

최라셀처럼 두 명의 손자녀를 동시에 보거나, 결혼한 두 딸이 경제적 이유로 단독주택의 같은 층에 함께 거주하여 한꺼번에 3명의 손자녀를 돌봐야 하는 황따냐(63) 할머니의 경우는 다른 할머니들에 비해 과중한 일과 때문에 정신적·신체적으로 큰 어려움을 겪고 있다. 자신 앞에 놓여 있는 일과에 탄식하지만, 조부모 노릇을 해야 하는 황따냐 할머니는 다음과 같이 '신세타령'을 한다.

> 차라리 밖에 나가 일을 하고 싶다. 한국에 올 때 여기서는 노동하지 않고 손자녀 돌보면서 살림살이하는 것이 나의 임무라 생각은 했지만, 온종일 식사 준비, 세탁, 청소 등이 내 몫이기 때문에 과중한 일 때문에 정신적으로나 육체적으로 너무 힘들다. 본국에 친인척이 살고 있어 돌아가고 싶은데 딸들이 경제활동으로 아이들을 볼 수 없다고 하니 놔두고 가지도 못하니, 내가 내 마음을 달래며 여기서 살 수밖에 없다.(황따냐, 63)

2016년 초에 카자흐스탄 심켄트에서 손자들을 돌보기 위해 광주에 정착한 박나탈리아(여, 63)는 손자들을 돌보면서 집안 살림살이를 도맡고 있는데, "이런 과중한 일상 때문에 정신적 육체적으로 너무 힘들지만 어찌하겠는가. 한국의 아들 며느리가 일하려면 손자들을 봐줘야 하는데 … "라고 긴 한숨을 내쉰다.

손자녀 돌봄을 위해 한국에 정착한 대부분 할머니는 직접 손자녀를 돌보는 일과 가사를 전담하고 있다. 할머니들 간에 다소 차이는 있지만 대체로 이 연구대상 할머니들의 일과는 '이른 아침 성인 자녀의 아침 식사 준비 - 손자녀의 보육시설 또는 등교 보살핌 - 낮에 세탁과 저녁 식사 준비 - 손자녀의 하교와 보살핌 - 늦은 밤 퇴근하는 자녀 기다림'으로 구성된다. 이러한 일과가 평일을 포함해 주말까지 이어지는 경우도 적지 않은데, 이는 제조업에 종사하는 성인 자녀 부부가 주말까지 출근하는 일이 잦기 때문이다. 할머니들은 한국에 와서 빠듯한 일과로 건강이 악화하기도 한다. 2013년부터 광주에서 손녀들을 돌보고 있는 최라셀(66)은 자신의 체중이 크게 준 것에 대해 다음과 같이 말한다.

> 식사를 잘하는데도 체중이 크게 준 것에 대해 딸이 걱정하고 있다. 혹시 낮에 식사하지 않는지 딸이 걱정하지만 내 생각에는 이른 아침부터 저녁 늦게까지 이런저런 일을 하니 체중이 준 것이 아닌가 싶다. 체중이 줄어 건강이 더 좋아진 것도 같은데 요즘 오른쪽 다리가 무감각해졌다. 한의원에 다녀도 별 차도가 없는데 지난번 고려인 마을에 의사들이 봉사활동 와서 그때 나를 치료했던 의사의 약이 좀 들었는데 그 의사 명함을 내가 잃었네요.(최라셀, 여, 66)

최라셀을 포함한 대부분 할머니의 손자녀 돌보는 일과 가사 전담에 대해 이들은 "바부쉬카(할머니)로서 손자녀에 관한 관심과 애정뿐만 아니라 책임감 때문"이라고 말한다. 한국에서 이주 생활하는 조부모들은 성인 자녀와 손자녀에 대한 물리적인 도움과 정서적인 지지를 자신들의 '바부쉬카'로서의 역할 정의에 매우 중요하다고 생각한다. 본 연구대상의 조부모 가운데 반수 이상이 남편을 사별하거나 남편과 이혼한 상태의 할머니들이며, 이들은 자신의 남은 생을 자녀와 손자녀의 성장에 도움을 주는데 헌신하면서 보내고 싶다고 말한다. 이들은 모든 일을 자발적으로 처리할 수 있는 성인 자녀와 성장한 손자녀를 돌보는 것도 자신들의 의무라고 생각한다. 특히 한국에서 장시간 동안 성인 자녀 부부가 일터에 묶여 있는 환경에서 조부모와 손자녀 간에는 밀접한 관계가 형성되기 마련이다. 가정마다 차이는 있겠지만 심지어 대학에 다니는 나이에 도달한 손자녀에 대해서도 조부모가 음식 제공이나 빨래 등의 돌봄을 제공하는 사례도 적지 않다.

그림 2. 손자 초등학교에서 온 한글로 된 가정통신문을 가져온 할머니에게 러시아어로 설명해 주는 고려인청소년문화센터장(필자 촬영)

가사 전담

고려인 가정에서 성인 자녀 부부 모두가 일하기 때문에 노부모 세대가 가사를 전담하는 경우가 일반적이다. 청소, 세탁, 쇼핑, 식사 준비, 일터에서 귀가하는 자녀 맞이하는 일 등의 가사를 전담하는 것은 국내 고려인 사회의 3세대형 가구에서 흔히 볼 수 있는 광경이다. 낮에 노부모는 일과의 자율성과 손자 양육방식에 대해 성인 자녀로부터 대체로 독립적이다. 부부가 입국한 가구 가운데 부부 모두가 일하는 3가구[61]를 제외한 20가구에서 손자녀 돌봄과 가사를 전담하고 있는 당사자는 할머니들이다. 할아버지가 손자녀 돌봄과 가사를 분담하고 있는 경우는 2011년에 한국에 조부모 부부가 입국하여 2013

년에는 딸 부부와 두 명의 외손녀를 러시아로부터 부른 박그레고리(남, 62)의 사례다. 박그레고리는 2013년에 일터에서 산업재해를 당한 뒤 그의 부인(54)이 전일제로 하남공단 제조업 공장에 다니고 있다. 이 때문에 외손녀 돌보는 일과 세탁은 그의 몫이고 요리는 부인과 아래층에 사는 결혼한 딸이 전담하고 있다. 고령으로 더는 노동시장에 진입할 수 없는 60~70대에 걸쳐 있는 2명의 할아버지 가운데 한 명은 만성질환으로 와병하고 있고 다른 한 할아버지는 외손자의 초등학교 등하교를 책임지고 있다. 이 연구는 손자녀 돌봄과 가사 전담의 당사자가 한국에 정착한 할머니이며, 이는 손자녀 돌봄과 가사 돌봄에 있어서 돌봄과 젠더 간의 관계가 작동하고 있음을 분명히 보여주고 있다. 따라서 손자녀 돌봄과 집 안 청소, 세탁, 요리 등의 일은 할머니의 일로 간주하고, 할아버지는 가옥과 전선 수선 등을 책임지고 드물게 청소나 요리에 도움을 주고 있다.

한국에 여러 명의 성인 자녀가 거주하는 경우 할머니들은 여러 자녀의 가정에서 동시에 또는 순차적으로 손자녀 돌봄과 가사에 도움을 주고 있다. 주나탈리아(여, 61)는 2009년에 입국하여 한국에 결혼생활을 하는 세 명의 딸의 손자녀들을 돌보고 있다. 5년 동안 키르기스스탄에서 돌보던 손자와 함께 목포의 큰딸 집에 정착한 후 그녀는 식당을 운영하던 큰딸 부부를 돕기 위해 두 명의 손자(8세와 15세)를 돌보면서 식사 준비, 세탁, 집 안 청소 등을 도맡았다. 2015년부터 그녀는 광주에 사는 막내딸의 5살 된 손녀를 돌보기 시작했다. 공장을 다니는 막내딸 부부를 돕기 위해 막내딸 집에서 거주하면서 손녀의 유치원 등하교와 가사를 전담하고 있다. 그러나 그녀의 일은 여기서 끝나지 않았다. 한국에 정착한 이래 지금까지 만성질환에 시달려 목포의 큰딸 집에 누워있는 남편을 매주 금요일마다 찾아가 남편의 목욕 등 개인위생을 살펴주고 광주로 돌아와야 한다. 2011년에 광주에 정착한 신율리야(여, 62)는 딸 부부의 집에 머물며 손자녀 돌봄과 가사를 전담하고 있다. 그녀는 2014년에 부인과 자녀를 타슈켄트에 두고 혼자 광주에서 사는 아들의 집을 매일 방문하여 식사 준비와 세탁일까지 책임을 지고 있다. 그녀는 딸 집과 아들 집의 가사를 동시에 책임지는 일로 육체적으로나 정신적으로 너무 지쳐 있지만 다른 대안이 없다고 생각한다.

가사를 전담하는 일에 성인 자녀로부터 자율성은 보장되지만, 일반적으로 노부모들은 한국어 소통 능력에 한계가 있고 지리에 익숙하지 않으며 경제적으로 독립성이 약하다는 문제들 때문에 실제로 독립적인 생활이 어렵다. 한국어로 소통 능력이 없어 자유롭게 한국인과 상호작용을 할 수 없으며 음식 준비 등에 필요한 재료 구입도 쉽지 않다. 성인 자녀 부부가 대형 할인점에서 한 주일의 음식 재료들을 구매해 갖춰 놓고 있으나 두부나 콩나물 등 소량의 재료는 인근 주택가의 마트에서 노부모가 직접 구입해야 한다. 길에 익숙지 않기 때문에 낮에 주거지를 중심으로 하여 인근의 대형 상점, 고려인종합지원센터, 공원, 손자녀의 어린이집 등 주변 지역을 중심으로 산책하는 것이 답답한 집을 벗어나는 길이다. 음식 준비 등에 필요한 생활비와 개인 용돈을 성인 자녀로부터 받기 때문에 경제적으로도 독립적이거나 여유를 부릴 수 없다. 조부모들은 여윳돈이 자신의 수중에 있어야 손자녀 간식이나 선물을 구입할 수 있고 식사 준비를 위한 부식을 충분히 구입해 공장에서 육체적으로 고생하는 성인 자녀와 사랑스러운 손자녀를 풍족히 먹일 수 있다고 생각한다. 이런 이유로 나이가 젊은 조부모일수록 시간제로나마 경제활동을 해 성인 자녀를 도와주고 싶다고 말한다. 박나탈리아(여, 63)는 자신이 틈틈이 시간제로나마 일하고자 일자리를 찾는 이유를 다음과 같이 말한다.

> 나는 아직 일할 만큼 젊다고 생각한다. 내가 일하고자 하는 것은 내 아이들을 도와주고 싶어서다. 아들 부부가 밤낮없이 일하면서 번 돈으로 살림살이하라고 그리고 내 용돈을 줄 때 받는다는 것이 무척 마음이 편하지 않다. 내가 시간제라도 일할 수 있으면 저축했다가 살림살이에 보탬이 되고 손자 먹을 것도 사주면 좋겠다.(박나탈리아, 63)

조부모가 한국에 와서 손자녀를 돌봐주고 가사를 전담함으로써 성인 자녀는 어린 자녀 돌봄의 걱정과 가사노동에서 벗어나 마음 놓고 경제와 사회활동을 할 수 있다. 노부모가 가사를 전담한 후로 성인 자녀 부부의 관계가 더욱 밀착되어 원만하게 되는 일도 있다. 성인 부부가 주간에 맞벌이로 공장에서 일하고 특히 잔업까지 하면 피곤한 몸을 이끌고 늦은 밤에 와서 식사 준비와 자녀 돌봄을 했을 때와 비교해 친정어머니가 이 모든 것을 해주고 있는 현재의 생활에 매우 만족해하면서 우즈베키스탄 출신 장로자(여, 39)는 다음과 같이 말한다.

> 친정엄마가 집안일을 전부 해주시기 때문에 우리 부부가 편하다. 엄마가 오시기 전에는 직장에서 돌아와 밤늦게 밥 먹고 잠자는 생활의

반복이다 보니 서로 스트레스가 크게 쌓였다. 특히 낮에 엄마를 보지 못했던 아이들이 울고 시끄럽게 해서 이로 인해 부부싸움 하는 일이 많았다. 그런데 친정엄마가 오셔서 아이 돌봄과 가사를 전담해 주니 늦게 오더라도 밥 먹고 남편과 산책하면서 데이트도 할 수 있게 되었다. 옛날에 우리 부부는 서로에게 관심이 없다고 불평이 많았는데 요즘은 친정엄마가 아이를 봐주시니 부부 동반 모임에도 나갈 수 있어 부부 사이가 훨씬 좋아진 것 같다.(장로자, 여, 39)

언어와 문화 및 가족관계의 유지

국제 이주한 가족에서 조부모는 가족관계와 공동체에 의미를 부여하는 문화와 전통을 유지하는 일에 책임을 지고 있는 것으로 생각하는 경향이 있다. 이주 가족에서 조부모가 다음 세대에게 모국어를 비롯한 문화의 중요 요소들을 지키고 가르치는 일이 일반적이다. 이주 전에 본국에서의 삶과 가족 구성원들에 관련된 이야기를 손자녀와 공유하고자 하는 조부모 세대들 역시 이런 관점에서 이해되어야 한다. 국내 고려인 대부분은 본국에서 하던 방식과 거의 유사하게 고려인, 러시아식, 중앙아시아식이 혼합된 음식 식단을 준비하며 가정에서는 러시아어로만 가족 간 의사소통을 한다. 조부모 세대는 가족과 친척의 생일, 돌잔치, 결혼식 등의 일생 의례에 손자녀 세대들을 참여시킴으로써 가족과 친척의 중요성과 친밀성과 이런 것이 한국처럼 낯선 곳에의 이민 생활에 매우 중요함을 가르친다.

광주 고려인 마을의 고려인 주민들은 매년 추석과 설맞이 '고려인 잔치'와 '고려인의 날 행사'뿐만 아니라 부정기적으로 행해지는 고려인 주관 행사에서 고려인식 또는 러시아식 음식을 공유하고 중앙아시아 국가의 전통춤을 공연한다. 특히 전통춤 공연에는 아동들과 청소년들이 참여하는데 춤과 관련된 세세한 부분은 노년 세대나 성인 자녀 세대가 젊은 세대들을 가르치고 있다.

광주 고려인이 거주하는 고려인 마을과 인근 지역에서 고려인에게 공용어는 러시아어이다. 고려인종합지원센터와 고려인아동지원센터에서 모든 고려인은 러시아어로 의사소통하고, 한국인이 고려인과 접촉할 때처럼 예외적인 경우에만 한국어를 구사할 수 있는 아동과 청소년들을 중심으로 한국어로 말한다. 사실 고려인 마을에서 고려인들은 한국어를 알지 못해도 생활에 지장이 없다. 고려인 거주 지역에서 러시아어가 공용어로 통용되더라도 어린 아동들과 청소년이 러시아어를 '읽고 쓸 수 있는가'는 또 다른 문제이다. 어린 나이에 한국에 이민 온 손자녀 세대는 러시아어를 말하고 듣는 것은 가능하지만 읽고 쓸 수 없는 경우가 허다해, 조부모들이 손자녀에게 러시아어 읽고 쓰기를 가르치는 사례가 적지 않다. 특히 한국유치원에 다닌 후 한국 초등학교에 입학한 고려인 아동일수록 러시아어를 읽고 쓰는 데에 어려움이 있다.[62] 비록 손자녀들이 한국에 오랫동안 살기를 원하지만, 상황이 그렇게 되지 못하면 다시 본국으로 귀환할 때 러시아어를 모르면 본국에서 교육을 비롯해 기초적인 생활이 어려울 수 있어서 손자녀가 러시아어를 구사하고 이해하는 일은 매우 중요하다고 조부모들은 생각한다.

2011년에 광주에 정착한 박그레고리(62)는 외손녀(11)와 외손자(7)에게 집에서 러시아어를 별도로 가르치고 있다. 이들 손자녀는 한국 초등학교에 입학하기 위해 일찍이 한국유치원에 다니기 시작해 러시아어를 이해할 수는 있으나 쓰고 읽지는 못한다. 조부모 세대는 한국 학교에 다니는 손자녀들이 한국어를 읽고 쓸 수 있으나 모국어에 해당하는 러시아어의 독해 능력이 없으면 장기적으로는 부모와 조부모와의 의사소통에 어려움이 발생할 수도 있을 뿐만 아니라, 본국으로 귀환해야 할 상황이 일어날 때 언어 경쟁력 면에서 문제가 발생할 수 있다고 생각한다. 특히 박그레고리는 어른 공경심이 부족하고 소비풍조가 만연한 한국 사회와 문화를 못마땅하게 생각하고 있어, 그는 손자녀 세대가 한국 사람으로 성장하는 것에 대해 적지 않은 저항감을 가지고 있다. 그는 러시아어를 모국어로 생각하고 이를 통해 가족원과 고려인 공동체가 의사소통하는 것이 고려인의 전통을 지키는 핵심이라 생각한다. 틈나는 대로 손자에게 러시아어 쓰고 읽기를 가르치고 있는 김크세니야(여, 65) 역시 자신이 손자에게 러시아어를 가르치는 이유를 다음과 같이 설명한다.

> 우리 집에서는 러시아어만 사용한다. 고려인들에게 러시아어는 매우 중요하다고 생각한다. 한국에서 살더라도 한국어와 러시아어 둘 다 구사할 수 있으면 좋은 것 아닌가? 러시아어를 반드시 알아야 하는데 이는 우리가 어디에 살지 아직 모르기 때문이다. 어디 가서나 언어를 구사할 수 있는 것은 살아가는 능력을 높이는 것이다. 자신도 지금처럼 한국에서 살 줄 미리 알았다면 우즈베키스탄에서 한국어를 열심히 배워서 왔을 것이다.(김크세니야, 여, 65)

고려인 가정에서 러시아어 구사는 가족원의 의사소통뿐만 아니라 생활 전부라 말할 수 있다. 한국어 구사 능력이 없는 조부모들은 가정에서 컴퓨터를 통해 러시아 드라마와 영화를 보고 한국 드라마에 관심이 있는 소수의 조부모는 러시아어 자막이 달린 한국 드라마를 내려받아 본다. 아동들 또한 가정에서 핸드폰으로 러시아어로 운영되는 '인스타그램'이나 '카톡' 등 소셜네트워크서비스SNS에 몰두하고 있으며 직장에서 귀가한 성인 자녀들도 러시아어 음악과 영화 및 뉴스 등을 컴퓨터로 보면서 직장에서의 스트레스를 해소한다. 실제 고려인 가정 내에 텔레비전을 보유한 사례가 드문 이유는 텔레비전을 통해 한국어로 된 다양한 내용을 이해할 수 없기 때문이다. 세대와 관계없이 한국 생활하면서 한국어로 의사소통이 되지 않아 불편함을 느끼고 있음에도 불구하고, 고려인에게 모국어인 러시아어는 자신들의 정체성을 유지하는 데에 그리고 한국인들이 이들을 '이방인'인 고려인[63]으로 규정하는 핵심적 요인이 되기도 한다.

한국에서 초국적 노년 보내기

단조로운 일상의 반복

가족의 역할 상 고려인 노년층은 성인 자녀와 손자녀 세대에 대한 돌봄 제공자이면서 또한 돌봄 수혜자인 셈이다. 노년 고려인은 한국의 성인 자녀와 함께 살면서 성인 자녀의 보살핌을 받고 있으며, 특히 질병이 발생하면 성인 자녀들이 병원을 데리고 가는 등 본국에 있을 때 비해 자녀의 돌봄을 받는 것도 사실이다. 그러나 이들이 '조부모 노릇'을 수행하면서 지내는 한국 생활은 다른 가족원으로부터 돌봄을 받기보다 돌봄을 제공하는 것이 더 전형적인 양상이다. 특히 본 연구대상 노년층 가운데는 성인 자녀나 손자녀와 같이 자신의 아랫세대뿐만 아니라 윗세대에게도 돌봄을 제공해야 하는 사람도 있다. 이들은 한국의 성인 자녀와 손자녀에 대한 돌봄 제공자이면서, 동시에 본국에 두고 온 연로한 부모에게 초국적 돌봄을 제공하는 당사자이다. 이들은 국제전화로 연로한 부모의 안부를 날마다 묻거나 주기적인 본국 방문을 통해 직접적인 돌봄을 제공하고 있다.

김크세니아(여, 65)는 광주의 아들 부부와 손자를 돌보는 동시에 타슈켄트에 있는 노모(94)에게는 초국적 돌봄을 제공하는 당사자이다. 노모가 나이에 비해 거동을 혼자서 할 수 있으며 당장 위기 상황을 만들 만한 질병을 갖고 있지 않기 때문에 김크세니아는 인근에 사는 사촌 여동생에게 노모에 대한 돌봄을 부탁하고 '조부모 노릇' 하러 한국에 이주하였다. 그러나 그녀는 한국에서 손자를 돌보고 살림하면서도 늘 어머니 걱정이 앞선다. 나이에 비해 청각 능력을 유지하고 있는 노모이기에 그녀는 2014년에 입국한 이후 줄곧 하루건너 안부전화를 하는데, 전화 통화가 되지 않으면 이웃에 사는 사촌 여동생에게 어머니 안부를 점검한다. 그녀는 2015년 3월 초에 노모를 직접 모시기 위해 타슈켄트에 가서 3개월 동안 어머니 곁에 있을 수 있었다. 그녀는 어머니에게 직접 음식도 해드리고 목욕도 시켜드리면서 직접적인 돌봄을 제공했으며, 2016년 10월에도 어머니를 방문할 계획을 세우고 있다.

한국에 도착하자마자 고려인 노부모는 단순 방문자든 장기 체류 예정자든 이른 시일 안에 광주의 가족과 친족 및 공동체 네트워크에 통합되어 가족들을 돌보고 가사를 전담하게 된다. 이들 스스로 가족으로부터 돌봄을 받는 사람이라는 수동적인 존재이기보다는 자신들 스스로가 호혜적 돌봄 제공과 가족과 친족 지키는 데에 적극적으로 개입하는 존재가 되고 싶어 한다. 이들 조부모는 가사노동과 손자녀 돌봄뿐만 아니라 쇼핑하고 음식 준비를 함으로써 일터에서 고생하는 성인 자녀를 돕는데 적극적인 조력자가 되고자 한다.

손자녀 돌봄과 가사 전담 등으로 구성된 조부모들의 일상은 단조로워서 '갇혀 있다는 느낌'을 갖기 쉽다. 살림에 필요한 대부분 물자는 성인 자녀들이 주말에 대형 할인점에서 구입해 제공되기 때문에 할머니들은 두부 등 소량의 구매를 위해서나 인근 상가를 이용할 뿐이다. 손자녀를 유모차에 끌고 비슷한 처지의 고려인 할머니와 담소를 나누는 공원과 고려인종합지원센터 인근을 제외하고, 이들은 한국어 구사력이 떨어지고 근방의 지리를 알 수 없어서 멀리 나갈 수도 없다. 최나탈리야(79) 할머니와 같이 외부 출입을 좋아하지 않는 노인들은 성인 자녀나 손자녀로부터 컴퓨터 조작법을 배워 낮 동안 러시아 영화와 드라마를 보면서 시간을 보내거나, 우즈베키스탄을 비롯한 구소련권에 사는 형제자매와 화상통화를 하며 시간을 보낸다.

전체 6명의 자매 가운데 러시아와 우즈베키스탄에 사는 3명의 자매를 제외한 나머지 3명의 자매가 광주에 사는 최나탈리야처럼 시간이 지나면서 동일 지역에 가족과 친인척의 연쇄 이주로 지인들의 규모가 늘어가는 노년 세대는 일상의 답답함이 상대적으로 적은 편이다. 그러나 최나탈리야와 같은 소수의 고려인 사례[64]를 제외하고 대부분의 노년 세대 고려인의 가족과 친인척은 소수에 불과하고, 현지에서 알게 된 고려인 노년 세대와의 관계도 그 수와 관계의 성격 면에서 한계가 있어 노년 세대의 사회적 관계는 매우 단조롭고 그로 인해 고립감을 느끼기 마련이다. 고려인교회와 고려인 행사를 참여하면서 알게 된 뒤 자주 만나서 차를 마실 정도의 새로운 고려인 노년 세대 친구 몇 명이 있지만, 이들과 나누는 대화는 주로 '겉도는' 이야기에 그치고 '속내'를 털어놓고 마음을 달랠 상대를 찾기가 쉽지 않다. 한국 생활에서 경험하는 고립감으로 인한 스트레스에 대해 "이야기할 상대가 없다는 것, 아는 사람이 없어 방안에서 네 벽만 바라보고 있는 것이 얼마나 스트레스받는 일인가. 밖에 나가도 말을 모르기 때문에 어딘지도 모르고 만나자고 약속할 사람도 없다."라는 하일리나(64) 할머니의 하소연은 대부분 고려인 노년 세대들이 한국 생활에서 경험하는 사회적 고립감을 대변하고 있다.

그림 3. 고려인종합지원센터에 모인 고려인 할머니들, 특별한 행사로 모이지 않는 한 이들은 개별적인 생활로 사회적 고립감이 높은 편이다
(고려인 마을 홈페이지 사진 자료실)

단조로운 삶뿐만 아니라 혼자 와 있는 할머니들은 거주 공간의 협소함 때문에 정신적으로 어려움을 경험한다. 이들 대부분은 우즈베키스탄에 공간적으로 여유 있는 주거 생활을 해왔지만, 한국에서는 경비 절약을 위해 개인 주택의 방 1~2칸이나 원룸에서[65] 생활하고 있다. 공간이 구분되었으면 별도의 공간에서 조부모가 손자녀를 데리고 생활하지만, 여전히 서로의 사생활을 보장받기에는 공간이 협소하다. 조부모 세대는 일상생활에서 쌓인 피곤함 때문에 혼자서 생각할 수 있는 자신만의 공간을 원하지만, 현실적으로 어려워서 본국의 널찍한 자신의 주거 공간이 그리워진다. 강나탈리야(65)는 밤에 잠이 오지 않을 때 좁은 공간에서 밤에 보내는 방법으로 자신의 스마트폰을 유용하게 사용하고 있다. 옆방에서 주간의 고단한 육체적 일로 깊은 숙면을 하는 딸 부부의 수면을 방해하지 않기 위해 깨어있는 긴 밤에 러시아 드라마 등을 스마트폰에 이어폰을 연결하여 숨죽이고 보면서 지내고 있다.

방 3개에 거실로 구성된 타슈켄트의 자신의 아파트에 비해 현재 사는 방 2개의 개인 주택이나 원룸 빌라에 많게는 5~6명의 가족원과 함께 지낸다는 것은 조부모 세대뿐만 아니라 젊은 세대 자녀들에게도 인내심을 요구하는 상황이다. 특히 주간에 손자녀 돌보고 가사를 전담하는 일상을 보내는 할머니들은 '혼자 생각할 수 있는 독립적 공간'이 있었으면 하는 바람을 지니고 있다. 최아나스타시야(여, 67)는 사위와 사는 방 2개의 주택 구조에 대해 못마땅해한다. 그녀는 특히 개인의 사생활이 보장되지 않는 점에 대해 다음과 같이 불편을 늘어놓는다.

> 낮 동안에는 모두 일을 나가니 문제가 없는데, 퇴근하거나 주말이면 식구들끼리 사생활을 포기해야 한다. 우즈베키스탄에서는 방도 크고 해서 사생활이 있었는데 여기서는 이를 포기해야 한다. 우즈베키스탄에서는 집에 들어서면 별도의 공간이 있어서 문제가 없었는데 여기서는 들고날 때 사생활이 다 보인다. 아무리 사위가 자식처럼 가깝더라도 가리고 싶은 것들은 사위나 나나 마찬가지로 있을 것이다.(최아나스타시야, 여, 67).

사회·경제적 의존적인 존재로 전락

한국 생활에서 생활하고 있는 조부모들 가운데 소비에트 체제에서 아이를 키우면서도 일을 병행했던 것을 '이상적 여성'으로 생각하면서 직장생활을 했던 사례가 적지 않다. 이들이 본국 정부로부터 받는 소규모의 연금 역시 이들의 젊은 시절의 직장과 경제활동의 결과물이며 연금 액수는 경제활동의 여부와 활동 내용에 따라 다소 차이가 있다. 이들은 본국에서 적은 연금이나마 자신의 연금을 자율적으로 사용하는 경제적으로 독립적 존재였으나, 한국 정착 후 성인 자녀들에게 의존해야 하는 경제적 종속자로 전락하였다.

소련 시절 30년 동안 보육원 교사로 일해 현재 매월 미화 약 100불의 연금이 본국의 본인 통장에 입금되는 김율리아나(66) 할머니는 우즈베키스탄에 머물 때 연금으로만 생활하기는 어려웠지만, 광주의 아들 부부가 매월 보내는 미화 150불을 합쳐 혈압약을 구입하고 살림을 하면서 본인 스스로 지출 규모를 설계하며 살았던 경제적 주체였다. 일찍이 남편을 사별한 강따냐(62)는 안산에 거주하는 아들 부부가 매월 송금한 미화 200불과 본인 연금으로 생활비를 지출하고도 매월 적은 돈이나마 저축할 수 있었다. 2016년 초에 부인과 함께 한국에 온 최표트르(71)는 몇 년 동안 저축한 부부의 연금으로 한국행 항공권을 구입했다. 그는 광주의 자녀들이 항공권을 사준다고 했으나 어차피 한국에 오면 자녀들에게 경제적으로 의존해야 할 형편이라 올 때만이라도 경제적으로 독립적으로 되고 싶었다고 말한다.

타슈켄트 인근 농촌에서 가축사육과 채소재배로 부부가 먹고살 정도의 경제활동을 하던 최표트르는 광주에서 매일 큰손자를 학교 데려다주고 난 후 학교 운동장을 배회하는 것 외에 집으로 돌아와서는 격투기를 중계하는 TV 채널에 매달려 시간을 보낸다. 사실 대부분의 고려인 노부모들은 연금수령 나이가 되었음에도 건강이 허락하는 한 가족과 함께 계절이주 농업인 '고본질'을 하거나 시장에서 반찬을 파는 등 "평생 일하면서 지냈다."라고 말한다. 이들 조부모는 한국의 성인 자녀에게 합류한 이후 경제활동도 더는 하지 않고 약값과 생활비에 신경도 쓰지 않고 그냥 손자녀 돌보며 집안일을 전담하고 있다.

한국에서 생활하면서 거의 모든 조부모는 손자녀 돌봄과 가사를 위한 경비와 개인 용돈을 성인 자녀에게 의존할 수밖에 없는 '경제적 의존자'가 되었다. 성인 자녀가 한 주일 사용할 음식 재료 등을 구입해 놓기 때문에 감자나 두부 등 단품을 동네에서 구입하기 위한 경비 외엔 살림할 때도 목돈이 이제는 필요 없게 되었다. 성인 자녀들로부터 매월 용돈을 받고 있지만 받을 때마다 마음은 편하지 않다. 공장에서 힘들게 일해 번 돈이라 생각하니 미용실 가서 머리를 손질하거나 옷 한 벌 사는 것도 노부모의 마음은 편치 않다. 며느리나 딸이 본인의 옷을 사면서 어머니 몫도 구입해 주지만, 이들 노부모는 이미 경제적 의존자가 되어 할머니로서 손자녀에게 먹을 것을 사주거나 생활비로 적은 돈도 내놓지 못한다. 경제적 독립성 상실에 대해 김크세니야(65)는 다음과 같이 말한다.

> 내 수중에 여윳돈이 있으면 힘들게 일하는 아들 며느리를 도와주고 싶다. 손자 선물도 사주고 자신의 필요한 것도 살 수 있고, 우즈베키스탄 어머니를 만나러 갈 때 필요한 것들도 사야 하는데 이게 어려운 일이다. 이제 손자가 유치원 다니기 시작했으니 시간제 아르바이트를 나가서 번 돈으로 이곳 생활비도 보조하고 음식도 사고 개인적으로 필요한 것도 구입할 계획이다. 내가 번 돈으로 어머니를 만나러 타슈켄트 갈 때는 선물도 많이 사갈 것이다.(김크세니야, 65)

김크세니야의 월 미화 약 80불의 연금은 타슈켄트의 자신의 통장에 저축되고 있는데, 94세의 노모를 돌보러 매년 본국을 방문하여 어머니와 3개월 지내는 동안 모여진 연금으로 1년 아파트 관리비도 내야 하고 체류 동안 어머니를 돌보는 데에도 지출한다. 경제적으로 독립하고 싶은 마음에서 일부 고려인 노부모는 자신의 '본업'인 손자녀 돌보기와 가사 전담에 지장을 최소화하는 범위에서 시간제로 일을 하고 있거나 하고자 한다. 영유아를 돌보거나 유치원에 다니는 손자녀를 돌봐야 하거나 질병이나 노령으로 거동이 불편한 할머니를 제외한 조부모 세대의 일부는 대략 월 2~3번씩 시간제로 아르바이트를 하고 있거나 할 계획을 세우고 있다. 이들이 경제적 주체자가 되고자 하는 것은 미혼 자녀나 아직 결혼식 못하고 사는 자녀의 혼례

그림 4. 고려인 마을의 환갑잔치(가운데 할머니가 환갑 주인공, 필자 촬영)

비용을 마련하기 위해서나 잦은 본국 방문 시에 필요한 항공료와 선물비용을 마련하기 위해서 등 매우 다양한 이유에서다.

고려인 노년 세대에게 개방된 노동시장은 고려인종합지원센터 인근을 중심으로 개업한 인력사무소를 통한 계절 농업 노동과 모텔, 원룸, 사무실 등의 시간제 청소일이다. 계절 농업 노동은 봄과 가을철에 광주 인근 농촌 지역의 과수원과 원예농장에서 이른 아침부터 늦은 밤까지 이어지며 일당은 5~6만 원 수준이다. 손자녀의 유치원과 초등학교 수업 시간 동안에만 일할 수 있는 할머니들은 장시간이 있어야 하는 농장일보다 주간 4~5시간만 육체노동 하는 청소 일을 선호한다. 한국 생활 7년째를 맞고 있는 장류다(69) 할머니는 모텔 등의 청소일과 농장일 등 각종 아르바이트를 하여 적지 않은 용돈을 모았다. 생활전선에 있는 딸 부부의 가사 전담과 손녀를 돌보던 한국 생활 초기에는 경제적인 독립성을 상실했으나, 손녀가 초등학교 입학하면서부터 시작한 다양한 아르바이트로 이제는 적지 않은 현금이 자신의 은행 계좌에 있다고 그녀는 뿌듯해한다. 현재 그녀는 딸 부부로부터 용돈을 받지 않을뿐더러 가끔 생활비도 보조하고 드물게 딸에게 급전도 빌려준다.

그러나 장류다처럼 경제적으로 어느 정도 독립성을 이룬 노부모는 매우 소수에 불과하다. 성인 자녀가 준 용돈조차 생활비로 지출해야 하거나, 받던 용돈 금액도 성인 자녀의 직장 고용의 불안정으로 줄여 달라거나 아예 주지 말 것을 자녀에게 말할 처지에 놓여 있는 노부모도 있다. 최표트르(71)는 한국 생활에 적응하지 못해 우즈베키스탄을 다녀오고 싶어도 밤낮으로 고생하는 아들을 보면서 방문경비를 지원해주라는 말이 입에서 떨어지지 않아서 참고 산다. 본국을 방문할 기회를 잡은 할머니들은 한국 생활에서 지출을 줄이기 위해 타슈켄트 시장에서 값싼 의복을 구입해 오거나 입던 옷들을 챙겨오는 일도 흔하다. 한국의 고려인 노부모들이 시간제로나마 경제활동을 하고자 하는 것은 상실했던 경제적 주체성을 회복하는 노력의 하나로 이해될 수 있다.

본국에서와는 달리 조부모 세대는 성인 자녀로부터 용돈을 주기적으로 받는 것에 익숙지 않은데, 하류드밀라(여, 64) 역시 처음에는 받을 때마다 조금 당황스러웠지만 자녀와 손자녀를 돕기 위한 것으로 생각하며 좀 더 떳떳해지려 노력하는 조부모 세대도 있다.

> 우즈베키스탄에서는 퇴직 전까지 직장 다니면서 경제적으로 독립적으로 살았고 연금에 자녀들이 보내준 돈으로 알아서 살았는데 여기서는 그렇지 않다. 광주에서 자신이 손녀를 돌보고 살림살이를 전부 다 하니 용돈 받는 것이 이상할 일이 아니라고 나 자신에게 스스로 말하곤 한다. 사실 이곳에서 아무것도 안 하고 있으면 자녀들 눈치도 봐야 하는데 집안일을 내가 모두 하니 용돈 받는 것도 좀 떳떳하다.(하류드밀라, 여, 64)

그러나 경제적인 독립성 회복이라는 적극적인 마음의 준비 외에도 낯선 한국 땅에서 이들 노부모 세대가 직면해야 할 어려움은 또 있다. 고려인 노년 세대는 한국어 구사 능력의 어려움과 손자녀 돌봄 및 가사에 매여 고려인 마을 밖으로 나가기 쉽지 않기에 사회적 관계망에 한계가 있다. 이는 노년 인구의 주체성 상실 및 무기력감 경험과도 밀접히 관련된다. 고려인 주거지에서 손자녀를 돌보면서 또는 고려인교회를 다니면서 사귀게 된 비슷한 연령대의 사람들은 친구가 되는 경우가 있다. 그러나 이들 노년 세대들은 그저 공원에서 손자녀를 보면서 대화하고 가끔 산책을 함께 하거나 찻집에서 대화하는 정도의 사람들이지 '속내'를 털어놓고 대화할 수 있는 상대는 아니다. 또한 고려인 외에도 공원에서 손자녀를 돌보거나 손자녀를 등하교시키는 길에 자주 만나는 한국인 노인들과 친구로 삼고 싶더라도 언어소통이 되지 않아 꺼리게 된다. 최표트르(남, 71)는 손자 학교 운동장에서 자주 만나는 한국 남성 노인이 말을 건네자 서투른 한국어로 대답하였다가 자신을 비하하듯 바라보고 가는 한국 노인의 모습을 잊을 수 없으며, 이후 한국인에게 접근하는 것을 두려워하게 되었다고 말한다.

한국에 2012년에 가족 가운데 마지막으로 입국하여 아들 며느리와 함께 사는 최류다(여, 70)의 한국 생활은 손녀들 보살핌과 가사 전담하는 일의 반복된 일과의 연속에 지쳐 있다. 당뇨와 혈압으로 건강이 좋지 않기 때문에 집 안 청소 등은 중학교와 고등학교에 다니는 손녀들이 도움을 주고 있지만, 세탁과 음식 준비 등은 여전히 그녀의 몫이다. 한국어를 구사할 수 없는 그녀는 고려인 마을에서 알게 된 3~4명의 고려인 할머니와 자신보다 일찍 광주에 정착한 두 명의 친여동생과 고려인 마을 인근을 산책하거나 인근 대형 쇼핑몰에서 '아이쇼핑'하는 것이 일과의 일부가 되었다. 우즈베키스탄 타슈켄트에 살던 한다마라(여, 62)는 한국의 딸 부부의 한국 생활을 지원하기 위해 자신이 어릴 때부터 키웠던 외손녀를 본국에서 돌보는 것을 자기 일로 생각하였다. 2014년에 광주에 정착한 후 주변 길도 익숙해지지만, 그녀가 만나는 사람은 자신과 비슷한 처지에 있는 2~3명의 여성 노인들뿐이다. 일과는 '다람쥐 쳇바퀴 돌듯' 매일 같다. 그녀는 이러한 단조로움으로 본국으로 귀환하고 싶지만, 손녀를 돌봐야 한다는 의무감 때문에 딜레마에 빠져 있다.

사실 어린 시절 '고려말'을 구사하는 부모나 조부모 덕분에 한국어를 어느 정도 이해할 수 있는 조부모들조차 혼자서 의료기관을 방문해 치료받기 어렵다. 성인 자녀와 함께 병원에 가고 싶어도 바쁜 성인 자녀의 시간을 뺏을 것을 우려해 참고 지내는 조부모들도 있다. 사실 노부모들은 언어적 어려움을 일상에서 경험한다.[66] 노년을 한국에서 보내는 조부모 세대에게 건강 문제가 발생하고 이로 인해 의료시설을 이용해야 하는 상황은 빈번히 일어난다. 최나탈리아(79) 할머니는 혈압과 당뇨 때문에 병원을 방문해야지만 언어와 지리적 문제[67]로 아들 부부와 함께 병원 방문 신세를 져야 한다. 주중에 자신을 병원에 데려가는 누군가는 일터에 가지 못하고 이는 임금의 감소로 이어진다는 생각에 그녀는 병원에 가자는 이야기를 아들 부부에게 쉽게 꺼내지 못한다. 서투른 한국어 구사 능력을 과신하고 심한 허리 통증 치료를 받기 위해 혼자서 '월곡시장' 인근의 병원에 갔던 하일리나(64) 할머니는 막상 의사와 의사소통이 되지 않아 자신의 통증에 관해 자세히 설명할 수 없는 당황스러운 경험이 있다. 그녀는 지난봄 타슈켄트 방문 시에 한국입국 전까지 매년 3~4회 치료를 받았던 타슈켄트의 단골 병원에서 허리 치료를 받았다. 우즈베키스탄 의료진의 치료를 받은 후 상태가 호전된 그녀는 "한국의 의료기술은 발달했으나, 우즈베크의 단골 병원은 내가 어디 아픈지를 이미 알고 있고 내 스스로 아픈 내용을 자세히 설명할 수 있어 효과를 볼 뿐 아니라, 의료비도 매우 저렴해 우즈베키스탄 방문 때마다 단골 병원에서 치료를 받고 약도 타온다."라고 말한다. 하일리나 할머니는 의사로부터 진료[68]와 약 처방을 받아 한국으로 가져오며, 약이 떨어지면 우즈베키스탄의 친인척이 보내준다. 하일리나와 같은 '초국적 의료' 현상은 광주의 고려인 노년 세대에서 어렵지 않게 찾아볼 수 있다.

차별 경험과 '다중적' 정체성

고려인 노부모는 대형마트 등에서 물건을 구입할 때조차 한국어가 서툴러 말없이 물건과 현금을 내밀면 계산담당자가 알아서 계산해주는 처지이기 때문에, 이들의 일상에서 한국인과 한국문화와 상호작용하는 맥락은 상대적으로 제한적이다. 이들이 가장 직접적으로 한국인과 한국문화를 만나는 일은 시간제 아르바이트를 하면서이다. 배 농장에서 아르바이트했던 강류다(61) 할머니와 공장에서 아르바이트했던 하일리나(64)는 농장주와 공장 매니저의 '빨리빨리' 일하라는 요구가 너무 힘들었다고 말한다. 할머니들은 언어 소통이 잘되지 않은 상황에서 작업 효율성을 위한 '속도전' 요구에 적응하기 힘들었는데, 한국 생활에 시간이 지나면서 한국문화는 '빨리빨리 문화'라는 것을 알게 되었다고 한다.

몇 달 동안 공장에서 아르바이트하면서 너무 충격적이여 지금도 잊지 못하는 부정적 경험을 했던 황따냐(63)는 그 일로 "과연 자신에게 민족과 국가가 무엇인가."라는 생각을 하게 되었다고 말한다. 2009년 당시 56세의 나이에 방문취업비자(H-2)로 한국에 입국한 황따냐는 한국 남성과 결혼한 큰딸의 출산을 돕게 되었다. 그녀는 딸 출산과 신생아 손자를 몇 개월 돌봐준 후 공단의 제조업 공장에서 일했다. 당시 한국말을 잘하지 못하는 자신에게 공장장은 "너는 거지 같은 사람이다. 우즈베키스탄도 네 나라가 아니고 한국도, 네 나라는 아니므로 너는 집 없는 거지 같은 존재다."라는 조롱 섞인 말을 내뱉었고, 이 말에 그녀는 자존심에 큰 상처를 입었다. 그녀는 '차이'를 인정해 주지 않는 한국인과 한국 사회를 다음과 같이 성토하고 있다.

> 한국에 처음 도착해서는 내가 한국에서 태어나지 않은 것을 원망할 정도로 한국의 발전된 모습에 반했다. 그러나 당시 공장장의 나에 대해

> 조롱하는 것을 보고 한국이 아닌 소련에 태어난 것을 다행으로 생각하게 되었다. 한국에 살다 보니 한국인들은 자기와 다른 사람을 이해하지 못하더라. 나는 우즈베키스탄에서 다양한 사람들과 어울려 살면서 자랐기 때문에 '차이' 있는 사람을 쉽게 이해한다. 이곳에서 살면서 느낀 것인데 한국인은 같은 민족인 우리를 한국인으로 대우해주지 않고 외국인으로만 취급한다. 그래서 기분이 좋지 않다. 생김새가 같고 언어만 다를 뿐인데 우릴 외국인 취급을 한다. 그래서 우리 고려인들은 한국에서 일하기는 좋은데 살기에는 좋지 않다고 말한다.(황따냐, 63)

김에카테리나(70) 할머니는 몇 년 전에 시간제 일하러 나갔다가 자신이 한국 사람보다 차별을 받은 것을 자신이 한국어를 구사할 수 없어서 당한 것으로 생각하고 있다. 한국에 올 계획도 없었는데 아들 부부의 요청 때문에 느닷없이 한국에서 살게 된 그녀에게 자신의 나라는 여전히 우즈베키스탄이며, 그곳에서는 자신의 의사 표현을 자유자재로 할 수 있었다고 말한다. 자신에게 한국은 민족이 같은 '두 번째 고향'이지만 말도 제대로 하지 못해 적지 않은 불이익을 당하는 느낌이 든다고 한다. 물론 한국에서 살다 보니 우즈베크 사람보다 같은 민족인 한국인에게 더 친숙함을 느끼게 되는 것은 사실이지만, 일상생활에서 한국인이 자신을 외국인으로 취급하는 데에 대한 적지 않은 저항감을 지니고 있다.

그러나 일부 고려인 노년 세대는 고려인의 정체성 문제는 소련 시절에도 늘 제기되는 문제였고 우즈베키스탄으로 독립된 이후에도 이는 마찬가지였는데, 이제는 한국에 와서도 마찬가지 경험을 한다고 주장한다. 타슈켄트 쿠일륙에서 태어난 김마리나(72) 할머니는 역사적으로 구소련권 국가들에서 고려인에게 가해졌던 배타적 태도와 한국에서의 차별 경험을 다음과 같이 말한다.

> 소련 해체 후 우즈베키스탄 사람들은 고려인에게 '왜 여기 사냐'고 물어보는 일이 많아졌다. 그러나 우리의 외모의 차이로 소련 체제 당시 나의 어린 시절에도 우즈베크 아이들이 나에게 '왜 여기 사냐'는 질문을 자주 하였다. 우즈베키스탄뿐만 아니라 러시아고 키르기스스탄이고 어디서나 고려인은 이방인 취급을 받아왔다. 한국에 막상 왔는데 한국인은 우리를 같은 나라 사람으로 취급하지 않고 우릴 무시한다. '왜 한국에 와서 사냐?'고 우즈베크 사람들처럼 동일한 질문을 한다. 여기서도 우리는 한국인으로 인정받지 못한다. 우리도 대학을 나온 사람들인데 인정해 주지 않아서 안타깝다. 사실 소련 시대에는 어디 살더라도 같은 나라 사람이라고 늘 교육을 받아왔는데, 갑자기 소련이 없어지고 각자 나라가 되더니 국적에 상관없이 외모를 보고 같은 나라 사람 취급하지 않는다. 그런데 한국에서는 외모가 같아도 같은 나라 사람 취급도 하지 않는다. 차라리 소련 시절이 더 좋았던 것 같다.(김마리나, 72)

한국에서 경험한 외국인 취급에 대한 노년 세대의 불만은 일터뿐만 아니라 일상생활에서도 흔히 경험된다. 고려인 마을 인근 공원에서 손자녀를 돌보는 고려인 노인이 한국 노인에게 어눌한 한국어로 말을 거는 순간 한국 노인들이 자신들을 외국인으로 취급하고 절대 말을 잇지 않았다는 경험담을 고려인 노년 세대한테서 듣는 것은 어려운 일이 아니다. 언어 소통 문제였겠지만 고려인 노년 세대는 이를 무시당한 경험[69]으로 인식하고 있다.

고려인 노부모의 한국인과 한국 사회에서의 차별 경험을 통해 드러난 민족, 국가, 모국과 연관된 정체성은 매우 복합적인 성격임을 알 수 있다. 이들의 지난날의 삶에 관한 서사는 과거의 소련 체제, 출생하고 성장한 우즈베키스탄, 역사적 고향인 한반도 등에 관련된 '다중적' 정체성이 맥락에 따라 드러남을 알 수 있다. 러시아어만 구사하는 자신들에 대한 한국사회의 차별적 경험을 통해 고려인 노년 세대는 자신을 외모와 관습의 차이를 인정해 온 소비에트 체제의 사람들이었음을 강조하며, 러시아어는 유지되어야 할 자신들의 모국어로 생각하고 있다. 이 지점에서는 이들의 소비에트적 정체성이 강하게 드러난다.

고려인 노년 세대는 광산구 길가에서 손수레에 커다란 빈 상자 뭉치를 힘들게 끌고 가는 한국 노인을 보면서 "'우리 우즈베키스탄 사람들'에게는 절대로 있을 수 없는 일이 한국에서는 일어난다."라는 말로 부모를 공경하지 않는 한국문화를 비난한다. 이들은 가부장적이며 부모 공경 전통이 매우 강한 우즈베키스탄 이슬람 사회에서 태어나고 성장해 온 자신들의 우즈베크 정체성을 강조한다. 한편 일부 고려인 노년 세대는 "자신의 부모가 강원도 출신이고 할아버지는 항일 투쟁에 참여했다." 또는 "고려인의 이름은 러시아식으로 바뀌었지만, 한반도의 뿌리를 지키기 위해 성씨는 한국식을 고수하였다."라는 주장을 하며 자신들과 한반도 또는 한국과의 인연을 강하게 부각한다. 어린 시절에 한반도의 고향과 강제 이주에 대해 자주 이야기했던 부모 또는 조부모 때문에 한국은 '한번은 와보고 싶었던 조상의 땅'이었다고 말하거나, '〈최분례〉라는 이름을 고수하고 고려말만 사용했던 할머니의 나라' 한국에 정서적 친밀함을 느껴 늘 오고 싶었다며 한국과 한반도에 대한 친밀성을 강조하는 일부 노년 세대도 있다. 이러한 '다중적' 정체성이 노년 세대에만 국한되는 것은 아니지만, 젊은 시절을 소련 체제에서 보내고 독립 이후의 우즈베키스탄의 체제 변화에 순응 또는 저항하는 등 다양한 이념과 제도의 변화를 몸소 경험한 노년 세대가 이제 한국이라는 낯선 곳에서의 차별적 경험을 통해 민족과 국가 등에 관련된 자기 정체성의 변화된 경험을 새롭게 하고 있다.

한국에서의 노년 생활의 전망

> 내가 한국에서 오리라고는 생각해 본 적도 없다. 아들 부부와 손자가 한국에 오지 않았으면 오지 않았을 것이다. 나는 노년을 아이들이 사는 데서 보내고 싶다. 그곳이 한국이든 어디든 아이들이 있는 곳에서 노년을 보낼 것이다. 소원이 있다면 모스크바에 있는 큰아들 부부도 한국에 와서 함께 살았으면 하는 것이다. 큰아들이 2~3년 지나서 한국에 올 계획이라니 그날을 기다리면서 희망을 지니고 살려 한다.(김크세니야, 65)

한국에 오게 된 동기와 향후 자신 노년의 삶을 보낼 장소와 희망까지 언급한 김크세니야 할머니의 서사에서 고려인 노부모들의 노년의 삶의 전망을 엿볼 수 있다. 그녀의 러시아 큰아들에게는 자녀가 없으므로 돌볼 손자가 있는 한국의 둘째 아들과 함께 생활하고 있지만, 그녀는 돌봐야 할 타슈켄트의 94세 된 노모가 있다. 그녀는 타슈켄트의 노모 돌봄을 위해 정기적으로 본국을 방문하고 있지만, "어머님이 천년만년 살 수 있을 것은 아니지 않은가?"라며, 당장 노모의 건강 위기가 닥치면 본국으로 달려가겠지만 결국 자신의 남은 노년은 태어나고 모든 기억이 있는 우즈베키스탄이 아닌 '아들과 손자가 있는' 한국에서 보낼 생각을 하고 있다.

외아들 부부와 살고 있어 노년을 기댈 다른 가족이 없는 최나탈리야(79)와 같은 처지의 노년 세대는 좋으나 싫으나 성인 자녀와 손자녀와 함께 한국에서 살 수밖에 없다. 또한 자녀와 친인척이 한국 외의 다른 지역에 있는 노년 세대조차 초기 한국 생활에서의 부적응 때문에 귀국을 생각했지만 돌봐야 할 손자녀 때문에 한동안 한국에서 노년을 보내기로 한다. 그러나 일과의 과중함과 단조로움 및 사생활의 부재 때문에 한국에 온 다음 해에 귀국을 생각해본 적이 있는 상당수의 노부모도 있다. 이들 중 실제로 '휴가차' 우즈베키스탄을 방문했으나 며칠이 지나자 한국의 가족들이 자신을 기다리고 있다는 생각에 하루빨리 한국에 돌아온 할머니도 있다. 남편의 세 번째 마지막 제사를 지낸다는 이유로 한국의 단조로운 일과를 벗어날 수 있었던 최라셀 할머니는 당시 자신의 우즈베키스탄 방문을 아래처럼 이야기한다.

> 당시 나는 타슈켄트에 갈 날만 손꼽아 기다렸다. 막상 타슈켄트에서 남편 제사를 끝내고 나니 한국으로 하루빨리 돌아가고 싶었다. 한국 생활에 익숙해졌기 때문이지만 막상 타슈켄트의 내 집에 왔는데도 이제 '내 집'이란 느낌이 없었다. 한국에 모든 식구가 있으니 아마도 이제 내

집은 한국에 있는 것 같다. 그런데 한국에 내 집을 구입해 가지고 있다면 이제 그곳이 진짜 내 집이라는 생각이 더 들 것 같다.(최라셀, 66)

최라셀 할머니의 서사처럼 많은 고려인 노부모들은 "반복되는 일상과 독자적으로 일상생활을 할 수 없어서" 또는 "한국 생활에서 속맘을 털어놓고 이야기할 상대가 없어서, 옛날 그리웠던 분위기를 느끼고 싶어서" 일시적 방문을 위해 또는 완전 귀국을 위해 우즈베키스탄을 방문한다. 막상 설날과 같은 명절에 맞춰 우즈베키스탄의 친인척과 지인들을 만나기 위해 본국 방문을 했는데, 만나고 싶은 고려인들이 어디론가 뿔뿔이 흩어졌고 더는 아는 사람이 많지 않을 때 한국의 자녀나 손자녀가 더욱 그리워져서 하루빨리 한국으로 돌아오는 노년 세대들이 많다.

만성질환으로 고생하거나 노령으로 경제활동이 어려운 노인을 포함해 대부분의 고려인 노년 세대는 자녀들이 한국에서 계속 살고자 한다면 자신의 노년도 한국에서 보내야 한다고 생각한다. 나이가 들어가면서 더는 일할 기력이 약해짐에 따라 결국 자신들이 머물러야 할 '집'은 자녀들이 체류하는 곳이며, 성인 자녀가 한국 체류에 어려움이 발생해 귀국해야만 하는 상황이 전개되면 자신의 '집'도 이에 따라 변화할 것으로 고려인 노년 세대들은 생각한다. 최라셀을 비롯한 많은 고려인 노년층은 한국에 새로운 '집'이 생겼지만, 지금과 같이 월세로 거주하는 곳이 아닌 가족의 이름으로 되어 있는 집을 갖게 될 때 '진짜' 내 집을 갖게 된다고 덧붙인다.

비록 한국에서의 삶이 단조롭고 고달픈 점이 있더라도 그리고 '일에 치여' 성인 자녀가 자신들에게 자상한 관심을 보이지 않아 서운할 때가 있더라도, 고려인 노부모들은 성인 자녀들이 물리적으로 동일 공간에서 살면서 부모로서 존중해주고 보살핌도 제공한다는 점을 자신들의 한국 체류의 중요한 이유의 하나로 생각한다.[70] 한국에 도착하자마자 핸드폰을 사주고 용돈과 의복을 제공하고, 추석과 설처럼 공장의 장기휴무 기간에 함께 한국의 명소로 가족 관광을 떠나는 것 등을 통해 노부모들은 성인 자녀들이 자신들에게 관심을 주고 있다는 것을 느낄 수 있다. 지금까지 받아본 적 없는 매우 섬세한 건강검진을 받게 해주는 아들 부부, 핸드폰 연락이 잘되지 않아 종일 공장에서 일하면서 걱정했다며 핀잔주는 딸들, 용돈을 더 제공하겠으니 힘든 시간제 아르바이트를 그만두라는 자녀들의 일상적인 관심은 이들 고려인 노부모들에게 단조롭고 고된 한국에서의 노년의 삶을 장기적으로 계획하게 한다.

노년 세대의 한국에서 '집 만들기'

6장은 국내에서 손자녀 돌봄과 가사를 전담하는 '조부모 노릇'을 하는 고려인 노년 세대의 한국에서의 이민 생활과 이에 관련된 이들의 서사에 주목하였다. 특히 낯선 한국 땅에서 경험하는 단조로운 일상의 반복, 사회·경제적 의존자로의 전락, 정체성의 혼란 등에 관한 노년 세대의 서사를 중점적으로 분석함으로써 한국에서 이민 생활을 하는 고려인 노년 세대의 육체적·심리적 복지 문제, 국가·민족·언어에 관련하여 표출되는 초국적 이주자로서의 자아 정체성, 한국에서의 이주 생활의 전망 등을 규명하는 것을 이 장의 주요 목적으로 삼았다.

사실 소련 체제 붕괴 후 우즈베키스탄의 정치·경제적 상황의 악화는 고려인 성인 자녀의 한국으로의 국제 이주를 촉발했으며, 이들 노부모 역시 성인 자녀의 성공적인 한국에서의 이민 생활을 지원하기 위해 손자녀 돌봄과 가사 전담을 목적으로 한국으로 이주하면서 소위 '3세대형' 고려인 가족 유형이 등장하고 있다. 낯선 한국 생활에 많은 수의 고려인 노년층은 손자녀 돌봄과 가사 전담이라는 과중하고 단조로운 일상생활과 제한된 사회적 네트워크로 인한 사회적 고립감 및 경제적 의존자로의 전락으로 육체적·정신적인 복지와 관련하여 부정적인 삶을 경험하고 있다. 한국에서 '조부모 노릇'을 하는 당사자가 된 고려인 노년 세대들은 본국에 두고 온 가족 돌봄과 주택 및 연금 관리 등을 위해 주기적으로 국경을 넘나들면서 '초국적 노년'을 보내고 있다. 특히 만 60세 이상의 고려인들의 경우 한반도에서 태어나지 않았지만, 한민족이라는 민족적 동질성에 근거해 '재외동포비자'(F-4)를 받아 한국과 우즈베키스탄 간의 경계를 넘나드는 초국적 이주자로서의 실천이 일상화되었다.

한편 본문의 최라셀(66) 할머니의 사례처럼 한국에서의 단조롭고 답답한 일상 탈출과 본국에 대한 향수 및 가족과 주택 관리 등을 위한 주기적인 우즈베키스탄 방문 과정에서, 많은 수의 고려인 노년 세대들은 '집'(홈)에 대한 기존의 의미에 변화 과정을 경험하고 있다. 초국적 이동과 삶의 전략 및 물질성의 추구 등으로 초국적인 고려인 노년 세대의 '집'(홈)의 의미는 이제 더욱 복합적인 성격으로 변화하고 있다. 본국에 가족원과 친지의 물리적 부재의 심화, 과거에 대한 향수와 기억의 약화, 지속적인 소수민족에 대한 차별정책, 특히 성인 자녀와 손자녀가 존재하는 한국에서 '조부모 노릇'의 수행을 통해, 고려인 노년 세대들은 한국에서의 '집(홈) 만들기'home-making라는 새로운 역할을 중요하게 여기고 있다. 이러한 사례들은 고려인 노년 세대들에게 초국적 맥락에서의 '집'(홈)의 의미와 개념이 정태적이지 않고 역동적이라는 점을 보여주고 있다.

일반적으로 우즈베키스탄 출신 고려인 노년 세대들의 문화는 소비에트 문화, 우즈베크 문화, 한반도 문화 등의 혼합적 특성을 보이며, 이러한 특성은 한국 생활에서 한국인과 한국 사회로부터 경험하는 다양한 차별을 통해 표출되고 있다. 한국에서 경험하는 차별과 이질성으로 상황에 따라 본인 자신을 우즈베크와 러시아 정체성에 일치시키거나 한민족과 동일시하는 다양성을 통해 고려인 노년 세대의 다중적 정체성이 표출되고 있다. 하지만 적지 않은 노년 세대들은 한국에서의 차별 경험을 본국에서 경험했던 차별에 덧붙여 "이곳이나 저곳에서 우리는 이방인이다."라는 말로 표현함으로써, 자신들에 대한 한국 정부와 한국인의 차별적이고 모호한 태도에 대해 불만을 표출하고 있다.

이 연구는 국제 이주와 초국가주의에 관한 대부분의 기존 연구가 노동 가능한 연령대를 주요 대상으로 삼으로써 성인 자녀와 손자녀를 위해 돌봄을 제공하는 노년 연령층에 대해서 상대적으로 소홀했던 점을 환기하기 위해 초국적 맥락에서의 고려인 노년 세대를 연구 대상으로 삼았다. 사실 본국뿐만 아니라 이주지역에서의 노년의 삶은 성인 자녀의 국제 이주에 직간접적으로 크게 영향을 받아왔기 때문에, 초국가주의와 이주 관련한 연구는 이들 삶의 변화와 이에 따른 이들의 서사에 대해 주목할 필요가 있다. 이 연구는 우즈베키스탄을 비롯한 구소련권 출신 고려인 노년 인구가 초국가적인 이주 세계에 개입되게 됨에 따라, 이들의 사회·문화적이고 경제적 자원, 체류 지위, 젠더, 민족과 국가적 정체성 등의 여러 요인의 교차점이 다양화되고 있으며, 이는 고려인 초국적 노년 이주자의 삶과 경험에도 크게 영향을 주고 있음을 강조하였다.

6장

고려인 아동의 한국 이주와 정착 및 정체성

이주 아동에 주목하다

대부분의 국제 이주에 관한 연구들은 부모의 이주 이후, 아동이 경험한 가족과 헤어짐 그리고 후일 부모의 국제 이주 대열에 합류하여 이민 생활을 하는 아동의 이주와 정착 경험에는 주목하지 않는 경향이 있었다. 이주 집단 내 자녀를 연구대상으로 삼은 연구조차 이주 2~3세대 자녀를 대상으로 아동의 정체성, 모국과의 관계 등에 주로 관심이 있어, 국제 이주와 정착 과정의 당사자로서의 아동의 역할과 이들의 이주와 정착 경험에 대한 목소리에는 주목하지 않았다. 6장은 국내의 고려인 아동을 한국이라는 새로운 사회에서 가정, 학교, 아동센터, 놀이 공간 등을 중심으로 현지 정착 생활뿐만 아니라 본국과의 초국적 관계를 유지하는 능동적인 행위자로 간주한다.

이 장은 국경을 넘는 이주 아동의 물리적 이동, 이주자 가족 내에서의 아동의 존재와 행위의 역할 및 의미, 새로운 정착지에서의 가족관계, 학교 안팎에서의 이민 생활, 초국적 실천행위에 관련된 아동의 경험 등을 '아동의 시각'에서 이해할 필요성을 강조한다. 이 장의 주인공인 고려인 아동들은 부모와 함께 이주와 정착 과정을 직접 경험하고 있는 이주 1.5세대1.5-generation에 속한다. 이들 이주 1.5세대 고려인 아동은 구소련권 국가에서 출생해 학교 교육을 받기 시작했으며, 한국 이주 후에도 공식적인 학교 교육을 받고 있거나 받은 바 있는 청년기 이전의 아동들이다. 1.5세 고려인 이주 아동들은 본국의 사회·문화적 환경에서 생활하다가, 한국의 사회·문화적 환경이라는 새로운 세계로의 '전이 과정'transition processes을 몸소 경험하고 있다.

이 때문에 1.5세대 고려인 아동은 한국 이주 1세대 성인 이주자나 한국에서 출생해 현재 한국의 보육원에 다니는 이주 2세대와는 이주와 정착 경험 면에서 구분될 것으로 생각한다. 특히 고려인 1.5세대 이주 아동은 본국에서 출생해 교육을 받는 등 일련의 본국 경험이 풍부해 본국에 대한 애착심이 여전히 남아 있으므로 한국 이주 후에도 정서적, 물리적으로 본국과의 초국적 연결을 유지하고 있는 초국적 이주자에 해당한다.

현재 한국에 체류하는 고려인은 2017년 말 기준 약 6만 8천 명으로 추정되며, 이들 대부분은 출신 국가의 정치·경제적 상황의 악화로 한국으로 이주하였다. 국내 고려인 성인 이주자들은 방문취업비자(H-2)와 재외동포비자(F-4) 및 영주권(F-5)의 체류 지위를 유지하며 거의 모두가 육체노동을 통해 가족의 생계를 꾸려가고 있다. 고려인 성인 이주자는 일자리가 잡히고 체류가 장기화하면서 본국에 남겨두었던 자녀를 한국으로 데려오고 있다. 사실 자녀와의 분거分居 및 한국으로 자녀를 데려오는 방법과 시기 등은 일반적으로 성인 부모가 결정한다. 따라서 고려인의 한국으로의 이주 유형과 선택 과정에 아동의 존재가 주요 변수로 작용하지만, 기존 고려인의 한국 이주와 정착에 관한 연구에는 이주 아동의 존재와 이들의 한국에서의 이민 생활 내용은 거의 반영되지 않았다.

고려인 아동은 한국에서의 이민 생활에서 사회·경제적으로 부모에게 의존적 존재이지만, 가족과 친구 관계 및 학교 안팎의 일상 세계에서 변화된 환경을 직접 경험하는 당사자이다. 이들은 가정, 학교, 고려인지역아동센터, 놀이 공간 등 장소의 이동과 시간적 경과에 따라 현지에 대한 감각을 깨우고 정서를 기르는 한편, 본국과 초국적 관계를 유지하고 있는 '초국적 이주자'transmigrant이기도 하다. 이 장은 고려인 아동의 한국으로의 이주 과정에 동반되는 부모와의 분거 및 이주 과정과 정착 생활을 아동의 목소리를 통해 이해하고 설명하는 것을 주요 목적으로 삼고 있다. 고려인 아동 중심적인 이 연구 결과는 성인 이주자 중심으로 국제 이주와 초국적 가족관계를 연구했던 기존 연구내용을 보다 풍부하고 체계적으로 이해하는 데에 도움이 될 것으로 기대된다.

고려인 아동의 이주와 정착 경험을 아동의 시각에서 드러내기 위한 이 연구는 광주광역시 광산구 월곡동 소위 '고려인 마을'에 거주하는 일부 고려인 아동들을 연구대상으로 삼고 있다. 이 연구는 고려인 아동들이 가정, 학교, 현지 일상생활에서 고려인과 한국인과의 상호작용뿐만 아니라, 본국의 가족과 친척과도 다양한 방식의 초국적 실천을 통해 초국적 연결성을 유지하는 경험에 대해서도 주목하고 있다. 또한 이 연구는 부모와 헤어진 이후 일정 기간 본국에서 조부모와 같은 대리 부모와 함께 하였던 경험에 관해서도 관심이 있다. 이는 부모의 한국으로의 이주 자체가 고려인 초국적 가족 내의 아동 돌봄 구조에 변화를 가져왔으며, 본국에 남아 있는 아동은 부모 국제 이주의 영향에 이미 노출된 것으로 이해되기 때문이다. 사실 본국에 남아 있던 고려인 아동은 본국을 방문한 부모와의 직접적 만남, 국제 전화와 SNS를 이용한 부모와의 일상적인 정서적 지지, 선물과 용돈 수령 등 물질적 지원 등을 통해 한국의 부모와 초국적 관계를 유지하였다.

본 연구의 대상은 우즈베키스탄·카자흐스탄·러시아와 한국과의 국경을 두고 형성된 '초국적 사회적 장'에서 초국적 이주민의 삶을 살아가고 있는 광주광역시 '고려인 마을' 내의 27명의 고려인 1.5세대 이주 아동들이다. 이들은 이미 본국에서 학교 교육을 시작하여 한국 이주 후 광주광역시 초·중등학교에서 교육을 받고 있어서, 성인기 이전에 한국으로 이주해 본국과는 다른 한국의 교육과정과 사회·문화적 체계에 노출된 '전이 과정'을 경험하고 있다. 이 연구의 대상인 27명의 아동 가운데 2017년 12월 현재 본인에게 적합한 교육기관을 물색 중인 1명의 아동을 제외한, 전체 아동은 초등학교에 13명, 중학교에 8명, 고등학교에 5명이 각각 재학 중이다. 이들은 국적별로 우즈베키스탄 19명, 러시아 5명, 카자흐스탄 3명으로 구성되는데, 우즈베키스탄 출신이 다수를 차지하는 것은 한국에 체류 중인 고려인의 약 반수 이상이 우즈베키스탄 출신인 점에서 이해될 수 있다. 연구대상 아동들은 나이별로 11세 2명, 12세 3명, 13세 7명, 14세 1명, 15세 1명, 16세 9명, 17세 1명, 18세 3명으로 구성되어, 중·고등학교에 재학 중인 15세~18세 아동이 약 60%를 그리고 나머지 약 40%는 초등학교에 다니는 11세~14세에 걸쳐 있다. 전체 아동의 반수는 한국에 1~2년 체류 중이며 나머지 반수는 4년 이상 체류하고 있으며, 이 중 3명의 아동은 5~7년을 체류하고 있어 상대적으로 장기 체류자에 해당한다. 또한 전체 아동 가운데 23명은 장·단기적으로 중도입국 자녀를 위한 위탁학교인 새날학교에 재학했거나 재학 중인데, 이 중 14명은 광산구 일반 초·중등학교에 재학 중이고, 9명의 아동은 새날학교에 여전히 재학 중이다.

고려인 아동에 관한 이 연구는 2016년 7월에 고려인 마을에 있는 '고려인아동지원센터'(이하 '아동센터')의 우크라이나 출신 교사(남, 33)의 적극적인 도움에서 개시될 수 있었다. 그는 고려인 아동이 매일 집단으로 모이는 유일한 장소인 아동센터를 통해 필자가 아동과 만날 수 있도록 도움을 주었다. 방과 후 가정에 부모가 없는 아동들이 많아 이들을 돌보는 것이 아동센터의 주요 목적이다. 아동센터에는 요일별로 한국인 자원봉사자의 지원이 있으며 필자도 자원봉사자의 한 사람으로 아동센터의 여러 활동에 참여하였다. 필자는 2016년 여름방학 기간에 도서 지역에서 개최된 2회에 걸친 아동센터 캠프에 참여했는데, 이는 짧은 시간 내에 많은 수의 고려인 아동들과 친하게 될 수 있는 계기가 되었다. 필자는 2016년 여름방학부터 2017년 겨울방학까지 약 1년 6개월에 걸쳐 광주광역시 광산구 월곡동 일대의 놀이 공간, 공원, 아동센터, 가정, PC방 등에서 아동들의 활동을 참여 관찰하고 이들의 일부와 심층 인터뷰를 하였다.

필자는 고려인 마을에서 정기적으로 개최된 '고려인의 날', '고려인 추석맞이 잔치', '고려인 설맞이 잔치', 3.1 독립운동기념일과 8.15 광복절 행사 등에 참석함으로써 고려인 아동뿐만 아니라 성인 세대와도 안면 관계를 확장하였다. 특히 2017년에는 고려인종합지원센터의 주관으로 '고려인 강제 이주 80주년'에 관련된 연극, 영화제, 학술행사 등 다채로운 행사들이 고려인 마을에서 진행되었다. 이 행사들은 다채로운 행사에 직·간접적으로 참여한 아동들의 활동을 참여 관찰할 폭넓은 기회를 제공하였다. 아동과의 친화감이 깊어지면서 아동의 부모나 아동센터 교사의 허락을 받아 일부 아동들과의 심층 인터

표 1. 연구대상 아동의 인구·사회적 특성

인터뷰 대상	나이	성별	출신 국가	입국 연도	체류(대략 기간)	학교
나탈리아	11	여	카자흐스탄	2013	4년	H초
안나	12	여	카자흐스탄	2016	1.5년	H초
에카테리나	11	여	우즈베키스탄	2016	1년	새날초
유리	13	남	카자흐스탄	2014	4년	D초
마리아	16	여	우즈베키스탄	2015	2년	Y중
엘레나	17	여	러시아	2015	2년	새날고
다샤	13	여	우즈베키스탄	2013	4년	D초
발료자	13	남	우즈베키스탄	2012	5년	D초
세르게이	18	남	우즈베키스탄	2015	2년	새날고
올가	16	여	우즈베키스탄	2010	7년	H중
스베타	16	여	러시아	2016	1년	입학대기
안제리카	13	여	우즈베키스탄	2013	4년	Y초
옥사나	15	여	우즈베키스탄	2015	2년	새날중
막심	16	남	우즈베키스탄	2014	4년	S중
미하일	13	남	우즈베키스탄	2016	1년	Y초
슬라바	13	남	러시아	2016	1년	D초
타냐	12	여	우즈베키스탄	2016	1.5년	새날초
표드르	18	남	우즈베키스탄	2013	4년	새날고
이리나	16	여	우즈베키스탄	2013	4년	S중
비카	16	여	우즈베키스탄	2011	6년	H중
로만	18	남	우즈베키스탄	2014	3년	새날고
류바	13	여	우즈베키스탄	2013	4년	H초
율리아	16	여	우즈베키스탄	2016	1년	S중
이고르	16	남	러시아	2015	2년	새날중
소피야	16	여	우즈베키스탄	2015	2년	새날고
오레가	12	여	러시아	2013	4년	H초
페챠	14	여	우즈베키스탄	2013	4년	Y초

뷰가 수행되었다. 아동과의 인터뷰는 2회 이상씩 이루어졌고 아동들이 편안함을 느끼는 월곡동 인근의 이탈리안 레스토랑이나 일반 식당과 제과점 등에서 1~2시간씩 진행됐다.

고려인 아동의 학교생활에 관한 자료를 얻기 위해 학교 현장에서의 참여관찰을 시도했으나 대부분의 학교 관계자들이 이를 허락하지 않았다. 필자는 학교에서의 고려인 아동들의 교우관계, 학업 활동, 학생 교사 간 관계 등 학교에서의 전반적인 고려인 아동의 활동에 대한 자료를 수집하고자, 초등학교와 중학교 각 1개교에서 교사들과의 '초점집단인터뷰'focus group interview를 실시하였다. 이 인터뷰는 고려인 학생과 다문화가정 아동이 많은 월곡동의 D초등학교와 H중학교의 '다문화 예비학교' 담당 교사와 약 3년 동안 고려인 학생을 맡은 바 있는 3학년 담임교사가 참여한 가운데 진행되었다. 또한 H중학교와 S중학교에서 고려인 학생과 다문화가정 학생에게 한국어를 2년 이상 가르치고 있는 한국어 교사와의 인터뷰를 통해 고려인 학생들의 한국어 학습에 대한 태도와 이들의 학교 활동에 관한 이야기를 들을 수 있었다. 이 연구에서 언급되는 주요 인터뷰 대상이 되는 학생의 기본 인구·사회학적 특성은 〈표 1〉에 요약되어 있다. 본문에 언급되는 이름은 모두 가명임을 밝힌다.

'고려인 마을'의 고려인 아동 현황

자녀를 동반한 고려인 부부의 육아 부담을 덜어주기 위해 본국에서 노년 세대가 이주하고 있으며, 집에 육아를 담당할 돌봄 인력이 없는 부부는 고려인종합지원센터에서 운영하는 '새날어린이집'에 아동을 맡긴다. 일부 고려인 부부는 일찍 출근하고 늦게 퇴근하기 때문에 이른 아침부터 늦은 밤에까지 아이를 돌봐주는 새날어린이집에 자녀를 맡긴다. 그러나 새날어린이집의 고려인 교사들의 한국어 구사력이 떨어지기 때문에 새날어린이집의 프로그램 대부분은 러시아어로 진행된다. 이 때문에 장기적으로 한국에서 자녀의 미래를 계획하는 고려인 부모들은 약간의 경제적 부담이 높아지더라도 한국인이 운영하는 어린이집에 자녀를 맡겨, 자녀에게 일반 초등학교 입학 전에 한국어를 어느 수준까지 구사할 기회를 제공하고자 한다.

고려인종합지원센터가 운영하는 '아동센터'는 주로 초등학교와 중학교에 재학 중인 고려인 학생들을 대상으로 방과 후 비교과 활동을 중심으로 하는 프로그램을 운영한다. 초등학교 입학 전 아동들뿐만 아니라 초등학교 재학 중인 아동들은 KB국민은행 지원으로 2017년 1월에 개소한 공립형 아동지원센터인 '바람개비 꿈나무 지역아동센터'에 다닌다.[71] 고려인 마을 고려인 주민의 수가 증가하면서 이들과 관련된 고려인식당, 고려인카페, 잡화점, 미용실, 여행사 등이 입점하였고 특히 식당의 수는 크게 늘고 있다. 고려인 마을에 거주하는 아동들 가운데 인근의 초·중등학교에 입학하기에는 한국어 구사 능력이 부족한 아동들은 광산구 삼도동에 있는 중도입국자녀를 위한 위탁학교인 '새날학교'에서 초·중등 교육을 받는다. 그러나 최근에 고려인 아동의 급증으로 새날학교에 입학할 기회를 잡지 못해 한국어 능력이 부족하지만, 곧바로 일반 학교에 진학하는 고려인 아동들이 늘고 있어 고려인 아동 본인과 학교 당국 모두 학습과 학교 활동에 커다란 부담을 느끼고 있다.

국내에 체류 중인 구소련권 출신 고려인의 인구수를 파악하는 일은 쉽지 않다. 법무부 출입국관리본부에서 제공하는 통계연보에는 구소련권 국가별 체류자 인원만 제공될 뿐, 고려인 범주가 별도로 제공되지 않기 때문이다. 따라서 이들 국가별 통계 가운데 체류자격을 통해 고려인 규모를 추정할 수밖에 없다. 2018년 6월 말에 법무부 출입국·외국인 정책본부에서 발표한 「통계연보 2017년」의 '국적 및 체류자격별 체류 외국인 현황'에 따르면 2017년 12월 말 현재 우즈베키스탄, 카자흐스탄, 타지키스탄, 키르기스스탄, 러시아, 우크라이나 출신의 재외동포에만 부여되는 '방문취업비자'(H-2), '재외동포비자'(F-4), '영주권비자'(F-5)를 소지한 체류자는 62,028명이다. 이들 중 재외동포비자 소지자는 33,518명으로 전체의 약 54%에 해당하며, 방문취업비자 소지자는 전체의 약 43%에 해당하는 26,653명이고 영주권 소지자는 1,521명으로서 약 3%에 불과하다. 62,028명 외에도 방문동거(F-1), 거주(F-2), 동반(F-3) 등의 자격으로 한국에 체류 중인 6천여 명 이상의 19세 미만의 고려인 아동의 수를 합하면 2017년 말 현재 국내에는 6만 8천여 명 이상의 고려인이 체류하고 있는 것으로 추정할 수 있다.

거소 신고가 의무인 재외동포비자(F-4) 소지자 외에도 방문취업비자와 단기 방문자인 고려인의 수를 파악하기 어려우므로 2017년 12월 현재 광주광역시에 거주하는 정확한 고려인 수를 파악하기는 쉽지 않다. 고려인종합지원센터의 주장에 따르면 2017년 말 현재 약 4천여 명의 고려인이 광주광역시에 체류하고 있는 것으로 추정된다.

또한 광주광역시에 체류하고 있는 나이별 고려인 아동 현황 파악도 어려운 것이 현실이다. 유아와 보육원에 다니는 고려인 유아의 수를 가늠하기 어려운 것이 사실이지만, 고려인 마을 인근 8개 공립초등학교와 4개의 공립 중학교 및 중도입국 자녀 위탁학교인 새날학교에 재학 중인 학생 수는 어느 정도 어림잡을 수 있을 것으로 생각한다. 2018년 5월 현재 D초등학교 86명과 HJ초등학교 70명의 고려인 아동을 포함한 고려인 마을 인근 초등학교에는 약 188명의 고려인 초등학생이 재학 중이다. 또한 4개의 일반 중학교와 새날 중학교에는 60명의 중학생이 재학 중이며, 새날고등학교에 28명의 고려인 고등학생이 재학 중이다. 따라서 7세부터 18세 나이에 걸쳐 있는 초·중등학교에 재학 중인 고려인 학생 수는 276명으로 추정되며[72], 이 조사에 빠진 학생을 고려하면 최대 300여 명의 고려인 아동이 초·중등학교에 재학 중일 것으로 추정된다.

고려인 아동의 한국 이주와 정착 과정

본국에 남겨진 아동과 한국 이주 과정

Hladnik(2010 : 22)은 가족 단위의 국제 이주 과정에서 아동이 위치하게 되는 다양한 형태[73]를 제시하고 있다. 그는 가장 일반적인 두 가지 형태로 장단기 체류를 위한 이주 시에 부모가 아동을 동반하고 이주하는 첫 번째 형태와 부모가 본국의 대리 부모에게 아동을 맡기고 이주한 뒤 일정 기간이 지나 아동을 정착 지역에 합류시키는 두 번째 형태를 제시하고 있다. 본 연구의 27명의 아동 가운데 19명의 아동은 부모가 먼저 한국으로 이주하여 할머니와 함께 본국에서 생활하였다. 그리고 7명의 아동은 아빠가 먼저 한국에 이주하고 엄마와 본국에서 생활하다가 엄마와 함께 한국에 입국하였으며, 단 1명의 아동만이 모든 식구가 동시에 러시아에서 한국으로 입국하였다. 고려인 초국적 가족의 한국으로의 이주 과정에서 아동에 대한 돌봄과 고려인 노년 인구의 손자녀 돌봄 내용과는 밀접히 연관된다. 성인 자녀가 한국에서의 이주 생활에 안정을 찾기 이전까지 이 자녀들이 본국의 조부모에게 맡겨지고, 성인 자녀들은 이주 국가에서의 정착 생활이 안정되면서 본국 노부모에게 맡겼던 자녀를 한꺼번에 또는 순차적으로 한국으로 데려온다. 부부의 생업 종사로 인해 발생하는 자녀 돌봄에서의 공백은 본국의 노부모, 특히 손자녀의 할머니가 한국으로 초청되어 돌봄을 이어가는 형태로 채워지기 때문에 한국에서의 노년 세대의 존재와 손자녀 돌봄과는 밀접한 관계가 있다.

【본국에 남겨진 아동】

가족 단위의 국제 이주에서 부모가 자녀를 본국에 남기고 떠나는 결정 과정에서 자녀는 협상이나 타협의 상대로 인정되지 않는 경향이 있다Bartley and Spoonley, 2008. 본 연구의 대부분 아동은 자신들을 두고 부모가 한꺼번에 이주하는 과정에서 이에 대한 이유 등을 부모에게서 들었던 기억이 없다고 한다. 일부 아동들은 한국으로 떠나는 부모가 "일하러 간다.", "너희들을 위해 간다.", "곧 데리러 올게." 등의 이야기를 한 것으로 기억하지만, 당시에는 "왜 부모가 한국에 일하러 가야 하는지는 몰랐다."라고 말한다.[74] 일반적으로 부모가 자신들의 이주에 대해 아동의 의견을 묻거나 존중하지 않을 때도 아동들은 그런 상황에 대해 슬퍼하거나 반대하고 또는 불평을 하는 등 아동 자신의 의지를 표현함으로써 직·간접적으로 일종의 행위성을 드러낸 것으로 이해될 수 있다Orellana, 2001 : 587. 로만(남, 18)은 부모가 한국 이주 당시 10살이었는데 당시 자신이 경험한 부모와의 분거 상황에 대해 다음과 같이 이야기하는데 다른 아동들도 비슷할 것으로 짐작된다.

> 나는 10살이었고 여동생은 9살이었다. 할아버지와 할머니와 함께 살고 있었는데 부모님이 한국에 가신다고 하여 너무 많이 울었다. 나는 많이 울면 부모님이 안 가실 줄 알았다. 그런데 그냥 한국에 가시더라. 그냥 한국에 일하러 간다고 말씀하셨는데 동생과 한 달 이상 울었던 것 같다. 왜 우리를 버리고 가는지 당시에는 몰랐다. 물론 나중에 엄마는 왔다 갔다 하셨기 때문에 엄마는 가끔 볼 수 있었다. 시간이 가면서 부모님이 왜 가시게 되었는지 점차 이해되었다.(로만, 남, 18)

대부분 아동은 부모가 이주한 후 할머니와 함께 생활했으며, 특히 엄마와의 이별의 순간에 너무 많이 울었다. 본국에서 할머니와 지내면서 엄마가 보고 싶어 울게 되면 할머니가 엄마 사진을 보여주면서 달래거나 한국에 전화하여 엄마와 통화할 수 있게 하여 엄마의 목소리를 들을 수 있었다. 8살 때 부모가 한국에 간 뒤 외할머니와 함께 지냈던 류바(여, 13)는 당시 집에 인터넷도 없고 핸드폰도 없어서 엄마 보고 싶을 때마다 엄마 사진을 보면서 울었다. 류바는 한국에서 가끔 전화하는 엄마의 목소리 듣기만을 기다렸으며 엄마와 통화할 때마다 많이 울었다면서 당시 엄마 없는 슬픔에 관해 이야기한다. 올가(여, 16)는 6살 때 친할머니와 2년 동안 우즈베키스탄 사마르칸트에서 지내다 8살에 한국의 부모와 가족 재결합하였다. 부모가 한국으로 떠날 때 너무 많이 울었으며 당시에 왜 부모가 한국에 가야 하는지 몰랐고, 그저 부모가 자신을 버리고 가는 것으로만 생각했다. 할머니와 오랜 시간 살았던 아동은 할머니를 엄마보다 더 의지하게 되지만, 아동 대부분은 "할머니는 엄마가 아니잖아요."라는 표현으로 엄마 부재 동안 할머니의 보살핌 속에서도 엄마에 대한 그리움이 무척 컸음을 드러낸다. 부모가 먼저 한국에 이주하여 친할머니와 2년 동안 타슈켄트에서 지냈던 다샤(여, 13)는 엄마의 부재로 인해 경험했던 서러운 감정을 다음과 같은 상황으로 설명한다.

> 어떤 날은 할머니가 몸이 불편해서 학교에 데리러 오시지 못했다. 다른 아이들은 학교 끝나면 엄마가 데리러 오는데 혼자 올 때마다 기분이 좋지 않았다. 나는 혼자 다니는 우즈베크 친구와 늘 함께 학교에 다니면서 엄마를 그리워했다.(다샤, 여, 13)

한편 아버지가 먼저 한국에 간 후 엄마와 함께 지내다 엄마와 함께 한국으로 이주한 아동들은 아버지와의 이별로 인한 정서적 동요는 크지 않았던 것으로 보인다. 이들은 본국에서 엄마와 생활하면서 한국에 있는 아버지의 송금으로 "먹을 것을 더 잘 먹었다."라고 하거나 한국의 아빠가 보내주었던 선물들을 기억하고 있다. 예컨대 2011년에 한국으로 혼자 떠났던 아빠에게 2016년 초에 엄마와 함께 합류한 아동 타냐(여, 12)는 아빠와 헤어져 있어 엄마와만 생활하던 기간을 아빠가 가끔 보내준 선물과 함께 기억한다. 타냐는 아빠가 한국에서 자신과 동생에게 선물을 자주 보냈는데, 자신에게는 한국 옷과 인형을 그리고 여동생에게는 한국 구두를 보냈는데 당시에 너무 좋아서 지금도 생생히 기억한다고 말한다. 남아 있는 자녀에게 선물을 보내는 일은 부모 모두가 이주한 경우에 더 빈번하게 일어난다. 아동들은 부모 부재에 대한 경제적 또는 물질적 보상을 받은 경험들이 있다. 로만(남, 18)은 중학교 졸업식에 오지 못함을 미안해하는 부모가 한국에서 갤럭시 S2를 보내줘 친구들의 부러움을 받았다. 로만과 같은 경험은 부모와 떨어져 지낸 일부 아동들의 공통된 경험이었다.

아동의 부모와 헤어져 있을 때의 경험은 다양한데, 이는 부모 가운데 한 명만 이주했는지 또는 부모 모두 이주했는지 여부, 분거 기간과 분거 당시 아동의 나이 등과 관련 있어 보인다. 일반적으로 부모와의 분거 당시 아동의 나이가 매우 어릴 때 아동들은 부모의 한국행 결정 과정과 배경에 대해 이해하기 어려웠으며, 부모에 대한 그리움이 강했지만, 시간이 지나면서 점차 대리 부모와의 생활에 적응해 가는 경향이 있었다. 또한 부모와의 분거에도 불구하고 아동이 부모와의 분거 상황을 견딜 수 있었던 것은 주기적인 부모의 본국 방문, SNS를 통한 정서적 지지, 선물 등의 물질적인 보상 등 부모와의 초국적 관계가 유지되었기 때문이다.

【아동의 한국 이주 과정】

아동들은 한국으로의 본인의 이주 결정 과정에 주체적으로 행위성을 발휘하기는 쉽지 않았던 것으로 보인다. 아동 대부분은 자신의 한국으로의 이주에 대한 정확한 일정을 어른들에게서 들을 바는 없다. 이들은 다만 부모와 함께 살기 위해 한국으로 갈 것이란 얘기를 들은 기억이 있다. 사실 아동들에게 한국행은 부모와 함께 사는 그간 간절히 바라던 일이었기에, 한국행에 대해 심각한 거부감을 드러낸 아동은 없다. 아동들은 자신을 데리러 온 부모 또는 부모 중 한 사람과 함께 한국에 입국하였다. 부모와 살기 위해 한국으로 가자는 말에 아동들은 "너무 좋았다."거나 "너무 마음이 설렜다."라고 회상한다. 8살 때 아빠와 함께 한국으로 떠났던 올가(여, 16)는 한국에 가면 엄마를 볼 수 있어서 '무조건' 가야 한다고 생각하였다. 엄마와 함께 한국에 혼자 살던 아빠에게 가는 아동들도 한국행은 좋은 일이었다고 기억한다.

그러나 아동 대부분이 자신의 이주 과정에서 주체적인 행위성을 드러내지 못한 것으로 보이지만, 일부 아동들은 자신의 한국으로의 이주에 대비해 자신을 준비한 것으로 보인다. 타슈켄트에서 중학교 과정을 마치고 2015년 초에 한국에 있는 부모와 오빠에 합류한 소피야(여, 16)는 한국 입국 약 3개월 전부터 유튜브를 통해 한국과 광주에 대한 다양한 정보를 찾아보았고, 한국 드라마를 보면서 한국어 공부도 했으며 이 과정에서 연예인 유승호를 좋아하게 되었다. 소피야는 유승호가 나오는 드라마들을 보면서 자연스럽게 한국어 공부를 하게 되었다. 소피야와 마찬가지로 아동 안제리카(여, 13), 막심(남, 16), 슬라바(남, 13)도 부모가 사는 한국에 대해 주로 PC나 DVD를 통해 드라마를 보면서 한국으로 가는 열망을 키웠고 한국이나 광주에 대한 정보에도 관심을 기울였다. 이들의 드라마를 통한 한국 사회에 관한 관심 표현은 아래의 안제리카(여, 13)의 이야기를 통해 짐작할 수 있다.

> 한국 드라마 '꽃보다 남자' 주인공 남자들을 우리나라에서 DVD를 통해 보면서 한국에 더 오고 싶었으며 한국어를 조금씩 배웠던 것 같다. 한국에 온 뒤 엄마에게 드라마에서 본 연예인들은 어디서 만날 수 있냐고 묻자, 엄마가 어디에 그런 사람이 있겠냐며 웃었다.(안제리카, 여, 13)

2014년에 15살 나이에 한국으로 이주한 로만(남, 18)은 한국으로 이주하기 전에 할머니와 함께 한국에 놀러 와서 한 달 동안 부모와 생활하였다. 한국에 머무는 동안 그는 한국 생활이 우즈베키스탄보다 편하게 느껴지고 특히 월곡동에 고려인 아동들이 많아 외롭지 않을 것을 확인하고 우즈베키스탄으로 귀국했다. 한국에서의 경험을 토대로 로만은 한국에 다녀온 지 3개월 뒤에 한국으로 이주할 의향을 부모에게 밝혔다. 본국에서 중·고등학교를 다니는 고려인 자녀의 한국 이주에 관한 결정은 아동 본인의 의사를 존중하는 경향이 있었다.

일반적으로 부모를 따라 한국으로 오는 이주에 대해 아동 대부분이 긍정적인 태도를 보이지만 일부 아동들은 한국에 가고 싶지만 여러 이유로 한국행을 주저한 경험이 있다. 특히 부모와 떨어져 지낼 때 할머니와만 살았던 아동들 가운데 나탈리아(여, 11), 올가(여, 16), 안제리카(여, 13), 율리아(여, 16) 등은 엄마처럼 자신을 돌봐주던 할머니를 본국에 남겨두고 한국으로 가야 한다는 사실로 마음이 아파 한국행을 주저하였다. 이와 관련해 올가는 다음과 같이 이야기한다.

> 8살 때까지 엄마 아빠 없이 할머니와만 살았다. 가끔 울었다. 엄마가 보고 싶을 때는 할머니가 항상 있었고 할머니는 곧 한국 가니 참으라고 했다. 할머니가 엄마 같았다. 엄마 아빠가 데리러 왔을 때 너무 좋았는데 할머니 때문에 한국에 오기 갑자기 싫어졌다. 할머니가 자신도 곧 한국에 간다고 엄마 아빠와 먼저 가라고 해서 왔다.(올가, 여, 16)

그러나 올가의 할머니는 결국 한국행을 택하지 않고 여전히 우즈베키스탄에 살고 있으며, 올가는 지금도 할머니가 자신을 제일 예뻐하신다고 생각한다. 올가처럼 아동들은 특정한 가족 구성이 함께 이주하지 않고 남게 된다는 것과 친한 친구들을 두고 떠나야 한다는 사실 때문에 한국 이주를 주저하기도 했다.

아동들이 한국행을 주저하는 또 다른 이유는 한국 사회라는 미지의 세계에 대한 두려움 때문이었는데, 이들은 한국어를 구사할 수 없어 친구 사귀는 일과 학교에서 공부하는 것을 가장 두려워하였다. 또한 한국말을 못 하는데 새로운 친구를 사귀어야 하며 러시아어를 사용하는 아이들이 없을 것 같다는 두려움도 아동이 이주하면서 정서적으로 긴장하는 이유로 작용하였다. 카자흐스탄에서 초등학교 4학년을 마치고 2016년 1월에 할머니를 따라 한국에 온 아동 안나(여, 12)는 "엄마 아빠와 살기 위해 한국에 간다는 것이 처음에 설렜는데 말이 통하지 않아 친구를 사귀지 못할 것 같아 두려워서 한국에 오기 싫었다."라고 말한다. 우즈베키스탄에서 중학교 1학년 때인 2014년에 부모를 따라 한국에 온 막심(남, 16)은 "친하게 지내던 친구들과 헤어지기 싫어서 오기 싫었지만, 엄마가 한국에 가면 좋은 한국 핸드폰을 사준다."라고 해서 따라왔다. 그는 한국이란 새로운 나라에 산다는 것이 두려웠는데 특히 한국어를 잘하지 못해 오는 것이 가장 두려웠다고 말한다.

아동의 이주 경험에 비추어 볼 때 이주 과정에서 아동들은 곧 부모와 합류하게 된다는 부모나 할머니의 이야기를 통해 사전에 이주 관련 정보를 접하게 된다. 그러나 고려인의 한국 이주가 경제적인 목적을 앞세운 성인들이 주도하는 성격이란 점을 생각하면, 부모들이 어린 자녀들에게 이주의 이유와 계획 등에 대해 자녀들과 사전에 논의를 진행한 사례는 많지 않았다. 성인들이 자신들의 한국 이주뿐만 아니라 자녀의 한국 이주에 대한 계획을 결정한 이후에, 아동들에게 일방적으로 통보해 주는 형식이 일반적이다. 이 과정에서 아동의 의견을 청취하거나 이주 이후 변화될 아동들의 삶에 대해 자세히 설명해

그림 1. 월곡2동 지역아동센터 앞에서 놀고 있는 고려인 아동들
(고려인 마을 홈페이지 사진 자료실)

주는 부모는 거의 없었다. 예컨대 2010년에 광주에 정착한 발료자의 엄마(39)는 "이주 결정과 이주 과정에 대해 상의하거나 사전에 알려주기에는 아이들이 당시에 너무 어렸기 때문에 일방적으로 자신들이 결정하였다."라고 말한다.

사실 한국으로 이주한 부모 세대조차 외국인 신분인 자신들이 한국에 얼마나 체류 가능할지를 아이들에게 사전에 예고하기 어려운 점이 있다. 따라서 부모들은 자녀의 이주 과정에서 자녀들이 어떤 세계를 마주할 것인지 그리고 얼마나 오랫동안 한국에서 살게 될지 등에 관한 이야기를 사전에 명확하게 설명할 수 없었다. 한국에 거주하고 있는 고려인 성인은 체류자격에 따라 체류의 안정성에 차이가 있다. 거의 모든 부모 세대는 고려인 3세로서 재외동포 범주에 속하지만, 거의 모든 고려인 아동들은 고려인 4세 또는 5세에 해당하여 재외동포 범주에 속하지 않는다.[75] 이들 아동은 한국에 부모와 함께 머물다가 19세 성인이 되면 본국으로 귀환해야 한다. 더구나 이들 자녀는 재외동포의 범주에 해당하지 않기 때문에 만 25세가 되더라도 재외동포가 신청할 수 있는 '방문취업비자'와 '재외동포비자'를 신청할 자격조차 갖지 못한다. 이런 실제적인 고려인 아동의 법적 자격에 관한 한계를 직시하면 부모들이 자녀에게 자신들의 이주 일정과 미래 설계를 명확히 제시할 수 없는 현실을 부분적으로 이해할 수 있게 된다.

한국에서의 정착 과정

이 연구의 대부분 아동은 부모가 한국으로 떠나면서 부모와의 일정 기간 분거 생활 경험을 하였으며, 한국 이주로 시작된 정착 생활을 통해 다양한 국면에서 새로운 사회에 대한 적응을 요구받은 1.5세대 고려인 아동이다. 특히 이들은 정착 과정에서 한국에서의 가족·학교·사회 생활을 재정립해야 하는 부담을 안고 있다. 일반적으로 본국과 이주 국가의 다른 사회·문화적 환경 사이에서 '전이 과정'을 경험해야 하는 1.5세대 이주 아동은 가족과 사회생활에서 중요한 변화를 경험한다. 특히 가족 분거와 가족 재결합을 경험한 1.5세대 고려인 이주 아동은 할머니 등 본국의 대리 부모에서 정착 국가의 부모라는 돌봄 제공자의 변화에도 적응해야 한다. 이들 아동은 한국 정착 과정 중에 가족관계와 역할, 학교생활 적응과 학업성취, 일상생활 등에서 다양한 새로운 도전에 직면하게 된다.

【가족생활】

이주 과정에서 알 수 있듯이 한국 사회에 대한 충분한 사전 정보 없이 부모를 따라온 고려인 아동들은 갑자기 변화된 사회·문화적, 물리적 환경에 적응해야 한다. 한동안 할머니와 같은 대리 부모와의 생활과는 달리 한국 생활에서 아동들은 가족 내 역할과 기대 면에서 부모와의 새로운 관계를 정립해야 한다. 그간 할머니가 대부분의 역할을 했지만, 부모 모두가 이른 아침부터 늦은 밤까지 생업에 종사해야 하는 한국 생활에서, 일부 아동들은 방 청소와 세탁 등을 책임져야 하는 등 자신의 역할에 대한 가족의 변화된 요구에 직면한다. 또한 일부 아동은 이주 이후 한국에서의 아빠 또는 엄마의 재혼이나 부모의 이혼으로 변화된 가족관계에 적응해야 한다.

2015년에 엄마와 함께 아빠가 살고 있던 한국에 합류한 옥사나(여, 15)는 한국에 온 뒤 엄마가 공장에서 일하기 시작하면서 우즈베키스탄에서는 본인이 하지 않던 요리를 해야 한다고 다소 불만스러운 표정으로 다음과 같이 말한다.

> 이제 내가 요리를 많이 하게 되었다. 우리나라 있을 때는 엄마가 했는데 여기서 엄마가 공장 다니면서 요리는 내 일이 되었다. 거의 웬만한 음식을 이제 만들 수 있다. 스테이크와 같은 고기 요리, 만두도 만들고 김치찌개도 만들 수 있다. 음식 만드는 것이 재미있을 때도 있는데 늘 그렇지는 않지만 이제 어쩔 수 없이 내가 해야 한다. 한국에서 부모와 함께 사는 것이 좋지만 우즈베키스탄에서 안 하던 일들을 해야 할 때 조금 우울해진다.(옥사나, 여, 15)

옥사나의 아빠(47)는 건설 현장에서 일하는 일용직이다. 한국에 온 후 엄마가 공장에서 일하게 되면서 엄마와 아빠가 아침 7시 이전에 출근하고 특히 엄마는 늦은 밤에 퇴근하기 때문에 옥사나가 집안 살림을 챙기기 시작했다. 옥사나뿐만 아니라 고려인 마을의 많은 아동은 부모 모두가 일하기 때문에 한국에 와서 본국에서 안 하던 새로운 역할들을 수행한다. 이들은 한국에 살기 시작하면서 자신들에게 주어진 새로운 역할과 변화된 가족 환경에 적응하는 데에 어려워하고 있다.

또한 한국으로 이주한 후 기존 가족 구성원의 변화에도 아동들은 적응해야 한다. 한국에 오기 전에 이미 아빠와 이혼했던 나탈리아(여, 11)의 엄마(여, 32)는 한국에 와서 재혼했다. 나탈리아는 엄마의 재혼이란 현실을 받아들이고 있지만, 실제 새 아빠와 함께 살아가는 일은 쉽지 않다고 말한다. 나탈리아는 새 아빠가 본인에게 무척 잘해주지만 새 아빠와의 관계를 정립하는 데에는 시간이 오래 걸릴 것 같다고 말한다. 또한 8살까지 우즈베키스탄 타슈켄트에서 할머니와 살면서 엄마 아빠와는 3년 동안 떨어져 살았던 에카테리나(여, 11)는 최근에 엄마 아빠가 이혼하기로 한 후 아빠가 집에 들어오지 않는다고 슬퍼한다. 에카테리나는 한국에 와서 아빠 엄마가 헤어지는 가족 해체의 위기를 경험하고 있다. 에카테리나는 요즘 한국 생활이 너무 슬프다며 엄마 아빠의 싸움에 대해 아래와 같이 말한다.

> 엄마 아빠는 한국에 와서 많이 싸웠다. 공사장에서 일하는 아빠는 새벽에 일을 나가고 오후 5시면 일이 끝나는데 아빠는 술 마시고 밤늦게 왔다. 엄마가 어디에 있다가 왔냐고 물어보면 아빠는 집안일을 도와주지도 않고 그냥 잤다. 아빠는 엄마에게 자신도 공사장에서 일하느라 힘들었다고 소리치면, 엄마도 공장 다니면서 너무 힘들다고 소리 질렀다. 옆에서 동생도 울고 있고 나는 한국에 와서 이런 일을 경험해 너무 슬프다.(에카테리나, 여, 11)

아동들은 한국에 와서 추락한 부모의 사회적 위상에도 새롭게 적응해야 한다. 아동들은 본국에서 엔지니어, 교사, 사무원 등으로 일했던 부모가 한국에서는 공장에서 일하거나 위험한 건설 현장에서 막노동하는 등 부모의 사회적 지위가 크게 추락한 현실을 받아들여야 한다. 우즈베키스탄에서 아빠는 기술자였으며 엄마는 학교 교사였던 이리나(여, 16)는 한국 오기 전에 엄마 아빠가 공장에서 일한다는 것을 알았지만, 한국에 와서 부모가 그런 일을 하며 육체적으로 힘들어 하는 현실에 적응하기도 쉽지 않았다.

> 아빠는 우리나라에서 대우자동차 공장에서 일했던 기술자였다. 엄마는 학교 선생님으로 러시아 문학을 전공했다. 자신이 어릴 때부터 아빠는 러시아와 한국에서 일했지만, 엄마는 몇 년 전까지도 학교 선생님이셨다. 한국에 와보니 아빠와 엄마가 공사장과 공장에서 너무 고생하시는 것 같다. 엄마 아빠는 한국 사람들이 하지 않는 일을 한다고 말한다. 특히 공사장에서 일하는 아빠는 밤에 잘 때 몸이 너무 힘들어 잠을 편히 자지 못한다. 너무 마음이 아프다.(이리나, 여, 16)

아동 이리나는 한국 생활이 좋아 계속 살면서 러시아어와 한국어 그리고 영어를 잘해 3개 언어 통역사가 되고 싶은 꿈이 있으며 엄마도 한국 생활이 맘에 들어 한국에 계속 살고 싶어 한다. 그러나 공사장에서 힘들고 위험한 일을 하는 아빠는 러시아에 가서 살고 싶어 한다. 아빠는 한국말도 늘지도 않고 한국에 살려면 평생 지금처럼 고된 노동만 해야 한다고 한탄한다. 아빠는 러시아에 가면 언어도 통하고 그 사회를 잘 알기 때문에 자기 사업도 할 수 있다고 주장한다. 한국에 이주한 이후 아동 대부분은 한국에서 계속 살고 싶어 하지만, 부모가 고된 육체노동을 하지 않을 수 없다는 사실에 안타까워한다.

한국에서 가족 생활하면서 아동들은 물리적 공간의 변화에도 적응해야 한다. 광주의 고려인 부모들이 광산구 월곡동에 정착해 이민 생활을 시작하듯, 이들 자녀인 아동도 월곡동에서 그들의 정착 생활을 시작한다. 고려인의 거주 공간은 월곡동 내 '고려인종합지원센터' 인근 개인주택과 고려인 식당 등 상가 밀집 지역에 있는 원룸 빌딩촌에 거주한다. 대부분의 고려인 거주 공간은 본국에서 거주하던 주거 공간보다 매우 협소하다. 주택 1~2개의 방 또는 원룸에서 5~6명의 가족이 사는 경우가 드물지 않다. 아동들은 부모와 거주하는 일이 행복하지만, 거주 공간이 협소해 공간이 넓은 본국 집을 자주 떠올린다. 본국의 집은 한국에 온 뒤 열쇠로 잠가놓거나 할머니 등 다른 가족이 살고 있다. 좁은 한국 집에서 힘들게 사는 현실을 직면할 때마다 아동들은 널찍한 본국의 집을 떠올리게 되는 것은 아동들이 집에 대한 이중적 사고를 하는 초국적 이주자임을 보여준다. 방 2개로 구성된 단독주택 2층을 월세로 사는 발료자(남, 13)는 방 4개와 거실로 구성된 타슈켄트의 친할머니 아파트와 비교하면서 자신의 집과 관련된 소망을 아래처럼 말한다.

> 타슈켄트에서 할머니와 살던 아파트는 넓고 방이 많아서 좋았다. 카펫이 깔려 있어서 좋다. 우즈베키스탄에 있을 때는 편히 살았다. 지금 사는 집은 방이 작고 밥을 먹는 공간도 좁다. 엄마 아빠가 방 하나를 쓰고 형과 자신이 다른 방을 사용하는데 할머니가 가끔 오시면 우리와 방을 같이 사용하든지 아니면 밥 먹는 거실에서 할머니는 잠을 잔다. 한국에서 어른이 되면 좋은 집을 사서 예쁘게 꾸미고 싶다. 그런데 지금은 우리 집이 아니어서 꾸밀 수도 없다.(발료자, 남, 13)

그러나 아동들은 광주에 있는 집이 좁지만, 본국에서보다 와이파이가 '잘 터져' 핸드폰으로 러시아 음악과 게임을 맘대로 할 수 있는 광주의 집이 좋다고 말한다. 본국의 집에는 공간이 넓어 편했지만,

엄마 아빠가 없었고, 여기에는 좁지만, 엄마 아빠와 함께 살아 좋다고 말한다. 아동들은 집을 거주 공간뿐만 아니라 가족과 친척 등의 존재 및 그들과의 사회적 관계와 연결 지어 생각하고 있다. 고려인 아동들에게 가족은 한국에서 사회 적응을 위해 가장 적극적으로 지지해 주는 중요한 기반이 된다. 아동들은 가정에서 가족들과 러시아어로 소통하는데, 러시아어는 아동들이 본국에 남아 있는 할머니 등 가족들과 화상통화나 SNS를 이용한 초국적 소통에 가장 중요한 언어가 된다.

오후 3~4시쯤에 학교에서 돌아온 아동들은 집에 머물지 않고 아동센터나 놀이 공간에서 또래 고려인 아동들과 시간을 보낸다. 아동들이 집에 머물 때는 학교 숙제를 하는 것 외에, 핸드폰으로 러시아어로 된 게임을 하거나 러시아 음악을 듣고,[76] 광주 고려인 친구와 본국에 있는 친구와의 SNS를 이용한 온라인 활동을 한다. 아동을 돌봐줄 할머니가 있는 일부 아동들을 제외하고, 아동들은 늦게 퇴근한 부모와 함께 늦은 저녁을 먹는다. 식사 후 부모는 컴퓨터로 러시아 드라마를 보거나 가끔 러시아어 자막이 달린 한국 드라마를 보면서 밤을 보낸다. 성인 고려인들이 집에서 한국 방송 프로그램을 시청하지 않기에 집에 텔레비전이 없는 경우가 많으며, 원룸에 붙박이로 비치된 텔레비전은 컴퓨터에 연결해 모니터로 사용하는 경우가 많다.

【학교생활】

본 연구의 아동들처럼 1.5세대 이주자에 해당하는 아동들의 가장 분명한 특징은 아동기에서 성인기 이전에 걸쳐 본국과 이주 국가 양국에서 초·중등 교육을 받고 있거나 그런 경험이 있다는 것이다. 앞서 언급했듯이 고려인 아동들이 한국 이주 과정에서 가장 두려워했던 것의 한 가지는 한국어를 잘 모르는 상태에서 학교 교육을 받아야 한다는 점이었다. 모든 아동이 한국 입국 후 가장 급히 하는 일은 학교에 입학해 학업을 계속하는 것이다. 한국어 구사력이 낮은 고려인 아동들은 곧바로 일반 초·중학교에 입학할 수 없어 중도입국자녀 위탁학교인 '새날학교'에 입학하고자 한다.

새날학교는 국제결혼과 이주노동 등의 목적으로 한국에 정착한 외국인 중도 입국 자녀를 위한 학교로써 2009년 2월에 개교한 위탁교육을 시키는 정부 지원 교육기관이다. 새날학교 재학생은 광산구 일대의 공립학교에 원적을 두고 새날학교에서 한국어 중심 교육을 받는데, 한국어 수준이 향상되면 원적 학교로 돌아가야 한다. 초등학교 과정부터 고등학교 과정까지 운영되는 새날학교 입학 문은 최근 매우 좁아졌다. 광주로 유입되는 고려인 아동이 급증하면서 새날학교에 입학하고자 하는 고려인 아동도 급증했기 때문이다. 본국에서 학교 교육을 시작해 중도에 한국에 입국한 고려인 아동들은 일반 학교와의 '완충지대' 역할을 하는 새날학교에 입학하기를 원한다. 이는 새날학교 학생 수의 과반수가 고려인 학생이라는 점과 다른 학생들의 한국어 실력도 자신과 비슷하므로 학교 다니는 데에 따른 두려움과 긴장감을 크게 느끼지 않을 것이라는 기대 때문이다.

한국 생활이 시작된 후 몇 주 또는 1~2개월 이후 새날학교에 다니기 시작한 고려인 아동들은 새날학교 생활에서 정신적 스트레스를 크게 경험하지 않았다고 말한다. 고려인 아동들은 한국어로 하는 수업 시간을 제외하면 러시아어로 말할 수 있어서 교우관계 형성이 어렵지 않다. 새날학교를 다녔거나 다니고 있는 연구대상 아동들은 "고려인이 많아 말이 통했다.", "스트레스가 많이 없었다.", "대부분 학생이 한국어를 자신처럼 못해 차이를 느끼지 않아 한국어로 인한 스트레스가 적었다.", "학교 다니는 동안 한국어만 배운 것 같다." 등의 개인적 경험을 진술한다. 특히 이들은 한국어 능력 부족에서 오는 두려움을 느끼지 않았다는 점을 강조하며, 학교 다니면서 교과목 지식보다는 한국어 능력을 배양할 수 있었다는 이야기를 공통으로 언급한다.

이 연구대상 아동들 거의 모두가 새날학교를 다닌 경험이 있으며 9명의 아동은 조사 당시 새날학교를 다니고 있었다. 연구대상 가운데 2012년 이전에 한국에 입국했던 발료자(남, 13), 올가(여, 16), 비카(여, 16) 등은 새날학교를 2~5년 이상 다녔던 학생들로서 당시에는 러시

그림 2. 광주광역시 광산구에 있는 '새날학교'는 외국인 중도 입국 자녀를 위한 다문화 대안학교다.(새날학교 홈페이지 사진 자료실)

아어를 사용하는 고려인 학생보다 다양한 국적의 학생들이 다수였기 때문에 학교 내에서 학생들 간의 의사소통을 위해서 한국어를 배울 수밖에 없었다. 그러나 2015년 이후부터 아동 입국자가 점차 늘어나며 과반수의 학생이 고려인 학생으로 구성되면서 수업 시간 외에 고려인 학생 간의 의사소통 언어로 러시아어가 자리하였고, 이에 따라 고려인 아동의 한국어 습득 능력에 큰 차질이 생기기 시작했다.

최근 초등학교 입학 연령대의 고려인 아동의 급증으로 새날학교 입학이 어려워져 이주 직후 일반 초등학교로 입학하는 사례가 크게 늘고 있다. 특히 고려인 마을과 지리적으로 가까운 D초등학교와 HJ 초등학교에는 저학년을 중심으로 70~80여 명의 고려인 학생들이 재학하고 있다. 한국어를 구사할 수 없는 어린 고려인 아동들을 수용한 학교는 수업 등 다양한 국면에서 고려인 아동을 관리하는 데에 어려움을 겪고 있으며, 고려인 아동 역시 수업을 따라갈 수 없는 어려움에 직면해 있다. 고려인 마을 인근의 4개의 중학교에도 고려인 학생들이 약 40여 명 재학 중이지만 이들 대부분은 한국어 능력 부족으로 극히 저조한 학업성취도를 보인다. 일반 고등학교는 한국어 구사 능력과 학업능력이 매우 낮은 고려인 학생을 거의 수용하지 않기 때문에 중학교를 졸업한 고려인 아동들은 새날학교 고등학교 반으로 진학하는 실정이다.[77]

일반 초·중학교를 다니는 고려인 학생들 대부분은 새날학교에서 일반 학교로 전학 갈 때 또는 이주 직후 일반 학교에 입학할 때 경험했던 그 긴장감과 초조함을 쉽게 잊지 못한다. 이들은 한국어 구사 능력이 부족해 공부를 따라갈 수 있을지 그리고 외국인인 자신을 한국 학생들이 어떻게 대할지 무척 두려웠다고 기억한다. 2011년에 한국에 입국해 새날학교에서 3년 교육을 받고 H중학교 1학년으로 입학한 비카(여, 16)와 2015년에 광주에 도착해 새날학교 1년 다닌 후 2016년에 Y중학교 3학년으로 전학한 마리아(여, 16)는 새날학교에서 일반 중학교로 진학한 첫날 등교일의 두려움을 지금도 생생히 기억하고 있다. 이와 관련지어 비카는 당시의 두려움을 아래와 같이 기억한다.

> H중학교 1학년에 배정받은 반에 갔는데 아는 학생이 한 명도 없었다. 전부 한국 학생들이니까요. 나는 반에 가서 교실 뒤에 그냥 서 있었다. 다른 학생들은 근처에 있는 초등학교 때부터 알던 사이라 서로 수다를 떨면서 함께 앉아 있었는데 나는 선생님이 오실 때까지 그냥 무서워서 서 있었다. 그런데 한 여학생이 다가와 자기와 함께 앉자고 나를 데리고 가는데 다리가 후들후들 떨렸다. 나는 그 친구와 그 뒤로 친해져서 지금도 나의 친한 한국 친구로 남아있다.(비카, 여, 16)

이처럼 고려인 아동들이 한국학교에 다니기를 두려워하는 것은 한국어 구사력이 떨어져 수업을 이해할 수 없고 친구를 사귀기도 쉽지 않다는 현실 때문이다. 연구대상 아동들 가운데 학교에 있을 때 또는 방과 후에 서로 연락하는 등 친하게 지내는 한국인 친구를 두고 있는 사례는 올가(여, 16)와 비카(여, 16)뿐이다. 이들은 2010년과 2011년에 각각 한국에 입국하여 약 6~7년 이상의 한국 생활을 통해 광주 고려인 아동 가운데 한국어 구사력이 가장 좋은 서로 매우 친한 여중 학생이다. 특히 올가는 한국 학생들과 일상을 보내기 때문에 일상적으로 러시아어를 사용하는 것은 집에서 가족들과의 대화 시간이 유일한 정도로 한국어 사용 시간이 많다. 전체 고려인 아동을 두고 볼 때 올가는 오히려 예외적인 고려인 아동에 해당한다. 고려인 아동의 한국어 구사력이 일반적으로 매우 낮다는 것은 학교에서 학업성취도가 매우 낮다는 점으로 드러난다. 이들이 선호하는 교과목은 수업 활동 가운데 한국어가 최소한으로 사용되는 과목, 예컨대 영어와 수학 및 음악과 체육 같은 예체능 과목들이며, 이들 과목에서 고려인 아동들의 학업성취도가 상대적으로 높게 나타나는 것이 현실이다.

고려인 아동의 한국어 구사력에 향상이 어려운 것은 학교생활을 제외하고 가정과 일상생활 전반에 걸쳐 일상적 교류를 하는 주요 대상이 러시아어를 사용하는 고려인들이라는 점 때문이다. 거의 모든 고려인 아동은 학교생활을 제외하고 모든 시간을 광산구 월곡동에 거주하며 고려인끼리만, 특히 고려인 또래들과 가족과 친척들끼리만 일상생활을 하고 있다. 이는 이들 부모 세대들이 월곡동이라는 '고립된' 지리·사회적 공간을 형성하고 있으며 러시아어가 이들의 공용어일 수밖에 없다는 점과 밀접히 관련된다. 또한 월곡동의 개별 가정과 생활공간에서는 구소련권 국가들에 흩어져 있는 가족과 친척과의 초국적 실천을 통한 초국적 네트워크가 유지되고 있고, 이러한 초국적 실천과 네트워크 유지에 러시아어는 가장 중요한 의사소통 언어가 된다.

일반적으로 고려인 부모들은 자녀들이 어린 나이에 한국에 입국해 한국학교에 다니면서 한국어 실력은 늘고 있지만, 러시아어 실력은 떨어지는 상반된 결과에 대해 걱정스러운 눈으로 자녀들을 바라보고 있다. 부모 세대는 이민 생활이 길어지면서 어린 자녀들이 문법적으로 '엉터리' 러시아어를 사용해 자신들과의 대화는 가능하지만, 러시아어 글쓰기와 읽기가 거의 되지 않는 자녀를 걱정하고 있다. 이들 부모는 더 좋은 환경에서 자녀의 교육과 미래를 위해 한국에 이민하러 와 가족의 안정된 생활을 원하지만, 자신들의 한국 생활이 언제 종료될지 모르는 상황 때문에 부모들은 자녀들의 러시아어 구사력 유지를 매우 중요하게 생각한다. 한국에서 비자 갱신만으로 이민 생활을 지속할 수 있는 '재외동포비자'(F-4)를 소지한 고려인 수가 증가하고 있지만, 정작 영주권과 시민권 획득이 매우 어려운 상황은 고려인의 법적 체류 안정성을 보장할 수 없다. 부모 세대와는 달리 대부분 자녀가 재외동포 4~5세에 속하기 때문에, 재외동포법이 개정되지 않는 한 대부분 아동은 만 19세 성인이 되면 특정한 자격을 획득하지 않는 한 한국을 떠나야 한다. 현행 재외동포법에 따르면 재외동포 3세까지만을 동포로 인정하고 있기 때문이다. 부모들은 자녀의 본국 귀환이라는 최악의 시나리오에 대비해 자녀들이 러시아어 능력을 유지할 수 있도록 가정에서 러시아어 읽기와 쓰기 공부에 도움을 준다. 한편 적지 않은 고려인 부모들이 자녀의 한국 생활에서의 성공을 위해 한국어 능력의 향상이 중요하다고 강조하고 있어서, 고려인 아동들은 모국어 보존과 정착 국가 언어에 대한 지배력 획득이라는 두 가지 요구에 직면해 있다.

【아동센터와 일상생활】

대부분의 고려인 아동은 한국에 오면서 러시아어를 사용하는 아이들이 없을 것을 걱정했으나, 고려인 마을에 도착한 날부터 월곡동에 러시아어를 사용하는 또래들이 적지 않다는 사실에 안도감을 느꼈다고 한다. 연구대상 아동 가운데 아동 유리(남, 13)는 광주에 오기 전에 부천에 처음 정착했는데, 주거지 인근에 고려인 아동이 거의 없어 러시아어로 놀 수 있는 또래를 만나지 못해 카자흐스탄으로 돌아가자고 엄마를 졸랐던 기억이 있다고 한다. 유리의 이러한 어려움은 2개월 후 광주의 고려인 마을로 이사 오면서 해소되었는데, 특히 아동센터를 중심으로 고려인 아동과의 생활은 그의 한국생활 적응에 큰 도움이 되었다.

고려인 마을에는 고려인종합지원센터에서 운영하는 아동센터가 있다. 2013년에 운영을 시작한 아동센터는 부모 모두 일하기 때문에

그림 3. 월곡동 고려인아동지원센터에서 미술 활동하는 고려인 아동들(필자 촬영)

학교 하교 후 개별 가정에서 아동을 돌볼 수 없는 상황을 고려해 운영되는 일종의 아동 돌봄 기관이다. 사실 고려인 마을에는 일터에서 늦게 퇴근하는 등 일정하지 않은 부모의 출·퇴근으로 가정에서 아동을 돌봐줄 성인이 없는 아동이 많다. 학기 중에 오후 4시~7시까지 그리고 방학 중에 오전 9시~오후 1시까지 운영되는 아동센터에는 20~30명의 규칙적으로 참여하는 아동을 포함해 불규칙적으로 참석하는 아동들을 합쳐 매일 약 40~50명의 아동이 센터의 활동에 참여한다. 아동센터에는 한국어와 러시아어를 구사할 수 있는 우크라이나 출신 전담 교사(남, 33)와 러시아어만 가능한 고려인 남성과 혼인한 카자흐스탄 출신 여성 보조 교사(여, 44)가 미술과 음악 등 예술활동 프로그램과 한국어와 러시아어를 가르치는 언어 교육을 맡고 있다.

한국인 자원봉사자가 센터를 정기적 또는 부정기적으로 방문하여 한국어 교육과 다양한 체험활동을 지원하고, 아동에게 간식을 제공하는 한국인도 적지 않다. 한국인 자원봉사자가 진행하는 일부 시간을 제외한 대부분 센터에서의 활동은 러시아어로 진행된다. 광주광역시에서 이민 생활하는 고려인 아동에게 거의 모든 교육이 러시아어로만 진행되는 곳은 아동센터뿐이다. 따라서 아동센터에 참석하는 아동들은 한국어로 인한 스트레스를 경험할 필요가 없다. 한국에 도착한 고려인 아동에게 거주 지역과 가까운 곳에 러시아어로 운영되는 아동센터가 있다는 것은 한국 생활 초기에 언어 소통과 친구 부재에 대한 두려움을 느끼는 고려인 아동의 정착 초기에는 특별히 큰 도움이 된다. 카자흐스탄과 우즈베키스탄에서 2016년에 광주의 부모와 재결합한 다음의 안나(여, 12)와 타냐(여, 12)에게 아동센터의 존재는 초기 이들의 정착 생활에 매우 긍정적으로 기여한 것으로 보인다.

> 아동센터에서 나와 같은 고려인 아이들을 만나지 못했으면 마음이 너무 힘들었을 것 같다. 말이 통하는 아이들과 놀 수 있어서 무척 행복하다.(안나, 여, 12)

> 한국에 가면 러시아어로 말하는 아이들이 없을 것 같아 많이 걱정했는데, 아동센터에서 친구들을 만나 러시아어로 놀 수 있어서 너무 좋다.(타냐, 여, 12)

안나와 타냐 아동 외에도 센터를 규칙적으로 찾는 아동들은 10여 명의 중학생을 제외하고 모두 초등학생들이다. 센터 소속 교사나 한국인 자원봉사자가 진행하는 프로그램 대부분이 초등학생들을 대상으로 해서 중학생들은 센터 활동에 큰 관심이 없다. 게다가 아동센터 프로그램 내용의 상당 부분이 기독교 종교 활동과 직·간접적으로 관련된다는 점도 맹목적인 신앙을 강요하는 데에 대한 거부감을 느끼기 시작한 중등 학생들을 센터와 거리를 두게 하는 요인으로 작용한다. 이는 로만(남, 18)과 이리나(여, 16) 다음의 이야기를 통해 짐작할 수 있다.

> 아동센터에서 다양한 활동도 하지만 성경 공부도 해야 한다. 아동센터에서 성경 공부하기 싫어서 센터에 안 가는 아이들도 있다. 아동센터에 자주 오는 아이들은 기독교 활동을 좋아하는 편이고, 이들은 센터

> 주관으로 인천 등 다른 지역의 큰 교회에 예배 보러 갈 때나 섬으로 수양회 갈 때 버스 타고 밖에 나가 노는 것을 좋아한다.(로만, 남, 18)

> 아동센터에서 선생님이 하나님을 믿으라고 강요하니 아이들이 센터에 나가지 않는 것 같아요. 예배보기 위한 행사에는 가지 않지만, 외부로 수련회 갈 때는 놀고 싶어서 그냥 따라가는 아이들도 많아요.(이리나, 여, 16)

한국인 자원봉사자가 이끄는 한국어 수업이 싫어서 센터에 나오지 않는 고려인 아동들도 있다. 특히 한국 이민 생활 기간이 상대적으로 길어 한국어 실력이 좋은 아동들은 한국어를 가르치는 자원봉사자가 수시로 바뀜에 따라 자원봉사자의 한국어 수업에 일관성이 없어 늘 '가나다라마' 수준만 가르쳐 한국어 수업에 절대 흥미를 느끼지 못한다고 말한다.

고려인 아동은 현재 사는 월곡동에 대한 강한 애착과 소속감을 발전시켜나가면서 일상생활을 통해 점차 '지역적' 감각을 갖게 된다. 이에 따라 아동들에게 낯선 공간들은 시간이 지나면서 익숙한 장소들로 변환된다. 즉, 고려인 아동들은 월곡동이라는 로컬 지역에서의 반복되는 일상을 통해 주변 공간들을 점차 전유하여 익숙한 장소들로 전환한다. 예컨대 이들에게 아동센터 바로 옆에 있는 공원은 본국에서 하던 다양한 놀이를 러시아어로 말하면서 날마다 시간을 보내면서 애착된 장소로 변환된다. 또한 '고려인의 날'과 '고려인 추석맞이 대잔치' 등 고려인종합지원센터에서 주관하는 정기적인 주요 행사들이 이 공원에서 개최되는데, 아동들은 200~300명 이상의 고려인과 한국인이 참석한 이들 행사에 우즈베키스탄 전통의상을 입고 우즈베키스탄 전통 음악에 맞춰 전통춤을 추는 공연자로 참여한다. 특히 고려인 강제 이주 80주년이 되는 2017년에 고려인종합지원센터가 주관하는 연극공연, 고려인영화제, 고려인방문주간, 고려인학술행사 등 다채로운 행사들이 광주 시내와 월곡동 공원을 비롯한 고려인 마을의 여러 곳에서 약 6개월에 걸쳐 진행되었으며, 고려인 아동들은 이러한 행사에 아마추어 연극배우와 춤 공연자로 참여하였다. 광주광역시의 고려인 공동체의 존재가 국내·외로 널리 알려지면서 한국을 방문하는 중앙아시아 국가의 주요 인사들의 고려인 마을 공식 방문이 잦아졌다.[78] 이들 내빈을 환영하는 모든 행사에 아동들이 춤 공연을 하는 등 직·간접 참여함으로써, 아동들은 현재 생활하고 있는 고려인 마을과 우즈베키스탄 등 자신의 본국과 사회·문화적으로 초국적인 연결이 유지되고 있음을 경험한다.

고려인 마을 주변에서 아동들이 시간을 보낼 수 있는 곳은 아동센터 외에 인근 공원들, 카페, PC방, 노래방 등이 있다. 아동들은 주스와 토스트 등을 판매하는 저렴한 카페에서 삼삼오오 모여 시간을 보내거나 PC방에서 게임도 하고, 특히 일부 중학생 이상의 아동들은 노래방과 당구장에서도 친구들과 어울리며 시간을 보낸다. 아동들은 주말이면 의류 상가 등이 밀집된 광주광역시 중심가인 '충장로'에 진출하여 의복이나 액세서리 등을 구매하거나 게임방 등을 출입한다. 이 과정에서 아동들은 러시아어를 사용하는 자신들에 대해 호기심을 갖는 한국인들을 만난다. 외모로 보면 한국인과 같은데 알 수 없는 언어를 사용하는 자신들을 바라보는 낯선 눈길과 출신 국가를 묻는 한국인들의 질문 공세 때문에 아동들은 자주 당혹함을 경험한다. 이런 부정적 경험 때문에 고려인 아동들은 월곡동을 편안하고 친숙한 공간으로 느끼게 된다. 고려인 마을이 있는 월곡동에서는 아동들이 큰소리로 러시아말을 하더라도 낯설게 쳐다보는 사람이 거의 없기 때문이다. 게다가 월곡동 주요 골목마다 고려인 음식점, 청과물 가게, 러시아 식품점, 고려인미용실 등이 속속 개점하여 마을 경관을 바꾸고 있으며, 이는 일상에서 고려인 아동에게 편안함을 제공하는 근원으로도 작용한다.

고려인 아동의 초국적 정체성

'집'에 대한 고려인 아동들의 초국적 경험

정착적인 삶의 유형에 주요 관심이 있는 연구의 전통은 '집'을 공동거주와 집단적인 남성 소유권 및 공동취사 등을 근거로 정의한다. 이런 정의에 입각한 집에 대한 정의는 이동이란 변수를 제외함으로써 이주의 맥락에서 집을 이해하기보다는 집을 특정 장소에 붙박인 것으로 규정 짓는 점에서 비판받는다Folg-Olwig and Hastrup, 1997; Gupta and Ferguson, 1997; Mand, 2003.

고려인 아동들은 집을 특정 지역, 예컨대 우즈베키스탄이나 한국에 거주하는 가족과 친척의 존재와 그들과의 사회적 관계뿐만 아니라 자신과 가족이 사는 물리적인 건물로서의 가옥과도 연관 지어 경험하고 있다. 따라서 아동들은 집을 구체적인 사회적 관계의 장으로서 또는 물질적 대상들이 위치한 구체적인 건물로서 경험하고 있다.

따라서 아동에게 집은 휴식을 취하거나 가족에 관련된 많은 일이 수행되는 장소로서, 가족 구성원이 거주하는 곳이기도 하며 소파나 TV처럼 특정 물질적 대상이 있는 건물로도 경험된다. 사실 집은 사람들이 사는 물리적 공간을 넘어 가족과 공동체 및 국가에 연결된다. 따라서 집에 대해 공간적으로 상상되는 것들과 연결된 일상적 실천을 통해 집의 의미가 지속해서 만들어지고 다시 만들어진다Blunt and Dowling, 2006 : 254. 초국적 이주자의 시각에서 집은 특정 지리적 장소에 매여 있지 않다. 초국적 이주자는 일정하게 한 개 이상의 집을 경험하고 있을 수 있으며, 이주자와 이들의 집 사이의 관계가 변화하고 역동적이라는 점이 초국적 이주의 본질적 속성에 해당한다.

아동들이 특정 장소에 의미를 부여하는 과정은 흔히 '장소 만들기'place-making를 통해 이루어지고 있다. '경험된 장소 만들기'와 '상상된 장소 만들기' 과정을 통한 '장소 만들기'는 사실 특정 장소에 정체성이 주입되는 과정으로 이해될 수 있다Schwalgin, 2004. 따라서 아동들이 특정 장소, 특히 집이라는 장소에 정체성을 부여하는 것은 그곳에서 경험하고 있거나 상상된 가족이나 친척의 존재이고 또한 그들과의 사회적 관계를 통해서이다. 따라서 고려인 아동들이 집으로 이해하는 것은 본국의 집이나 현재 사는 한국의 집과 관련된 가족과 친척의 존재로 인한 것이다.

고려인 아동들이 집에 대해 느끼는 감정은 개인적인 경험에 따라 다양한 형태로 드러날 수 있다. 초국적 이주의 맥락에 놓여 있는 고려인 아동들의 집에 대한 개념과 경험을 이해하기 위해서는 특정한 한 지역에만 매여 있을 필요가 없다. 아동들 스스로가 초국적 이주자의 상황에 놓여 있다는 점과 이들의 집에 대한 개념 간에는 관련성이 있을 것으로 생각되기 때문이다. 이 장은 고려인 아동들의 집에 관한 생각과 집과 관련된 실천 내용에 대한 규명을 통해 한국에 사는 고려인 아동의 '집'에 대한 개념이 초국적 이주자로서 아동들이 놓인 상황과 연결되어 있음을 보여준다.

한국으로의 이주 후 집에 대한 고려인 아동들의 생각은 이중적이거나 복합적이다. 고려인 아동들은 현재 부모와 또는 할머니를 포함한 가족과 함께 사는 한국의 집을 중요하게 생각하는 동시에 본국의 집에서 일어났던 여러 행사와 활동 및 사회적 관계 등에 대한 기억을 통해 본국 집에 대한 애착심도 표현한다. 이들 대부분은 본국 집을 방문하고 싶은 마음은 있지만, 그곳에서 계속 살기는 원치 않는다. 이는 한국에 부모가 살고 있고 한국에서 사귄 가까운 친구들이 한국에 있기 때문이다. 고려인 아동들은 한국에서 친구와 놀고 부모와 할머니 등 가까운 가족원과 지내면서 일상적인 심부름을 한다거나 동생을 보살피거나 상점에서 물건을 사거나 학교에 다니는 등의 일상적 활동을 통해 한국에서의 집이라는 '장소 만들기' 실천을 일상적으로 수행하고 있다. 한편 아동들에게 본국의 집에는 보고 싶은 할머니 등 친척이 여전히 살고 있고, 그곳 친척의 돌잔치와 결혼식에 인근 국가에 사는 사촌 형제들이 모이는 장소이기 때문에 '방학' 기분으로 방문하고 싶은 곳이기도 하다. 실제로 친척의 결혼식에 참석하기 위해서 또는 여권 변경을 위해 학기 중이더라도 장기 결석 처리를 하고 부모를 따라 본국을 방문하는 고려인 아동을 월곡동에서 찾는 것은 어려운 일이 아니다.[79] 고려인 아동에게 한국의 집에 있다는 것은

"학교에 다닌다."라는 것이고 본국의 집에 있다는 것은 "잠시 휴가 또는 방학을 즐긴다."라는 것으로 인식되는지도 모른다.

본국의 집과 한국의 집을 생각할 때 머릿속에 떠오는 것들에 대해 우즈베키스탄 출신 아동 발료자(남, 13)는 양쪽에 있는 집들에 대해 다음과 같이 이중적으로 생각한다.

> 나는 우즈베키스탄에서 태어났으니 그곳이 내 모국이고 그곳에 집도 있어요. 또 우리는 여전히 러시아어를 말하고 있잖아요. 그런데 나는 한국에 있는 집도 중요해요. 이곳에 엄마와 아빠가 있기 때문이고 내 친한 친구도 있기 때문이에요.(발료자, 남, 13)

사실 대부분의 고려인 아동들은 발료자처럼 양쪽에 있는 집이 모두 중요하다고 말하는 편이다. 자신의 집이 한국에 있다고도 대답하는 일부 아동들은 부모와 형제 등이 현재 사는 한국의 집을 자신의 집으로 생각하는 것으로 보인다. 그러나 이들에게 본국의 집에 관한 이야기를 꺼내 보면, 이들은 본국 집도 여전히 자신에게 중요하다고 이야기한다. 이들의 본국의 집에 관한 이야기에는 그 집에서 살았던 기억과 현재도 그곳에 살고 있고 보고 싶은 가족들과의 연결점이 발견된다. 카자흐스탄의 외할머니 집에서 엄마와 함께 살다가 한국으로 이주한 나탈리아(여, 11)는 카자흐스탄 집은 늘 외할머니를 떠올리게 하는 곳이다.

> 카자흐스탄에서 할머니와 살 때도 엄마는 일하러 다니기 때문에 늘 할머니가 나를 봐주었어요. 엄마가 한국에 가 있는 동안에도 나는 할머

니와만 살았어요. 카자흐스탄에 항상 가고 싶어요. 할머니도 보고 싶고 사촌 동생도 보고 싶어요. 엄마도 할머니 집에 가고 싶은데 그곳에 가면 일도 없어 살기 어려워서 못 간다고 말해요.(나탈리아, 여, 11)

특히 한국 이주 이후 본국을 한 번이라도 방문한 경험이 있는 아동들은 본국 친척의 존재와 그들과의 사회적 관계에 연관 지어 본국의 집을 이해하고 있다. 특히 가족의 결혼식이나 환갑잔치 및 돌잔치나 여권 변경 등의 다양한 사유로 부모를 따라 본국을 방문한 적이 있는 고려인 아동들은 할머니와 이모 등의 친척이 제공한 음식을 즐기고 사촌 형제들과 즐겁게 놀았던 기억을 통해 집을 경험한다. 일생 의례에 맞춰 본국 집을 방문하면 본국과 인근 국가에서 결혼생활을 하는 친척이 행사에 참여하기 위해 멀리서 방문하기 때문에 아동들은 한꺼번에 많은 수의 친척들을 만나게 된다. 한국으로 이주하기 이전까지 발료자의 가족은 타슈켄트의 친할머니 아파트에서 함께 살았다. 발료자는 부모가 여권 변경을 위한 우즈베키스탄 방문에 동행하여 친할머니 집에 머물면서 밖에도 나가지 않고 집안에 사촌들과 재미있게 놀았던 기억과 한국 식구들의 방문에 맞춰 카자흐스탄에 사는 막내 고모 가족들이 우즈베키스탄에 합류하여 약 한 달 동안 함께 보냈던 시간과 관련지어 우즈베키스탄 집을 떠올린다. 타슈켄트에 남아 어머니를 모시고 있는 인터넷 회사에 다니는 발료자의 작은아버지가 집에 와이파이를 설치해 타슈켄트에 머무는 동안에도 발료자는 월곡동의 고려인 친구들과 카톡과 인스타그램으로 연결되어 있었으며, 한국의 고려인 친구들은 발료자의 조속한 귀국을 기다렸고, 발료자도 한국에 빨리 돌아가 친구들을 보고 싶어 했다. 발료자는 "우즈베키스탄에서도 많이 살고 그곳에 할머니가 있으니 그곳이 집인 것도 같고, 한국에서 부모님과 함께 살고 있으니 여기도 집인 것 같다." 라고 말한다.

우즈베키스탄 출신 아동 다샤(여, 13)를 비롯한 일부 아동들은 본국에서 할머니가 해주었던 음식이나 집 근처에서 일상적으로 사 먹었던 우즈베크 과자의 맛을 떠올리며 본국의 집을 떠올림으로써 상상된 경험으로서의 본국의 집을 이해하고 있다.

> 할머니가 해주시던 샤슬릭과 플롭이 월곡동의 고려인 식당에서 파는 것보다 더 맛있는 것 같다. 그리고 우즈베키스탄 가면 집 근처에서 사 먹던 우즈베크 과자도 먹고 싶어요.(다샤, 여, 13)

다샤뿐만 아니라 다른 아동들도 본국의 집에 관해 이야기할 때 본국 가족들이 해주었든 또는 최근 본국 방문 시 할머니가 해준 러시아 수프 '보르시' 맛 등으로 본국 집을 상상하고 있다. 한편 우즈베키스탄 출신 나탈리아(여, 11), 류바(여, 13), 이리나(여, 16) 등에게 집에 관한 생각은 물리적 공간으로서의 집과 그 집에 연관된 기반시설의 여부와 편리함과 관련되어 있다. 광산구 월곡동의 원룸 빌딩에 사는 나탈리아는 2017년 1월에 엄마를 따라 카자흐스탄 이모 딸 돌잔치에 참여했다. 돌잔치 참여를 위해 나탈리아의 많은 수의 사촌 형제들이 모여 재밌게 놀았던 기억도 나탈리아에는 좋았지만, 원룸의 좁은 공간에서 살던 한국의 집과는 대조적으로 방이 6개 있는 할머니 단독

주택에서 밤마다 다른 방으로 옮겨 다니면서 잤던 경험이 특히 좋았다. 한국에 오기 전에 외할머니와 함께 살았던 나탈리아에게 광주에 살던 원룸은 한국의 집으로, 방이 많은 집은 카자흐스탄 집으로 구분된다.

류바와 이리나의 한국 집에는 방이 1~2개여서 공간이 좁을지라도 와이파이가 잘되 언제든지 핸드폰으로 게임과 노래를 들을 수 있다고 생각한다. 이들에게 본국의 집은 지난번 본국 방문 시에 와이파이가 없거나 있어도 무척 늦어 핸드폰을 거의 이용하지 못했고, 전력이 자주 공급되지 않아 어두운 밤을 보내야 했던 우즈베키스탄 집에서의 불편한 경험과 연결되어 있다. 한국에서 사는 발료자의 집은 가게 건물 2층에 작은 방 2개에 거실이 있는 좁은 공간이지만 한국 오기 전에 살았던 친할머니 아파트는 방 4개와 거실뿐만 아니라 화장실까지 모두 개축하여 깨끗한 집에서 살았던 자랑할 만한 집이었다.

이처럼 아동들은 한국에 사는 좁고 불편한 집과 본국에 있는 공간이 넓은 집을 대조하면서 우즈베크 집에 대한 애착심과 소속감을 표현한다. 한편 가스나 전기 및 와이파이 등 기반시설의 부족함 때문에 한국의 집보다 불편했던 기억과 본국 집을 연결하여 이해한다. 이러한 불편함은 아동들이 본국에서 가족과 친척의 존재와 이들과의 만남 및 함께했던 기억 등을 근거로 그곳 집에 대한 긍정적 태도를 보이면서도, 본국 집으로 가서 계속 살아야 한다는 점에는 유보하는 태도를 보이는 있는 이유도 된다. 핸드폰으로 러시아 음악을 듣고, 러시아 드라마와 영화를 보고, 한국의 고려인 친구와 본국 친구들과 SNS로 연결성을 유지하는 점이 한국에 이주한 고려인 아동에게 가장 중요한 일이라는 점을 생각한다면, 와이파이가 없어 정보통신기술이 작동하지 않을 본국의 집에서의 생활은 이들에게 일상생활의 대표적인 불편함으로 인식될 수밖에 없다. 본국에 가족과 친척을 두고 본국 방문을 하거나 일상에서 정보통신기술을 이용한 정서적 지지를 하는 등 다양한 맥락에서 한국과 본국의 사회적 관계가 유지됨으로써 아동 스스로가 '초국적 이주자'가 되었다는 사실과 이들의 한국의 '집'과 본국의 '집'에 대해 생각하고 있는 바와는 밀접한 관계가 있음을 앞선 사례들이 보여주고 있다.

언어, 민족, 국가 : 나는 누구인가?

이주 아동에게는 정착한 국가의 지배적인 언어의 습득과 동화에 대한 요구가 있는 동시에 이주민 공동체에 의해 요구되는 모국어 보존의 요구라는 상반된 상황에 놓이기 쉽다Fassetta, 2014. 이주 아동에게 자신들의 모국어는 이주 공동체뿐만 아니라 본국과의 초국적 관계 유지에 중요한 요인으로 작용한다. 이 연구의 고려인 아동들은 자신이 누구인지를 인식하는 데에 자신들이 일상생활에서 사용하는 언어와 밀접한 관련성을 보인다. 따라서 한국에 거주하는 고려인 아동에게 민족적 동질성에 근거해 유창한 한국어 구사를 기대하는 한국사회 일반의 요구에 직면한 상황에서 고려인의 문화적 차이를 표현하고 정체성을 형성하는 데에 러시아어라는 언어가 어떤 역할을 하는지 규명할 필요가 있다.

고려인 아동이 한국 이주 과정에서 경험한 두려움과 긴장감의 이유의 한 가지는 한국에서 살아야 하는데 한국어를 모른다는 점이었다. 이들은 한국어를 모르면 일상생활뿐만 아니라 특히 학교생활과 친구 만들기가 어려울 것을 염려하였다. 이주 후 새날학교라는 한국 정치가 '완충' 역할을 하는 학교에서 고려인 아동은 러시아어를 사용하는 고려인 아동이 많아 친구 사귀는 일에 어려움이 없었다. 게다가 한국어로 진행되는 대부분의 수업에서조차 자신만이 아닌 모두가 한국어를 잘하지 못해 정신적 스트레스를 크게 받지 않은 것이 사실이다. 새날학교에서 일반 학교로 전학하는 것을 두려워하고 심지어 회피하고자 하는 고려인 학생들은 새날학교와는 다른 학교 체계에 적응하는 일보다 "나만 한국어를 못한다."라는 데서 오는 정신적 스트레스와 학교생활 가운데 외국인 소수에게 주목되는 낯선 눈길이다.

일반 학교로 전학한 고려인의 외모는 한국인과 똑같지만, 이들의 낯선 외국 이름 예컨대 '빅토리아', '안드레이', '율리아나' 등의 이름이 가장 먼저 고려인 학생이 외국인임이 말해준다. 일단 외국인 학생임이 드러나면 대부분의 고려인 아동들이 처음 듣는 질문은 '어느 나라에서 왔는지', '우즈베키스탄에서는 어떤 언어를 사용하는지', '왜 우즈베키스탄에서 왔는데 우즈베키스탄 언어를 사용하지 않고 러시아어를 사용하는지' 등 한국 학생들로서는 쉽게 이해되지 않는 것들에 관한 것이다. 사실 한국 아동들의 시각에서 외모, 출신 국가, 사용 언어 등이 서로 조화롭지 않은 고려인 아동의 정체성에 대해 궁금증을 갖는 것은 이상한 일이 아닐 수도 있다. 이러한 질문은 같은 학교에서 매 학년 반이 변경될 때마다 한국 아동들로부터 반복적으로 받는 질문이다. 2017년 4학년이 되어서도 이러한 질문을 경험한 아래 고려인 아동 오레가(여, 12)와 필자와의 이와 관련된 대화는 다음과 같았다.

필자: 4학년 반 아이 중에 "너 어디에서 왔어?"라고 물어보는 아이가 있었니?

오레가: 늘 물어봐요. 새로운 반에 가게 되면. 러시아에서 왔다고 말해요. 그러면 아이들이 '와 좋겠네.'라고 말해요.

필자: 친구들이 왜 좋겠다고 말하는 것 같아?

오레가: 러시아는 큰 나라니까요.

필자: 큰 나라가 무슨 말이니?

오레가: 나라 땅이 크다는 말이죠. 제일 큰 나라이니까.
그리고 '너 러시아말 해봐'라고 말하는 애들도 있고, '너 러시아에서 왔는데 왜 우리랑 똑같이 생겼어?'라고 물어보는 친구가 있어요.

필자: 대답을 어떻게 했어?

오레가: 러시아말은 했는데, 왜 똑같이 생겼냐는 것에는 대답을 못 했어요.

오레가는 친구들이 자신이 어느 나라 사람인지 물어보는 말에 모르겠다고 대답했다고 필자에게 추가 설명을 하였다. 2013년 오레가가 러시아에서 광주로 이주할 당시 우즈베키스탄 출신 오레가의 조부모는 이미 광주에서 이민 생활을 하고 있었다. 오레가의 엄마는 우즈베키스탄에서 20대 초반에 직장을 구하기 위해 러시아로 이주하여 비슷한 이주 경력을 가진 러시아 국적의 아빠를 만나 결혼하였다. 러시아에서 태어나 8살 때 한국에 온 오레가는 자신이 러시아에서 와서 러시아 사람인지 알았는데 한국에 오니 한국 사람이라고 알려주는 한국 사람들을 만나게 되었다고 필자에게 말한다. 아마 고려인종합지원센터가 주관하는 고려인 강제 이주 관련한 다양한 행사에서 어느 한국 사람이 오레가에 이런 이야기를 해주었다는 추측이 된다. 오레가는 "자신은 반은 한국 사람이고 반은 러시아 사람인데, 러시아에 살았는데 한국으로 왔으니, 한국에서 많이 살았으니 그렇게 이야기해야 한다. 러시아말도 할 수 있고 한국어도 할 수 있으니까 더 그렇다."라고 주장한다.[80]

한국어가 유창한 오레가는 러시아어로 말할 수 있으나 쓰고 읽을 수가 없었다. 그러나 집에서 러시아어가 한국어보다 더 중요하다고 늘 말하는 할아버지(62)와 부모로부터 러시아어 쓰고 읽기를 배운 오레가는 "러시아어가 세상에서 제일 어려운 언어기에 러시아어를 잘해야 한다고 할아버지가 말했다. 한국말을 하니 러시아말을 잊게 돼서 다시 배웠다."라고 말한다.[81]

한국어가 상당히 유창하거나 한국어가 서투르지만 열심히 배워야 한다고 생각하는 고려인 아동들에게 한국어와 러시아어가 갖는 의미에 대해 필자가 질문하였다. 러시아어가 자신에게 어떤 의미를 갖는지 알기 위한 질문에 아동들은 "내가 아는 사람들과 소통할 수 있는 언어다.", "한국어와 러시아어 모두 중요한데, 러시아어는 나의 말이고 다른 고려인들과 이야기할 때 필요한 언어이며, 한국어는 한국에 계속 살아야 하니 한국 사람과 대화하는 데 필요한 말이다.", "내가 한국어를 잘해도 러시아어를 모르면 다른 애들과 놀 수가 없다. 다른 아이들이 한국말을 못 하니까.", "러시아말을 못 하면 우즈베키스탄에 있는 할머니와 전화할 수 없으니까요." 등의 대답을 하였다. 이들 아동에게 러시아어는 가족들과 대화할 수 있는 언어이고 더 나아가 광주에서 아는 사람들(고려인들)과 소통할 수 있는 언어이며, 본국에 남아 있는 가족과 친척들과 연결될 수 있는 언어이다. 한편 이들에게 한국어는 새로운 나라에서 살면서 한국 사람들과 대화하고 학교에서 공부하는 데에 필요해 배워야 하는 언어이다.

고려인 아동들은 한국어와 러시아어라는 두 언어의 중요성을 두고 팽팽한 긴장감을 느끼고 있는 듯하다. 한국어가 서투른 고려인 아동들 가운데는 학교 공부가 어렵게 느껴지고 한국 사람들과 대화를 하지 않기 위해 눈길을 회피하는 자신이 싫어 한국어를 잘하고 싶은 욕심도 있고 한국말을 잘하는 일부 고려인 아동을 부러워하는 아동들도 있다. 그러나 상대적으로 오랜 기간 한국에서 살았기 때문에 '한국 사람처럼' 한국어를 잘한다는 한국 사람들로부터 칭찬을 받는데, 러시아어를 읽고 쓰지 못하거나 맞지 않은 문법이나 단어를 사용해 러시아말을 하는 발료자(남, 13), 올가(여, 16)와 T(여, 16)처럼 한국에서 5~7년을 보낸 아동들에게는 그들 나름대로 러시아어에 대한 자신감 상실에 대한 고민도 있다. 이러한 고민은 발료자의 다음과 같은 말에서 읽힌다.

> 한국에 올 때는 러시아어를 잘했는데 지금은 잘 몰라요. 말은 하는데 쓰고 읽는 데 문제가 있어요. 그래서 걱정이어요. 만일 우즈베키스탄으로 돌아가야 한다면 러시아어를 못하면 어떻게 살 수 있어요. 걱정돼요.(발료자, 남, 13)

발료자는 한국학교에 다니면서 한국어 능력은 크게 향상되어 가지만 러시아어를 잊어버린 데에 대해 부모님도 걱정하고 있다고 말한다. "옛날에는 이런 걱정을 더 많이 했는데 부모님이 F-4비자를 받으시면서 이런 말을 자주 하지 않는다."라고 말하는 발표자의 이야기는 한국에 거주하는 고려인의 체류 불안전성과 비 소속감을 적나라하게 드러내고 있다.[82] 7년 전 광주고려인 가운데 가장 먼저 한국에 입국한 올가는 러시아어를 제대로 구사하지 못하는 것에 대해 불편함에 대해 다음과 같이 말한다.

> 8살에 왔으니 러시아어를 읽고 쓰는 데 어려움이 있어요. 부모님과 말을 할 때 부모님이 나의 러시아어 말하는 것이 틀리면 고쳐주셔요. 처음에는 월곡동에 고려인 아이들이 없어서 나는 한국어로 말할 수밖에 없었어요. 그래서 한국어는 빨리 배웠는데 러시아어를 점차 잃게 됐어요. 나는 어떤 날은 종일 러시아어를 쓰지 않는 날도 있어요. 학교에서도 쓰지 않고 같은 학교 다니는 고려인 '절친' 비카(여, 16)와도 한국어로 이야기할 때가 있어요. 이제는 러시아어를 사용하는 것이 헷갈릴 때가 많아요.(올가, 여, 16)

러시아어를 다른 고려인 아동들처럼 완벽하게 구사하지 못해 부모와 대화에 어려움이 다소 있더라도 올가는 후회하지는 않는다고 말한다. 어차피 한국에서 계속 살 계획이기 때문이다. 올가에게 러시아어는 영어처럼 외국어의 하나에 불과하다고 말한다. 비카(여, 16) 역시 한국어를 유창하게 할 수 있는데 친한 친구 올가와는 약간 다르게 생각한다. 비카는 자신도 한국에 살 계획인데 어차피 고려인인데 러시아어는 알고 있어야 한국의 고려인들과 교류할 수 있고, 우즈베키스탄에 있는 러시아인 외할머니와도 전화로 이야기할 수 있다고 말한다. 비카는 러시아어와 한국어를 모두 잘하여 두 언어의 통역사가 되고 싶다고 말한다. 러시아인 어머니를 두고 있는 비카의 엄마(42)는 앞으로 딸이 한국에 살려면 한국말을 잘해야 직장도 구하고 한국생활에 적응을 잘 할 수 있다고 말한다.[83]

한국인처럼 되고 싶은 올가와 같은 소수의 아동을 제외한 이 연구의 대부분 아동은 출신 국가를 불문하고 러시아어를 한국에 있는 고려인과 본국에 사는 고려인뿐만 아니라 다른 민족들과도 소통할 수 있는 중요한 언어이며 자신들의 모국어로 인식하고 있다. 한국어도 모국어 같은 느낌이 있다는 일부 아동도 있지만, 한국어는 이들에게 한국에 사는 데 필요해 배워야 하는 중요한 언어로 이해되고 있다.

한국에 사는 데 필요한 한국어에 자신이 없는 고려인 아동들은 같은 외모(같은 민족)와 자신들의 지배적 언어의 불일치에서 오는 난감한 상황을 일상에서 자주 경험하게 된다. 부모나 조부모 세대 중 한 사람이 한민족이 아닌 이유로 외모가 한국인과는 구분되는 소수의 아동을 제외하고 외모로는 고려인 아동들은 한국 아동과 같다. 그러나 이들이 입을 여는 순간 주변 한국인들은 이들을 주목하게 된다. 러시아어를 사용하는 자신들을 한국인들은 "너희들 어느 나라에서 왔니?"라는 질문을 하는데, 이방인 취급을 하는 이러한 질문에 모든 고려인 아동은 "기분이 나쁘다.", "너무 자주 이런 질문을 해서 대답하고 싶지 않다.", "쳐다보는 눈길이 짜증이 난다." 등의 매우 부정적인 반응을 보인다. 이러한 질문이나 눈길은 학교 안팎에서 일어난다. 급격히 늘어가는 고려인 초등학생 재학생들로 광산구 D초등학교와

H초등학교에는 쉬는 시간에 건물 복도와 교실 등에서 러시아말로 노는 고려인 아이들이 쉽게 목격되고 있다. 일부 고려인 아이들은 고려인 아동끼리만 어울릴 때 한국어가 늘지 않는다고 고려인 아이들끼리 몰려다니지 말라고 선생님으로부터 주의받은 적이 있다고 말한다. 또한 일부 한국 학생들이 이런 자신들의 모습을 좋지 않은 눈길로 바라보는 것이 싫다고도 말한다. 거의 모든 고려인 아동들이 월곡동에 살고 있어서 하굣길에 고려인 아동들이 삼삼오오 길을 걷는 것은 일상이지만, 러시아어로 '떠들고' 놀며 오다가 한국 학생들이 지나가면 말을 하지 않고 참으려 하는데 한국 학생들의 자신들을 바라보는 눈길이 따갑게 느껴지기 때문이다.

다샤(여, 13)는 학교 내에서 그리고 하굣길 외에도 인근 공원에서 놀 때도 이런 경험을 자주 한다며 다음과 같이 말한다.

> 나는 한국 사람들 지나가면 러시아말을 하지 않고 싶어요. 그런데 이러한 순간에 친구들이 러시아어로 말을 걸면 정말 싫어요. 공원에서 놀 때도 "너희들 누구니? 이런 아이들이 우리나라에 왜 왔지?"라고 이야기를 하는 한국 어른들을 만나면 그날 기분이 너무 좋지 않아요. 그런데 이런 경험을 부모님에게는 말하지 않아요. 어쩔 수 없는 상황이잖아요.(다샤, 여, 13)

다샤와 같은 경험은 학교 인근이나 공원뿐만 아니라 이들이 가끔 '아이 쇼핑'을 위해 진출하는 다양한 상가가 몰려있는 시내 중심가에서도 자주 한다. 러시아어로 이야기를 하고 걸어가면 "어디서 왔니?"라는 달리 생각하면 내국인의 처지에서는 아무렇지도 않은 이 질문하나에 고려인 아동들은 "이런 질문에 대꾸하고 싶지 않아요. 러시아어를 사용하는 것을 부끄럽게 생각해요. 아이들과 놀 때는 부끄럽지 않은데 밖에서 놀 때는 부끄러워져요."라는 생각을 하게 한다. 고려인 아동들이 러시아어를 사용하는 것에 한국인들이 주목하여 질문하는 바탕에는 한국 아이들처럼 생겼는데 이해할 수 없는 언어를 사용하는 데서 비롯된다. 이들 대부분은 다른 언어를 사용하는 아이들이 '고려인' 아이들인 것조차 모를 것으로 짐작된다. 고려인 아동에게 유사한 질문을 하는 상황은 동일 외모(민족)와 언어(이해 못 할 언어인 러시아어)의 조화가 맞지 않아 한국인들은 그들의 출신 '국가'를 물어보는 것으로 이해될 수 있다. 월곡동 내에서 러시아어를 사용하는 고려인 아동을 '이상한' 눈으로 바라보는 한국인은 많지 않다. 이미 월곡동에는 고려인을 비롯한 외국인 인구가 많이 살고 있기 때문이다. 그러나 월곡동을 벗어난 지역에서 고려인 아동들이 쉽게 입을 열기 곤란해하는 것은 한국말을 못 하는데 생긴 것이 똑같아서 한국 사람으로 오인해서 가까이 와서 길을 물어본다든지 하는 '말을 거는 것'을 두려워하는 것 때문이다.

광주 중심가에 친구와 놀러 갔다가 러시아어로 이야기하는 자신들을 향해 한국 어른이 다가와 "어디서 왔니?"라는 질문을 하는 것이 매우 낯설었다는 이리나(여, 16)는 이러한 상황을 두고 다음과 같이 말한다.

> 내가 온 우즈베키스탄에서는 다른 말을 한다고 해서 신기해하지 않아요. 한국에서 다른 말을 한다고 해서 다가와서 물어보는 것이 더 신

기해요. 아마도 얼굴은 똑같은데 다른 말을 하니 그런 것 같아요. 주로 어른들, 특히 아주머니들이 많이 물어보는데, 귀찮아서 이제는 한국 사람들 앞에서 의도적으로 말을 하지 않으려고 해요.(이리나, 여, 16)

다양한 민족들이 사는 중앙아시아 국가들과 러시아 출신 고려인 아동들에게는 다른 언어를 사용한다는 것 때문에 한국처럼 다르게 보는 것이 오히려 이상하게 생각될 수도 있다. 그러나 고려인 아동들과 언어와 민족과 국가 등에 관해 대화를 더 진전하다 보면 이미 이들 가운데 상당수가 본국 생활에서 러시아어라는 소비에트 시절의 지배적 언어를 사용하더라도 주류 민족 아동으로부터 '이방인' 취급을 당한 경험을 피할 수는 없었음을 알 수 있다. 우즈베키스탄에서 4학년 때인 12살 때 동년배 아동들로부터 '이방인' 취급을 당했던 막심(남, 16)은 자신의 경험을 다음과 같이 말하고 있다.

우즈베키스탄 살 때 다른 나라 사람이라는 느낌을 받은 적이 많아요. 욕처럼 말하는 '까레이스키'라고 부른다거나 우즈베크 언어로 '갸르스'라고 놀리며 불러요. 길 가다가 이유 없이 '갸르스'라고 부를 때도 있어요. 우즈베크 사람들과 얼굴이 많이 틀려요. 그들 눈은 크고 둥글거든요. 이런 말을 어릴 때도 듣고 클 때도 들었어요. 한국에 오니 이렇게 놀리는 사람은 없어요.(막심, 남, 16)

막심처럼 본국에서 지나가면서 양 손가락을 'V'자 모양으로 만들어 고려인의 '위로 치켜 올라간 작은 눈'을 놀리는 본국의 주류 아동들, 예컨대 우즈베키스탄의 우즈베크 아동들과 러시아의 러시아 아동들이 적지 않았음을 고려인 아동들의 이야기를 통해 알 수 있다. 이런 이방인 취급을 당한 후 막심은 자신이 고려인이라는 생각을 점차 하게 되었다고 말한다. 한국에서는 외모로 인한 차별 경험은 당한 적이 없으나 여전히 러시아어 사용으로 인한 한국인의 낯선 시선을 느끼고 살아간다고 그는 말한다. 이런 경험했던 막심에게 필자는 막심의 국가와 민족과 언어를 연결한 질문을 하자 그는 다음과 같이 대답한다.

> 나는 한국인도 아닌 고려인이잖아요. 한국말보다 러시아말을 잘하는 고려인이잖아요. 우린 다른 나라에서 살았으니 한국인과는 달라요. 우즈베키스탄에서 태어나고 오래 살았으니 내 나라는 우즈베키스탄이고 살고 싶은 나라는 여기(한국)예요.(막심, 남, 16)

막심의 이러한 경험에 대한 진술은 자신을 민족이 같아 외모는 같지만, 러시아어를 사용하고 다른 나라에서 태어나 오랫동안 생활한 '고려인'으로 규정하고 자신과 한국인과는 같지 않다는 점을 이야기해주고 있다. 카자흐스탄 출신 초등학교 저학년으로 한국어가 유창한 나탈리아(여, 11)는 자신을 비교하는 맥락에 따라 한국인과 일치시켰다가 또 한국인과 고려인은 다르다는 점에 대해 다름과 같이 필자와 대화를 하였다.

> 필자: 어디에서 왔고 너는 누구니?
> 나탈리아: 나는 고려인이에요. 카자흐스탄에서 온 고려인이에요. 고려인은 한국인과 같아요. 그런데 카작 사람들과 고려인은 달라요.

필자: 카자흐스탄은 어떤 나라야?

나탈리아: 카자흐스탄도 예쁜데 한국 나라가 더 예뻐요. 한국은 더 아름답고 건물이 새것처럼 보여요.

필자: 카작 사람과 한국인은 어떻게 차이가 있어?

나탈리아: 카자흐스탄에도 예쁜 사람이 많아요. 그런데 한국인은 피부색이 너무나 하얀색이어요.

비비크림을 너무 많이 발라요. 눈도 작고 보석도 많이 하고 다녀요.

필자: 한국 사람과 고려인과는 차이가 있니?

나탈리아: 비슷하잖아요. 거의 차이가 없어요. 그런데 고려인도 화장하는데 한국 사람처럼 많이 하지 않아요. 한국 사람들은 머리 염색을 많이 해요. 우리나라는 할머니들만 하얀 머리 감추려고 하는데 한국은 어린 사람도 염색해요.

필자: 고려인과 한국인의 생긴 것은 비슷한데, 가장 큰 차이는 무엇이야?

나탈리아: 말하는 것이에요. 고려인은 '우리나라' 말, 러시아말 하잖아요.

나탈리아는 카작 사람과 고려인인 외모가 다르지만, 한국인과는 비슷하다고 느끼고 있지만, 고려인과 한국인의 외모는 비슷한데 외모 치장 방식과 언어 다시 말해 문화적 차이 때문에 다르게 이해하고 있음을 알 수 있다. 나탈리아의 대화에서 '우리나라'라는 표현을 고려인 아동이 사용하는 경우들, 예컨대 '우리나라 사람', '우리나라 말'이라는 표현은 특정 국가 예컨대 카자흐스탄과 우즈베키스탄 등을 지칭하기도 하지만 대부분은 '러시아어를 사용하는 사람', '러시아어'를 의미한다.

고려인 아동이 자신이 누구인지를 의식하는 것은 해당 아동의 한국 생활 기간과 나이 등에 따라 다소 다양하게 드러날 수 있다. 그러나 고려인에 관련된 언어, 민족, 국가 등의 변수 간의 조합, 고려인의 입출국을 규제하는 제도들, 제도들에 규제를 받는 고려인의 일상적 삶 등 많은 요인은 본국과 지속해서 연결성을 유지할 수 있게 하는 초국적 상황에 놓여 있다는 복합적인 현실 때문에, 고려인 아동이 자신이 누구인지를 규정하기란 쉽지 않아 보일 뿐 아니라 이러한 정체성도 매우 역동적일 수밖에 없을 것으로 생각한다.

한국에서 살아갈 고려인 아동들

고려인 이주 아동은 일정 기간 가족 분거의 경험을 했으며, 한국 이주 후에는 가정·학교·일상생활을 중심으로 새로운 사회·문화적 환경에 적응해야 한다. 이 연구의 주요 대상은 본국에서 출생한 후 학교 교육을 받기 시작해 한국 이주 후에도 학교 교육을 받는 성인기 이전의 1.5세대 이주 아동들이었으며, 이들은 본국과 한국이라는 다른 두 개의 사회·문화적 환경 간의 '전이 과정'을 가정과 학교 및 일상생활의 맥락에서 경험하고 있다.

대부분의 고려인 이주 아동들은 부모와의 분거 및 자신의 한국으로의 이주 결정을 두고 부모와의 직접적인 협상과 타협의 대상으로 인정받지 못한 것으로 보인다. 그러나 이주 아동들은 부모의 이주와 이로 인한 분거 생활 및 자신의 이주를 두고 슬픔, 실망, 주저함 등의 다양한 정서적 표현을 직·간접적으로 드러냄으로써 자신들의 행위성을 드러내고자 한 것으로 보인다. 특히 자신의 한국 이주를 앞두고 한국에 대한 사전 방문, 한국어 공부, 한국과 광주광역시에 대한 정보 수집 등의 적극적인 태도로 자신의 이주를 능동적으로 준비한 일부 아동들도 있으며, 이러한 일련의 행위들은 자신의 이주 과정에서 아동들이 주체적인 행위자 역할을 보여준 사례들로 이해될 수 있다.

고려인 마을에 정착한 아동들은 가정, 학교, 아동센터, 놀이 공간 등에서 새롭게 변화된 가족 구성원의 역할과 사회적 관계를 형성하고 있다. 일부 고려인 아동은 가족 구성원의 변화, 가족 해체의 위기, 부모의 사회적 지위의 추락 현실 등에 직면해야 한다. 또한 대부분의 고려인 아동들은 생존언어로서의 한국어 습득과 예기치 못한 귀국에 대비하거나 본국과의 초국적 관계 유지에 필수적인 모국어 러시아어 보존이라는 상충하는 언어의 필요성에 놓여 있다. 사실 아동들은 이러한 변화와 딜레마를 포함한 역동적인 다양한 상황들과 함께 현지 한국 생활에 적응해야 할 당사자들이다. 이와 동시에 이주 1.5세대에 해당하는 고려인 아동들은 본국에 대한 애착심이나 동경이 대체로 강하게 유지되고 있으므로, 부모 세대와 마찬가지로 본국의 가족과 친척 및 친구와의 국제전화·화상통화·SNS 활동을 통한 상호 정서적 지지와 본국 방문 등의 초국적 실천을 토대로 초국적 관계를 유지하고 있다.

광주광역시 월곡동의 고려인 아동들은 가정, 학교, 아동센터, 놀이 공간 등을 중심으로 월곡동(고려인 마을)이라는 반복되는 일상을 통해 현지 공간을 친숙한 장소로 전환하는 적극적인 정착 생활을 하면서, 다른 한편으로는 다양한 초국적 실천을 통해 본국과의 초국적 관계를 유지하는 '초국적 이주자'에 해당한다. 특히 이들은 정보통신기술을 토대로 하는 SNS를 부모 세대보다 훨씬 익숙하게 사용하기에 다양한 SNS 플랫폼을 통해 구소련권 국가들에 흩어져 있는 가족과 친척 및 친구와의 초국적 네트워크를 탄탄하게 유지하고 있다. 한국과 우즈베키스탄 등 본국 간에 '끼어 있는'in-between 삶을 영위하는 고려인 아동들이 이러한 초국적 관계를 유지하는 것은 이들이 한국 정착 생활에서 경험하는 체류자격의 불안정성, 언어 딜레마, 이주자로서의 자신의 불투명한 미래 삶의 현실 등에 대응하는 효과적인 전략의 하나로 기여하고 있는 것으로 보인다. 한국에서 고려인 아동의 정착 생활에서 차지하는 초국적 관계 유지의 중요성이 지속되면서 고려인 이주 아동의 초국적 정체성 또한 강하게 유지될 것으로 전망된다.

7장

고려인 초국적 가족의 일생 의례, ‘돌잔치’ 중심으로

고려인 일생 의례와 돌봄 문화

고려인 초국적 가족 구성원이 이민자로서 아직은 한국에서 확고한 자리를 잡지 못하고, 또한 가족 구성원의 일부가 구소련권 국가들에 흩어져 있지만, 자신들의 '가족다움'과 가족의 결속이 여전함을 스스로와 고려인공동체에 명확히 표명할 수 있는 것은 일생 의례, 다시 말해 돌·결혼·환갑·장례를 통해서이다. 고려인의 일생 의례는 국제이주자의 처지에서 공통의 기원을 지닌 가족관계와 네트워크를 확실하게 보여주는 영역이다. 러시아 연해주에서 중앙아시아로 강제 이주 후 약 60년의 소련 시절을 지내고, 1991년 이후 독립 국가가 된 나라에서 새로운 정치 체제에서 살아야 했던 일련의 정치적 격변기를 경험한 고려인에게 믿고 의지할 수 있는 대상은 국가가 아닌 오직 가족뿐이었으며, 이들을 지금까지 강하게 살아갈 수 있게 한 것도 가족이었다. 사회주의 이념과 주변의 다양한 민족의 문화적 영향을 받았지만, 지금까지 고려인의 가족 응집력을 구체화 시켜준 것은 돌·결혼·환갑·장례의 일생 의례였다. 사실 가족 구성원의 '세대 간 호혜적 관계'의 성격이 가장 선명하게 드러나는 것도 일생 의례에서다. 따라서 고려인 초국적 가족에게 현재까지 강하게 유지되고 있는 일생 의례는 기념과 축하를 위한 '의례화된 행사' 그 이상의 의미가 있다. 필자는 우즈베키스탄이나 카자흐스탄에 남아 있는 부모 환갑 준비 재원을 마련하기 위해 한국에서 노동하는 성인 자녀, 자녀들과 함께 살고 싶어 한국에 오고 싶지만, 남편의 3년 제사가 끝나지 않아 한국행을 미루고 있는 우즈베키스탄의 노모, 카자흐스탄 가족원의 결혼식에 참가하기 위해 직장에서 장기 휴가를 받는 등 경제적 큰 손실을 감내하는 고려인 초국적 가족원을 '고려인 마을'에서 어렵지 않게 만날 수 있었다.

7장에서 언급하는 고려인의 일생 의례 가운데 돌 의례는 고려인 마을의 우즈베키스탄 고려인 가족에 대한 것이다. 돌과 같은 일생 의례 당사자인 고려인 가족 역시 1990년대 초 소련 해체 후 러시아 일대와 한국으로 생존을 위해 여기저기로 국제 이주를 했던 사람들이다. 이들은 우즈베키스탄을 비롯한 구소련권 지역의 가족들과 전화나 SNS를 이용해 서로 연락하고 가족원의 일생 의례에서는 직접 가거나 아니면 송금이나 선물을 보내면서 일상적으로 초국적으로 상호 연결을 하며 살았다. 이 연구는 광주광역시 고려인 마을에서 돌 의례를 하는 당사자 가족의 국제 이주와 정착 과정에 대해 먼저 살펴볼 것이다. 다음으로 필자는 돌 의례에 등장하는 음식과 복식 및 음악 등의 문화적 요소, 의례 내용과 절차의 구조적 지속과 변화, 의례에 동원된 가족의 인적·물질적 자원과 조직 등에 관한 자료를 분석하고자 한다. 이 장의 구체적인 목적은 고려인 돌 의례가 실제로나 상징적으로 고려인 이주자 가족과 고려인공동체에 말하고자 하는 '가족다움'과 가족의 결속이 어떻게 표명되는가를 규명하는 것이다. 또한 돌 의례 같은 일생 의례의 문화적 실천이 고려인 이주자가 한국과 광주광역시의 '고려인 마을'을 살만한 곳으로 느끼게 하는 '장소 만들기'place-making 경험을 분석하는 데에도 필자의 관심이 있다.

이 연구가 돌 의례를 연구대상으로 삼은 것은 돌 의례가 '고려인 마을' 내에서 가장 빈번히 수행되는 일생 의례기 때문이다. 가족의 형편에 따라 일정을 조정할 수 있는 환갑이나 결혼과는 달리, 돌 의례는 아이의 출생 날짜가 정해져 있고 태어난 후 첫 번째로 맞는 축하 의례이기 때문에 가족들이 대체로 출생한 제날짜에 돌잔치를 해주고자 한다. 사실 환갑도 60세 되는 날짜가 있지만, 사망한 가족원의 3년 상이 끝나지 않았거나 병환 중에 있는 가족원이 있거나, 또는 환갑에 필요한 재원이 마련되지 않았을 경우 환갑잔치가 늦춰지는 사례가 고려인 사회에서는 매우 흔하다. 최근 들어 광주에서 결혼하는 고려인이 점차 늘고 있어 돌 의례가 더 자주 행해지는 편이다.

실제 최근 몇 년 사이에 고려인 광주광역시에서 출생하는 고려인 아동들이 늘어감에 따라 고려인 마을에서의 돌 의례도 매우 자주 수행되고 있다. 고려인 아동의 광주광역시에서 출산 사례의 증가는 출산 가능 젊은 세대 고려인 이주자의 증가와 고려인 가족의 한국 의료기술의 탁월함에 대한 신뢰 때문이다. 또한 고려인 마을의 고려인종합지원센터와 광주광역시의 일부 산부인과 전문병원 간에 의료지원 양해각서에 따라 저렴한 비용으로 아이를 출산할 수 있으며, 출산과 양육을 지원해 줄 고려인 노년 세대의 국내 출입국이 자유로워지면서 한국에서 출산을 선호하는 고려인 산모가 증가하고 있다. 광주광역시에서 신생아를 출산하는 고려인 젊은 세대가 늘어남에 따라 고려인 마을에서 돌잔치를 목격하는 것은 이제 어렵지 않다. 출산 과정과 신생아를 비롯한 손자녀를 돌보는 '조부모 노릇'을 위해 고려인 마을을 방문하거나 체류하는 노년층이 늘고 있는 것도 광주에서 출산하는 젊은 세대의 고려인 가구의 증가와도 관련이 된다.

고려인 마을의 고려인 인구의 증가에 따라 이들을 상대하는 고려인식당의 수도 늘고 있다. 특히 돌잔치를 비롯한 일생 의례의 장소로 고려인식당이 자주 이용된다. 주말이면 이 연구의 돌 의례 주인공인 김올가[84] 돌잔치가 열렸던 'K 카페'처럼 큰 규모의 고려인식당에서 수행되는 돌잔치에는 고려식·러시아식·중앙아시아식·한국식의 다양한 음식이 제공된다. 일생 의례 잔치에는 러시아와 우즈베키스탄 노래를 부르는 전문 가수와 일련의 구조를 가진 잔치를 진행하는 전문 사회자도 동원된다. K 카페 벽면에는 의례에 직접 참여하지 못하는 해외 가족원과의 영상 통화를 통해 축하 메시지가 오고 갈 수 있도록 대형 모니터가 설비되어 있다. 최근 들어 돌잡이는 집에서 하고 돌잔치를 광주 시내의 돌잔치 전문 업체에서 하는 부부가 있지만, 돌 의례의 내용과 구조 전반에는 변화가 거의 없다. 전문 업체 한국 직원이 아이와 가족 소개 및 케이크 자르기 등 약 20분 동안의 행사 진행이 있으나, 이후 행사는 고려인 전문 사회자에 의해 김올가 돌잔치와 거의 유사한 내용으로 진행된다. 다만 고려인식당과는 달리 전문 업체에서 하객에게 제공되는 음식은 한국 결혼식에서 차려진 것과 동일한 메뉴의 한국식 음식만이 제공된다는 차이가 있다.

돌 의례를 포함한 일생 의례는 가족 수준의 의례기 때문에 의례 수행 일정을 파악하고 해당 의례에 참여하기 위해, 연구자와 일생 의례 수행 가족과의 개인적인 친밀성이 기본적으로 요구된다. 이 연구의 돌 의례 주인공인 김올가의 돌 의례 수행 일정을 사전에 파악하고 의례 절차에 따른 행사를 참여관찰하고 심층 인터뷰를 할 수 있었던 것은 필자의 김올가 부모와 조부모와의 친밀성이 토대가 되었다. 필자는 2018년 2월의 김올가 돌 의례를 연구하기 위해 돌 의례 전후로 김올가 부모와 조부모 세대와 인터뷰를 했으며, 돌 의례 당일에 참여한 가족과 친척들과도 인터뷰하였다. 돌 의례 이후에도 11월~12월의 광주 가족과의 추가 인터뷰를 수행했다. 추가 인터뷰를 통해 돌잔치에 대한 기억들과 가족의 한국에서의 계획 등에 관한 이야기를 들을 수 있었다. 돌 의례 당일에는 이른 아침부터 늦은 밤까지 진행된 '돌잡이'부터 '돌잔치' 전반에 대해 참여관찰을 하였다. 한편 필자는 우즈베키스탄 현지에서 수행되는 돌 의례의 절차와 내용과 광주광역시의 김올가 돌 의례를 비교하기 위해 우즈베키스탄 현지의 돌 의례 관련 자료를 분석했다. 이들 자료에는 필자가 우즈베키스탄 타슈켄트 현지에서 2015년에 2건 그리고 2018년 1건의 고려인 돌 의례에 대한 참여관찰 기록, 고려인 마을 내 일부 고려인이 소장한 우즈베키스탄에서 2000년대 이후 촬영한 가족의 돌 의례 관련 DVD들이 해당한다.[85]

고려인의 일생 의례에 관한 기존 연구는 국내가 아닌 구소련권에 거주하는 고려인들을 대상으로 수행되었다. 일찍이 국립민속박물관(1999, 2000)은 우즈베키스탄과 카자흐스탄 한인 동포에 대한 생활문화에 대해 현지 조사를 수행한 바 있는데, 이 조사 내에 일생 의례에 대한 현지 조사도 포함되었다. 최근 들어 김병학(2013)의 카자흐스탄 고려인 일생 의례 연구와 김엘레나(2014)의 우즈베키스탄 고려인 일생 의례 연구가 수행되었는데, 이들은 일생 의례 절차를 자세히 소개하고 있다. 강정원의 연구(2017, 2018)는 중앙아시아로의 고려인 강제 이주라는 급격한 변화 속에서 민속문화의 유지와 생성에 관한 성격을 언급하고 있다. 강정원과 동료 연구자들은 중앙아시아 우즈베키스탄과 카자흐스탄 및 키르기스스탄 고려인에 대한 현지 조사를 통해 전통 생활문화 관련 단행본들을 출판했다. 이들 연구물은 일생 의례에 관한 현지 고려인과의 인터뷰 내용을 토대로 의례 내용과 절차와 의미 등을 분석하였다. 이들 기존 연구들은 중앙아시아의 고려인의 일생 의례를 자세히 조사하여 기초 자료를 축적하고, 고려인의 일생 의례 변화와 지속에 대해 분석을 하였다는 점에서 후속 연구자들에게 적지 않은 도움을 주고 있다.

국내에서 수행된 고려인 일생 의례에 관한 연구는 아직 없다. 필자는 우즈베키스탄과 카자흐스탄 고려인의 돌 의례뿐만 아니라, 2018~2019년 사이에 2건의 환갑 의례를 우즈베키스탄 타슈켄트에서 참여 관찰하였다. 이를 통해 카자흐스탄과 우즈베키스탄 두 국가의 고려인 일생 의례의 구조와 의례용 음식 및 음악 등도 거의 유사함을 발견했다. 이에 관해서는 김병학(2013)의 연구도 이를 지지한다. 이런 유사함은 중앙아시아 고려인들이 강제 이주 세대들의 동일 후손들로서 스탈린 사망 후 고려인에게 거주 이전의 자유가 보장되기 시작한 1950년대 중반 이후, 혼인과 학업 및 구직을 위한 구소련권 국가 간의 고려인 이주가 자유롭고 활발하게 진행되었기 때문으로 생각된다.

본 연구는 중앙아시아 현지에서 수행된 고려인 일생 의례 연구를 토대로 국내 고려인 일생 의례, 구체적으로 돌 의례를 중심으로 의례의 지속과 변화에 관심이 있다. 이 연구는 구소련 붕괴 후 여러 국가로 이산된 후 한국으로 이주한 고려인 초국적 가족을 대상으로, "이들 가족은 어떻게 돌 의례를 수행하는가?", "돌 의례가 가족들에게 이야기해주고 있는 것은 무엇인가?", "돌과 같은 일생 의례가 불안정한 잠정적 이주자인 고려인에게 무엇을 이야기하고 있는가?" 등에 주요 관심이 있어서, 중앙아시아 현지 고려인을 대상으로 의례 절차와 내용에 주로 관심이 있었던 기존 연구들과는 구분된다고 생각한다.

고려인 돌 의례의 변화와 지속성

돌과 환갑은 결혼과 장례 의례와는 달리 우즈베키스탄과 카자흐스탄 등 중앙아시아 사회에서 오직 고려인만 행하는 독특한 일생 의례에 속한다. 고려인들이 구소련권 국가들에 이산되어 있지만, 이들이 행하는 일생 의례 대부분은 비교적 통일된 편이다. 중앙아시아 고려인의 돌 의례 역시 일정 부분 통일된 구조로 진행된다. 필자는 우즈베키스탄 고려인의 한국으로의 이주와 정착 이후, 고려인이 국내에서 수행하는 돌 의례에 동원되는 음식과 음악 등의 다양한 요소와 의례 구조의 특성을 토대로 돌 의례의 변화와 지속성을 살펴볼 것이다.

우즈베키스탄에서의 돌 의례[86]

우즈베키스탄에서의 전통적인 돌 의례는 돌잡이와 돌잔치로 크게 나누어지는데, 돌잡이는 오전 중에 치러지고 곧바로 돌잔치가 이어져 돌에 초대된 사람들에 대한 음식 대접이 오전부터 저녁 시간까지 진행되는 구조이다. 그러나 소련 붕괴 이후 약 2000년 전후로 돌잡이는 오전 중에 가족들과 치러지고, 오후 6시 이후에 잔치 전문점과 카페 또는 레스토랑에서 별도의 돌잔치가 진행되는 구조로 변화되고 있다. 아이의 미래를 주술적으로 설명해내기 위한 가족의 바람과 즐

거운 분위기 속에서, 돌잡이 상에 의례 소품들인 책과 공책, 연필과 볼펜, 실과 가위 등이 준비된다. 참석한 가족과 친지들은 돌잡이 도중에 돌상에 주로 미국 달러 지폐를[87] 쏟아내고 아이에게 돈을 잡도록 유도하는 경우가 빈번하다. 아이가 집는 의례 소품에 따라 장수, 부 축적, 학문적 성공 등 아이의 미래에 긍정적 의미가 부여된다. 또한, 하얀 찰떡 덩어리가 담긴 세 개의 사발과 쌀과 붉은 콩이 담긴 각각 한 개의 사발이 돌상에 놓이며, 붉은 콩은 벽사辟邪의 의미를 그리고 가득 담긴 하얀 찰떡은 풍족함을 의미한다고 하는데, 이에 대한 해석은 가족마다 다양하다.

돌잡이 이후 돌잔치에 참석한 가족과 친지들을 포함해 모든 이에게 음식이 제공된다. 최근 저녁에 전문 업체나 카페 등에서 열리는 잔치에 참여한 하객들에게 음식이 제공되는데, 우즈베키스탄 수도인 타슈켄트의 경우 전문 업체의 장소와 시설에 따라 가격이 다양하다.

그림 1. 타슈켄트 '삼양' 잔치 전문 업체 돌잔치 음식(2015년 필자 촬영)

그러나 많은 고려인이 거주하는 쿠일룩 시장[88]과 가까운 '삼양'Samyang과 '미소Miso' 이름의 전문 업체에서 돌잔치를 진행한다. 이들 업체는 직접 사회자와 가무단을 운영하는데 돌잔치 주인공 가족이 외부에서 전문 진행자와 가무단을 직접 부르는 경우도 적지 않다.

초대하는 손님 규모와 돌을 축하하기 위한 부대 행사의 정교함 등에서 차이가 있지만, 돌잔치 진행 흐름에는 일정한 유형이 있다. 돌잔치의 진행 내용은 일반적으로 다음과 같다: 가무단의 춤과 팡파르의 환영을 받으며 돌을 맞은 주인공 아이와 부모의 입장과 이들이 돌잔치 상에 자리함-돌잔치 시작을 알리는 전문 사회자의 축하 발언과 주인공과 그 가족들에 대한 소개-가족과 친지들의 주인공 아이에 대한 덕담 건네기(한꺼번에 하지 않고 중간중간 축하 노래와 춤 공연 다음에 진행됨)-돌잔치의 흥을 돋우기 위해 주인공 아이의 자세한 정보에 대한 퀴즈와 전문 서커스 단원에 의한 공연 및 게임 진행-참가자들의 열정적 춤 무대(춤은 돌잔치 사이사이에 진행됨).

돌잔치 참석자들의 복장은 일반 의상이나 파티 의상이며, 돌잔치 주인공 아이는 최근에는 한복차림이 대세지만 정장과 나비넥타이(남아)와 드레스와 머리리본(여아)을 한 아이도 적지 않다. 아이 부모는 일반적으로 파티 의상으로 입장하지만, 한복 차림을 하는 때도 있다. 돌잔치 진행에서 사용되는 언어는 예외 없이 러시아어이며, 사회자는 고려인·러시아인·우즈베크인 등 민족과 관계없는 전문 사회자이다. 러시아로 돌잔치가 진행되나 가끔 조부모 세대는 아이에게 덕담 몇 마디를 '고려말'로 건네지만, 전체적으로는 러시아어로 덕담을 한다.

잔치에 동원되는 가무단은 대체로 하얀색 또는 색동 한삼을 손목에 착용하고 추는 화관무, 부채춤, 사물놀이, 북춤 등을 공연함으로써 잔치를 화려하게 만들고, 현지의 일부 돌잔치 가무단은 어린이의 군무, 최근 들어 K-Pop에 맞춰 춤추는 어린이의 군무도 공연한다. 돌잔치에 동원된 전문 가수들은 주로 러시아와 우즈베키스탄 노래를 부르나 최근 한국과의 접촉이 늘면서 '만남' 등의 한국 대중가요도 부른다. 또한, 가족과 친지들의 돌잔치 주인공과 그 부모에 대한 덕담을 위해 무대로 나올 때, '닐니리야', '뱃놀이', '봄이 왔네', '강원도 아리랑' 등의 우리말 전통 민요가 배경음악으로 사용된다.

돌잔치에 참석한 가족과 친척 및 친구 등 하객들이 덕담한 후[89] 전문 가수의 노래에 맞춰 또는 자동 연주 기계의 음악에 맞춰 무대 중앙에 나와 흥겹게 춤을 춘다. 이들은 남녀노소를 구분하지 않고 자연스럽게 춤을 추는데 이러한 춤추기는 돌잔치 외에도 결혼과 환갑잔치에서도 마찬가지이다. 춤추기는 대체로 늦은 밤까지 진행되어 자정을 넘기는 때도 드물지 않다. 고려인들이 남녀노소 구분하지 않고 자연스럽게 춤을 추는 것은 오랫동안의 소비에트 문화의 영향을 받아 온 결과로 짐작된다.

돌잔치에 제공된 음식은 결혼이나 환갑 등에서 준비된 음식과 큰 차이가 없다. 주인공 돌잔치 상에는 각종 음료와 과일, 가주리(과줄),[90] 초콜릿, 케이크, 손님상에 차려진 잔치 음식 한 세트가 놓여 있다. 손님상에 차려진 잔치 음식은 가주리, 찰떡, 증편, 베고자(큰만두), '고기 모둠', 고사리채·당근채·가지채 등 '채'라고 불리는 다양한 채소 무침, 질구미(콩나물무침), 물고기 회무침, 샐러드 세트, 과일 등이다. 여기서 돌잔치를 비롯한 환갑과 결혼 의례에 거의 항상 준비되는 음식으로 찰떡, 증편, 베고자 등이 있으며, 최근 한국과의 교류가 활발해지면서 잡채, 김밥, 순대 등도 준비되는 때도 있다. 모든 의례 잔치에는 가주리(과줄)라는 전통 한과나 산자가 놓이는데 돌잔치상에도 준비되는 경우가 일반적이다.

김올가 돌 의례

광주광역시 월곡2동에서 거행된 고려인 돌 의례는 돌 당일 오전의 '돌잡이'와 저녁에 진행되는 '돌잔치'로 크게 나뉜다.[91] 김올가의 돌 의례의 경우, 당일 아침 9시 무렵에 엄마 정스벳다(35)가 올가를 목욕시켰다. 그리고 이웃 사는 시누이 김율리아(28)와 2명의 동서와 함께 아파트 거실 창가 쪽 정면에 러시아어로 주인공 이름인 '올가'가 적혀 있고, 그 아래에 영어로 'Happy Birthday' 글이 적혀 있는 플래카드를 부착했다. 이들 여성은 돌 의례에 참여하는 가족들에게 제공할 다양한 고려인 음식을 김올가 엄마와 함께 준비하였다. 오전 10시 45분경에 플래카드가 부착된 앞쪽으로 돌잡이 상이 준비되었는데, 아기가 서서 상위에 놓인 물건들을 쉽게 잡을 수 있는 높이의 교자상이었다. 상 위에는 하얀 찰떡이 가득 담긴 세 개의 사발이 나란히 놓여 있고, 다음 줄에 붉은 콩 한 사발과 하얀 쌀 한 사발이 놓여 있다. 그리고 아이가 잡기 좋을 만큼의 거리에 연필과 볼펜, 실, 가위, 책 등이 놓였다.

오전 11시경에 돌잡이가 시작되었는데 한복으로 갈아입은 올가를 안고 엄마 정스벳다와 아빠 김블라디미르(39)가 돌상에 자리하고 앉았는데 이때 아기를 정 중앙에 앉히고 양편으로 부모가 앉았다. 아빠와 엄마의 복장은 한복이 아닌 일반 옷이었다. 김올가가 먼저 실을 잡는 사이에 친할아버지, 외할아버지, 외할머니, 작은아버지들 등 가족과 친척들이 돌상으로 몰려가 5만 원권 지폐를 상위에 쏟아 부었다. 부모와 참석한 친척들은 아기를 얼리며 다양한 물건들을 잡도록 유도하며, 특히 돈을 잡도록 아이 앞으로 돈을 모아주는 일을 하였다. 아이가 잡는 모든 물건에 의미를 부여하는데, 책을 잡으면 공부를 잘할 것으로, 실을 잡으면 장수할 것으로, 돈을 잡으면 부유하게 살 것으로 참여자들이 말하였다. 10여 분 동안의 돌잡이를 한 후 아이 엄마가 채로 돈을 쓸어서 담음으로써 돌잡이 행사는 마감한다. 다음으로 참여 가족들이 아이와 함께 기념사진을 촬영하였다. 먼저 아이 부모가 찍고 다음으로 아이의 언니(14)와 오빠(12)가 부모와 함께, 다음으로 참여한 가족들이 차례로 주인공과 사진 촬영을 하였다.

돌잡이가 종료되자마자 거실에 상차림이 시작되었다. 돌상 크기의 세 개의 교자상을 이어붙인 상위에 각종 반찬과 식사가 준비되었다.

그림 2. 고려인 마을의 김올가 '돌잡이 상' (필자 촬영)

외채(오이채)·고사리채·시금치채 등의 채소 무침과 잡채, 한국식 김치, 햄과 치즈 그리고 돼지 수육과 닭고기가 가득 담긴 '고기 모둠', 돼지고기 볶음이 상위에 놓였다. 이들이 선호하는 햄과 치즈 등은 '고려인 마을' 내 러시아 식품을 파는 상점에서 구매하였다. 또한, 콜라, 포도주, 보드카 등의 음료가 준비되었다. 우즈베키스탄 돌잔치 상에 빠지지 않는 찰떡, 증편, 베고자(큰 크기의 만두)는 준비되지 않았다. 상차림 음식의 대부분은 아이의 외할머니 정라셀(62)의 조언에 따라 아기 엄마 정스벳다와 그녀의 동서와 시누이가 준비하였다. 음식을 먹기 전에 모두 보드카 등의 음료로 잔을 채우고 김올가의 돌을 축하하는 덕담을 돌아가면서 하였다.

우선 주인공의 조부모 세대의 발언이 시작되었는데, 친할아버지 김표트르(70), 외할아버지 박그레고리(66), 외할머니 정라셀 그리고 외할머니 남동생 정드미트리(58), 정라셀의 사망한 전 남편 남동생의 김콘스탄틴(61)의 순으로 김올가의 건강과 밝은 미래를 위한 덕담 한 마디씩이 이어졌다. 덕담 사이사이에 몇 차례 음료를 마시고 대화가 진행된 뒤, 다음으로 김올가의 부모 세대의 덕담이 진행되어 주인공의 작은아버지들이 김올가의 건강과 행복을 위한 덕담을 했다. 아침 잔칫상의 마지막 메뉴는 시락장물(시래기된장국)과 밥이 나왔다. 대개 고려인잔치의 마지막 식사는 '시락장물과 밥' 또는 '국시'가 제공된다. 오전에 진행되는 돌잡이와 아침 잔칫상은 정오나 오후 1시경에 종료한다. 오전 돌잡이와 이후 식사 자리에는 주인공 부부와 외할아버지 부부, 친할아버지, 주인공 아버지인 김블라디미르, 그의 남동생들 부부와 여동생 부부 및 창원과 안산에서 온 가족들이 참여했다.

그림 3. 고려인 식당의 올가 돌잔치상 (필자 촬영)

돌잡이 당일 저녁 7시부터 광주광역시 광산구 월곡 2동 소재 고려인 식당 'K 카페'에서 고려인 김올가 돌잔치가 초대된 하객들과 함께 거행되었다. 행사장인 K 카페의 맨 안쪽 벽면 앞에 주인공이 받을 돌잔치 큰상이 준비되어 있다. 돌잔치 큰상 위에 3단 대형 케이크, 초콜릿 상자, 샐러드와 몇 가지의 채소 무침, 닭고기와 돼지고기 및 햄과 치즈로 된 '모둠 고기', 오이 피클, 우즈베키스탄 빵, 가주리(과줄), 바나나와 귤 및 포도, 탄산음료와 주스, 보드카와 포도주 및 코냑 등의 음료가 놓여 있었다. 의자에는 행사용 고깔 모양의 모자와 풍선이 부착되어 있다. 잔치 큰상을 두고 앞에 3개의 의자가 있으며 정중앙에 주인공인 김올가가 앉고 양편으로 부모가 앉는다.

하객의 각 테이블에 놓인 음식은 기본적으로 K 카페에서 준비된 것으로, 모둠 샐러드, 햄과 닭고기가 포함된 '고기 모둠', 우즈베키스탄 빵, 탄산음료와 보드카, 고기와 국시 등이 차례로 제공되었다. 초대된 약 60명의 하객은 가족과 친척 외에 '고려인 마을' 내에서 교류를 가진 고려인들, 돌을 맞은 아이의 부모와 조부모의 고려인 친구, 아이 아빠의 직장동료(우즈베키스탄 이주노동자들), '고려인종합지원센터'의 우즈베크인 센터장과 한국인 관계자 등으로 구성되었다.

저녁 돌잔치에는 고려인 남성 전문 사회자 겸 가수가 고용되었는데, 그는 K 카페의 고려인잔치에서 자주 사회를 보는 카자흐스탄 출신 고려인이었다. 잔치가 시작하자마자 사회자는 고려인들은 세 가지 큰 잔치, 다시 말해 돌과 결혼 및 환갑을 기념한다는 설명과 이들 잔치가 지닌 의미를 짧게 설명한 후 그중 하나인 돌잔치를 하게 되었다고 말하면서 잔치의 문을 열었다. 가장 먼저 '봄이 왔네.'라는 전통민요에 맞춰 한복을 입은 아기 김올가와 신사복과 양장 차림의 아이의 부모가 덩실덩실 춤을 추며 입장하여 맨 앞쪽에 준비된 돌잔치 큰상에 앉았다. 다음으로 사회자가 주인공 아이의 이름과 출생 정보 및 아이의 부모와 가족들을 소개하였다. 다음으로 아이의 가족들 덕담이 진행되는데, 사회자는 조부모 세대를 가장 먼저 무대로 초대하였다. 주인공의 친할아버지와 외할아버지 및 외할머니는 민요 '금강산타령'에 맞춰 춤을 덩실덩실 추면서 입장하였다. 사회자는 주인공의 외할머니 정라셀에게 먼저 덕담할 기회를 주었고, 친할아버지인 김표트르와 외할아버지인 박그레고리 순으로 덕담이 이어졌다.

한바탕 사회자의 러시아 노래로 잔치 분위기를 띄운 후 사회자는 주인공 김올가의 출생일을 비롯한 여러 가지 정보에 관해 퀴즈를 낸 뒤, 정답을 맞힌 하객들에게 선물을 나누어 주었다. 또다시 사회자는 러시아 노래를 한 곡 선사한 후 가족과 친척의 덕담 순서를 이어갔다. 경기도 안산에서 온 김올가 외할머니의 남동생 정드미트리와 경남 창원에서 온 외할머니의 사망한 전 남편의 남동생 김콘스탄틴이 덩실덩실 춤추며 등장해 덕담하고, 이어 아이 아버지의 남동생들과 여동생 부부 및 이들의 자녀의 덕담이 진행되었다. 덕담을 건네는 사이사이에 게임과 사회자 노래 등이 번갈아 가며 이어졌다. 모든 덕담이 끝난 후 참석자들은 러시아 음악과 우즈베키스탄 음악에 맞춰 식당 식탁들 사이사이에 좁게 형성된 무대로 나와 춤을 추며 놀기 시작해 밤 12시 가까이에 돌잔치는 종료되었다.

한국 이주와 돌 의례의 변화 및 구조적 지속

김올가의 광주광역시에서 수행된 돌 의례는 우즈베키스탄의 돌 의례와 기본적인 구조는 거의 비슷하다. 오전 돌잡이와 저녁 시간의 돌잔치를 구분하는 것과 돌잡이 의례 내용도 거의 같다. 돌잡이 상에 놓이는 의례 소품은 한국에서도 구할 수 있는 것이며, 현금을 돌상에 쏟아내고 채로 담아내는 것도 같은 방식으로 수행되었다. 돌잡이 이후 참석한 가족과 친지들의 식사에서 준비된 음식 가운데 우즈베키스탄 일생 의례의 음식으로 빠지지 않는 찰떡과 증편이 준비되지 않았지만, 외채와 고사리채 등 채소 무침과 햄과 치즈 및 닭고기 등으로 구성된 '고기 모둠', 당면이 준비되어 의례 음식의 많은 부분은 지속하고 있는 것으로 보인다.[92] 사실 일부 가족이 한국으로 이주한 후부터 우즈베키스탄 의례에서 준비되는 음식 메뉴에 한국 음식 메뉴가 포함되고 있다. 잔치 음식 메뉴에 한국식 순대와 김밥 등이 포함되는 것이 대표적인 사례이다. 정작 한국의 잔칫상에는 순대와 김밥 등이 차려지지 않았다.

광주의 김올가 돌잔치 음식에 '고기 모둠'이 준비되었는데 고기 모둠에 포함된 햄과 치즈 등은 '고려인 마을' 내 러시아와 중앙아시아의 식품을 판매하는 가게들을 통해 구매되었다. 일반적으로 고려인 돌과 결혼 및 환갑잔치의 마지막은 국시 또는 밥과 시락장물 세트 식사로 끝내는데, 김올가의 돌잔치에서도 예외가 아니었다. 다만 김올가 돌잔치 상에 한국식 김치가 놓였는데, 한국의 일터에서 제공되는 식사에서 고려인도 한국 김치를 자주 먹게 되어 한국식 김치 먹는 것에 익숙해졌기 때문이다. 돌잔치에서 가족들의 주인공을 향한 덕담 건네기도 연장자순으로 돌아가면서 한마디씩 하는 우즈베키스탄에서와 같은 방식이었다.

K 카페 저녁 돌잔치 구조는 우즈베키스탄의 것과 형식과 순서 등에서 거의 같았다. 러시아어로 진행하는 고려인 전문 사회자가 가수 겸 사회를 맡았는데,[93] 잔치 순서는 우즈베키스탄에서 하는 것과 거의 같았다. 돌잔치 주인공을 위해 중앙 정면에 준비된 돌잔치 큰상이 놓이고 장식 구성에 다소 차이는 있지만, 돌상 차림과 음식 내용은 거의 유사하다. 고려인 일생 의례 음식 가운데 빠질 수 없는 음식인 가주리(과줄)도 김올가 저녁 돌잔치 큰상에 준비되었다. 하객에게 제공된 음식 대부분은 K 카페가 준비했는데, 여기에는 베고자(큰 만두), 닭고기와 돼지고기 및 양고기 그리고 햄과 치즈로 구성된 '고기

모둠', 외채 등 다양한 채소 무침, 닭고기와 샐러드 등의 고려인 음식과 러시아식 음식 및 우즈베키스탄 빵도 제공되었다. 다만 찰떡과 증편 및 물고기 회무침 등은 고려식으로 만들기 어려워 준비하지 못했다고 한다. 우즈베키스탄에서도 카페 등 외부 전문 업체에서 잔치하는 경우, 찰떡과 증편 등은 잔치 주인공 집에서 준비하는 것이 일반적이다.

우즈베키스탄 등 구소련권의 고려인이 수행하는 돌, 결혼, 환갑 의례 내에 주인공과 친족 계보로 근친이면서 연장자의 순으로 주인공에게 덕담을 건네는데, 김올가 돌잔치에서의 이러한 절차가 지켜지고 있었다. 또한, 우즈베키스탄의 일생 의례에서 주인공을 위한 '큰상받기'가 잔치의 공통적 요소로 포함되는데, 김올가 돌잔치가 있던 K 카페 중앙 정면에 김올가와 부모가 앉아서 돌잔치 큰상을 받을 수 있게[94]한 개의 큰 테이블과 의자 세 개가 준비되었다. 전문 사회자의 행사 진행 전반과 가수의 노래 및 배경음악이 우즈베키스탄 일생 의례에서 자주 이용되는 것들이고, 특히 주인공을 위해 준비된 '큰상받기' 구조가 같으며, 가족과 친지들의 덕담 건네기뿐만 아니라 참석자들이 스스럼없이 춤을 추는 분위기 등이 우즈베키스탄에서의 그것들과 거의 유사하였다.

고려인 이주자들이 정착 지역인 한국에서 경험하는 돌(결혼과 환갑 의례도 마찬가지) 의례[95]에서 발견되는 구조적 유사함은 한국이란 낯선 환경에 처해 있는 고려인에게 생의 규칙성과 안정성 및 통합성을 제공할 수 있을 것으로 기대된다(강정원, 2016). 사실 국내 고려인 이주자들은 잠정적 체류자 신분으로 한국에서 불안정하게 이주 생활을 한다. 고려인 이주자들에게는 구소련권 지역에서의 일생 의례 절차와 의례의 구조적 동일성이 오랜 시간에 걸쳐 이미 내면화되어 있다. 광주 고려인 마을처럼 낯선 한국의 특정 장소에 정착한 고려인이 자신들에게 내면화된 방식의 일생 의례(돌 의례)를 생의 주기별로 수행하는 것은 이들의 '탈 장소화 된'dis-placed 상황이 안정화되면서, 이주 속의 '장소화' 과정이 발생하는 것으로 생각된다.

김올가 가족의 이주와 정착

주인공 김올가(C)의 가족관계

돌 의례의 주인공인 김올가(C)는 아빠 J(김블라디미르, 39)와 엄마 L(정스벳다, 35) 사이에서 2017년 2월에 광주광역시에서 태어났다. J와 L 부부는 2003년에 우즈베키스탄 타슈켄트에서 결혼했으며, 우즈베키스탄에서 첫째인 딸 C1(14)과 둘째인 아들 C2(12)가 태어났다. J와 L 부부, C와 언니 오빠 및 외할아버지 S(박그레고리, 66)와 외할머니 M(정라셀, 62)으로 구성된 광주광역시의 김올가 가족은 2019년 현재 광주광역시 월곡2동 소재 아파트에 산다.

2010년에 우즈베키스탄 타슈켄트에서 한국의 광주광역시 월곡2동 '고려인 마을'로 국제 이주 한 부부 J와 L의 늦둥이 김올가(C)의 돌 의례를 전후한 약 2주간은 한국으로 국제 이주한 후 가족들이 한자리에 모이기 위해 서로 긴밀히 연락하고, 국경 넘어 우즈베키스탄 및 러시아의 초국적 가족원들과도 상호 정서적 지지를 밀도 있게 표출한 중요한 기간이었다. 그러나 한국에 체류하고 있는 일부 가족원은

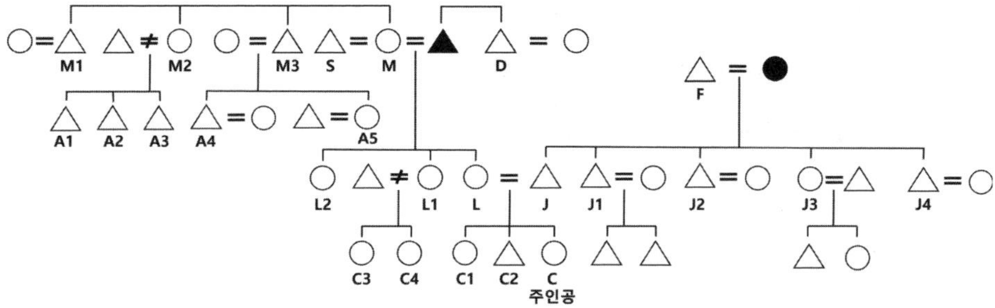

그림 4. 돌 의례 주인공 김올가(C) 부모 양가의 가족관계

돌 의례 참석을 위한 휴가를 직장에서 받지 못했고, 우즈베키스탄과 러시아에 사는 가족원은 비싼 항공료 부담 등의 이유로 한국에 오지 못했다.[96] 김올가(C)의 돌 의례에 외할머니 M(62)를 비롯해 외할아버지 S(66)와 친할아버지 F(김표트르, 70)가 참여했다. 외할아버지 S는 우즈베키스탄에서 15년 전에 외할머니 M과 재혼했으며, C와 함께 월곡2동 소재 아파트에 산다. 경기도 안산에서 온 외할머니 남동생 M3(58)와 경남 창원에서 온 M의 사망한 전 남편의 남동생 D(61)는 돌 의례에 참여한 C의 조부모 세대에 해당한다. M3와 D는 돌 의례 당일 오전 9시경에 광주에 도착해 오전 돌잡이부터 저녁 돌잔치까지 참여하고 다음 날 출근을 위해 밤 10시경에 귀가했다. 김올가(C)의 부모 세대로서 돌 의례에 참여한 가족들에는 광주광역시 '고려인 마을'에 거주하는 김올가의 아빠 J의 형제자매들로서, 구체적으로는 J의 남동생 J1(32), 여동생 J3(28), 막내 남동생 J4(26)와 이들의 부부와 자녀들인데, 이들은 오전 돌잡이부터 저녁 돌잔치까지 물심양면으로 적극적인 도움을 제공했다.

한국에 거주하고 있으나 야근을 하거나 고용주로부터 휴가를 얻지 못하는 등 생업 때문에 돌 의례에 오지 못한 가족들도 있다. 경기도 안산의 제과점에 근무하는데 외할머니 M의 여동생 M2(53)는 고용주로부터 휴가를 받지 못했다. 그녀의 세 명의 아들 A1~A3도 소속 공장으로부터 휴가를 받지 못해 오지 못했다. C의 엄마 L의 둘째 언니인 L1(37)은 그녀의 이모 M2와 함께 안산에서 공장을 다니는데, 그녀 역시 휴가를 받지 못했다. 외할머니 M의 남동생인 M3의 아들 A4(28) 부부 역시 야근 때문에 돌 의례에 올 수 없었다. 한편 M3의 딸 A5(26)는 한국 남성과 전남 나주에서 결혼생활을 하는데, 시댁의 급한 용무로 돌 의례에 참석하지 못했다. M의 사망한 전 남편의 남동생 D(61)는 경남 창원에서 부인과 같은 공장에 다니는데, 부인은 야근 때문에 돌 의례에 참석하지 못해 D 혼자 돌 의례에 왔다. 러시아와 우즈베키스탄에 사는 외할머니 M의 큰오빠 M1(65)과 김올가의 엄마 L의 큰언니 L2(41) 그리고 아빠 J의 러시아에 있는 남동생 J2(30)는 한국에 오지 못했다. 이들은 비싼 항공료 때문에 한국에 오지 못하고 국제전화와 SNS를 통해 주인공 C의 부모와 가족들에게 C의 돌을 축하했으며, C의 부모에게 축의금을 송금했다.

올가 가족의 국제 이주와 한국 정착 과정

김올가(C)의 부모인 J(김블라디미르)와 L(정스벳다)은 2010년에 양가 가족들 가운데 가장 먼저 한국으로 이주한 이후, 많은 수의 가족들이 연쇄적으로 한국으로 이주하였다. 2018년 2월의 김올가(C) 돌 의례는 한국으로 이주한 가족을 한자리에 모이게 했던 최초의 의미 있는 가족 의례였다. 광주광역시, 경기도 안산, 경남 창원, 전남 나주 등에 흩어져 사는 양가 가족들은 각자의 이주 시기만 다를 뿐, 이들 모두는 경제적으로 어려워 한국으로 이주했다. 사실 1991년 소련의 붕괴 이후 독립 국가 우즈베키스탄의 악화한 경제 상황으로, 고려인을 포함한 우즈베키스탄 국적자의 러시아와 우크라이나 등으로의 이주노동 행렬이 줄을 이었다. 한국으로의 이주가 본격화되기 이전인 1990년대에는 경제적 이유[97]로 국제 이주를 떠나는 우즈베키스탄 국적자의 주요 이주 대상 국가는 러시아와 카자흐스탄이었다. 그러나 고려인을 포함한 약 85%의 우즈베키스탄 국적자의 주요 이주 대상 국가는 러시아였다. 김올가(C)의 부모인 J와 L의 양가 가족들도 1991년에 소비에트연방이 붕괴한 이후 우즈베키스탄에서 러시아와 우크라이나 등으로 생계를 위해 국제 이주하였다.

우즈베키스탄의 수도 타슈켄트에서 약 65km 떨어진 소도시 올말리크Olmaliq에 거주하던 외할머니 M(정라셀)은 소련 붕괴 후 어려워진 경제적 어려움을 타개하고자 남편과 두 딸 L과 L1과 함께 러시아의 대도시인 '에카테린부르크'로 이주하였다. 당시 큰딸 L2는 타슈켄트에서 결혼생활을 하고 있었기 때문에 가족의 러시아 이주에 합류하지 않았다. M 가족들은 에카테린부르크에서 월세로 살면서 시장에서 고려인 반찬과 채소를 파는 등 닥치는 대로 일을 했다. 이후 이들은 러시아의 또 다른 대도시인 '사마라'로 이주를 하여 그곳에서도 반찬 장사를 하였으며, M은 사마라의 한국식당 종업원으로 근무한 바도 있다. 이 와중에 M의 전남편의 건강이 악화하자 2001년에 모든 가족이 우즈베키스탄으로 돌아왔다. 이후 M의 전남편은 건강 악화로 결국 사망했고, 이후 M은 타슈켄트 '쿠일룩 시장'에서 반찬과 채소 장사를 하였다. 2007년에 M은 지금의 남편 S(박그레고리)와 재혼하였다. 둘째 딸 L1은 2001년에 우수리스크로 이주한 고향 올말리크 출신 고려인 남성과 혼인해 우수리스크에서 결혼생활을 하였으며, 막내 L도 2003년에 J와 타슈켄트에서 결혼하였다.

친할아버지 F(김표트르)는 소련 시대에 대형 양돈사업장에서 회계원으로 근무하였으며 현재는 우즈베키스탄 정부의 연금 수령자다. F의 부인은 우즈베키스탄에서 2012년에 사망하였다. F의 5명의 자녀는 가정 형편이 어려워 고등학교를 졸업한 후 모두 생업에 뛰어들었다. 맏아들인 C의 아빠 J는 외삼촌과 함께 우크라이나로 '고본질'이라 불리는 계절 이주노동에 2년 동안 종사했지만 실패한 후, 타슈켄트로 돌아와 돼지를 사육하며 돼지고기를 시장에 내다 파는 일을 했다. 이 과정에서 시장에서 반찬 장사하는 부인의 큰언니 L2를 만나, 그녀의 중매로 부인 L과 2003년에 타슈켄트에서 결혼하였다. 결혼 후 J와 L 부부는 여러 일에 종사했으나 좀처럼 경제적 여건이 개선되지 않자 2010년에 한국행을 감행했다. 한편 J의 동생들 J1, J2 J3, J4도 고등학교를 졸업한 후 러시아 모스크바로 이주해 식당 주방에서 일하거나 시장에서 채소와 반찬을 팔았다. J의 여동생 J3는 러시아에서 우즈베키스탄으로 돌아온 후 결혼해 타슈켄트 쿠일룩 시장에서 고려인 반찬과 채소를 팔았다.

C의 부모 J와 L은 2010년에 '방문취업비자'(H-2)로 한국으로 이주할 당시 타슈켄트에서 출생한 C의 언니와 오빠 C1(14)과 C2(12)를 외할머니 M에게 맡겼다. 당시 J 부부는 광주 광산구 소재의 공장에

서 받은 월급 일부를 M에게 생활비로 보내는 것을 제외하고 열심히 저축했다. J 부부가 광주에 정착한 후 다음 해 2012년에 모스크바 식당에서 일하던 J의 남동생 J2가, 2013년에는 J1이 형의 권유에 따라 한국으로 국제 이주하여 이들 동생은 형 인근에 정착하였다. 한국에 있는 J의 권유로 J3, J4는 한국으로 차례로 이주하여 형제 인근에 정착하였다.[98] 동생들의 이주 과정에서 J는 동생들의 정착을 위해 적지 않은 경제적 지출을 하였다.

2015년에 C의 외할머니 M과 외할아버지 S는 우즈베키스탄 올말리크에서 돌보던 손자 C1과 C2를 데리고 한국으로 이주해 J와 L 부부의 한국 생활에 합류하였다. 외할머니 M은 한국에 와서도 손자들을 키우고 딸 부부의 경제활동을 지원하기 위해 가사를 전담하였고, S는 아이들을 등하교시키는 일을 주로 맡았다. S는 한국 생활이 익숙해진 1년 후부터 지금까지 인근 요양병원 간병인으로 경제활동을 하고 있다. 2016년에 J의 여동생 J3 부부가 아버지 F를 모시고 광주에 정착하였고, 마지막으로 2017년에는 J 형제자매 가운데 막내 남동생 J4가 러시아에서 광주로 이주·정착했다. C의 엄마 L의 언니 L1(37)은 2017년에 러시아에서 한국으로 이주하였다. 그녀는 러시아 우수리스크에서 10여 년 전에 남편과 이혼한 후 두 자녀 C3와 C4를 양육하였다. 이들 자녀는 고등학교에 재학 중이기 때문에 우수리스크 현지에 남겨두고 L1 홀로 이주하여 2012년에 경기도 안산에 정착한 이모 M2(57)의 집에 합류했다. 이로써 C의 부모인 J와 L의 형제자매 가운데 러시아에 있는 J의 남동생 J2와 타슈켄트에 있는 L의 언니 L1을 제외하고 모두가 한국으로 차례로 이주하였다. 외할머니 M의 여동생 M2는 세 자녀 A1~A3가 어릴 때 우즈베키스탄에서 이혼 후 경제적으로 어려워 언니 M에게 아이들을 맡기고 2012년에 한국으로 이주하여 안산에 정착하였다. M2는 2015년에 세 명의 아들을 한국으로 데려와 안산에서 함께 생활하고 있다. 그녀의 큰아들 A1 부부는 2017년에 사촌 형제 L의 권유로 광주에 정착해 월곡2동 인근의 하남공단 공장에서 부부가 일한다.

외할머니 M의 남동생 M3는 타슈켄트에서 약 20km 떨어진 소도시 '양기율'에 살면서 시장에 채소를 파는 등 다양한 일을 시장에서 했으며, 그의 부인은 현재까지 은행에 근무한다. 가족 경제의 형편이 크게 개선되지 않자 M3는 2013년에 한국 안산에 정착한 누나 M2의 권유로 이주하여 누나의 인근에서 이민 생활을 시작했다. 한국 생활이 안정되자 M3는 2016년에 아들 A4와 딸 A5를 한국으로 불러, 현재 아들 A4 부부는 안산의 공장에서 일하고 있다. 타슈켄트 대학에서 동방학을 전공한 딸 A5는 한국 남성을 만나 전남 나주에서 시부모를 모시고 결혼생활을 한다. 한편 M의 사망한 전 남편의 남동생 D 부부는 2015년에 한국으로 이주해 경남 창원의 공장에서 일하고 있으며 이들의 두 자녀는 러시아에 살고 있다.

한국으로 국제 이주하지 않은 가족원들 가운데 타타르 여성과 혼인해 우즈베키스탄 타슈켄트 인근 농촌에서 사는 M의 오빠 M1은 한국으로의 이주를 부인의 반대로 생각하지 않았다. 또한, 타슈켄트에 사는 L의 큰언니 L2는 경제적으로 윤택한 편이기에 아직은 한국으로 이주할 필요를 느끼지 않는다. 그러나 모든 여형제와 어머니가 한국에 있어 그녀는 한국 이주를 저울질한다. 한편 러시아에 있는 J

의 남동생 J2(30)의 부인은 모스크바에서 대학원에 재학 중이며 한국으로의 이주를 아직 계획하고 있지 않다. 해외에 있는 M1, L2, J2는 손녀와 조카인 김올가 돌 의례에 불참하는 한편 축하 전화와 축의금을 송금하였다.

국내에 거주하는 김올가 부모 J와 L 양가 가족과 친족의 한국으로의 국제 이주 과정은 전형적인 '가족연쇄이주'의 양상을 보여준다. 2010년부터 시작된 이들의 한국 이주와 정착에서 가족이라는 중요한 사회·문화적 네트워크는 이주와 정착 과정에서의 경제적 지원을 포함한 다양한 지원을 통해 가장 중요한 자원으로 작용하였다. 소련 붕괴와 우즈베키스탄 독립 국가 성립 이후 J와 L 가정 가족들은 '러시아 이주-우즈베키스탄 귀환-한국 이주' 또는 '러시아 이주-한국 이주'의 이주 경로에만 차이가 있을 뿐, 한국이 이산된 가족들의 재결합 장소가 되는 점은 이들 모두에게 분명해 보인다.

우즈베키스탄의 정치·경제적 환경을 고려할 때 C의 가족들을 포함한 한국의 고려인들이 가까운 미래에 우즈베키스탄으로 귀환할 가능성은 커 보이지 않고, 한국은 구소련권에 이산된 가족들에게 이주와 정착 대상 국가가 될 것으로 보인다. 고려인을 포함한 재외동포에 대한 한국 정부의 출입국정책이 우호적인 방향으로 개정되고 있는 것도 고려인의 한국 이주와 정착을 이끄는 주요한 거시적 차원의 요인이 되고 있다. 거시적 차원 외에도 이주와 정착 과정 및 C의 돌 의례와 같은 가족의 일생 의례에서 드러난 '돌봄 문화'는 미시적 차원에서 작동되는 '세대 간 돌봄의 호혜성'의 전형이라 이해된다. 이는 국제 이주라는 상황에서도 일생 의례를 통해 드러나는데, 손자녀 돌 의례를 지원하는 조부모, 자녀의 돌과 결혼을 지원하는 부모, 환갑을 챙기는 자녀라는 세대에 따른 의무와 역할 기대라는 고려인의 돌봄 문화에서 발견된다. 사실 세대 간 돌봄의 호혜성이 가장 상징적이고 실제로 작동하고 있는 맥락은 C의 돌 의례와 같은 고려인 가족의 일생 의례에서다.

돌 의례: '가족다움' 표출과 '장소 만들기'

'가족다움' 표출의 장으로서 돌 의례

김올가의 가족 구성원은 자신들을 포함한 돌잔치에 초대된 고려인 하객에 대해 이주자로서 자신들이 직면한 불안정한 상황에서도 구소련권에서의 유사한 내용과 구조의 돌잔치를 준비함으로써 '가족다움'과 가족 결속력을 표출하고 있다. 소련 붕괴와 우즈베키스탄 독립 이후 가족 구성원들이 생계를 찾아 러시아와 최근 들어 한국으로 이산됨으로써, 가족의 '중심지'를 상실할 위기에 처해 가족의 애착과 결속을 가족 내외적으로 표출할 자리가 필요할 수 있다. 이러한 점은 돌잔치가 끝난 후 손녀 김올가의 돌잔치를 한국에서 치르게 된 소회를 묻는 필자의 말에 대한 외할머니 M(62)의 대답에서 짐작할 수 있다.

> 내 아버지가 1살 때 연해주 원동에서 우즈베키스탄에 왔으니 내가 강제 이주 2세인가 3세인가 구분이 안 된다. 그래도 나와 내 자식들은 우즈베키스탄에서 태어나고 자랐기 때문에 우즈베키스탄은 우리 생활과 생각의 중심지였다. 그러나 벌써 오래된 것 같은데, 소련 해체 후 먹고 살기 위해 모두가 이리 저리로 나가고, 어떻게 하다 보니 한국에

많이들 와서 산다. 그런데 한국에만 살았지 여기서도 밤낮없이 먹고 살려고 만날 일이 별로 없다. 겨우 광주 사는 사람이나 가끔 만나지, 멀리 있는 가족들은 한자리에서 식사도 한 번 제대로 못 했다. 그래서 올가 돌을 해줘야 하는 마당에 광주에서 한 번쯤 모두 만나면 좋겠다는 기대를 했는데도 일 때문에 많이 못 와서 아쉽다.(M, 62)

오전 돌잡이가 끝나고 가족끼리 돌잔치 식사를 하는 자리에서는, 고려인 음식과 보드카 등이 준비돼 한자리에 가족들이 모여 먹고 마실 수 있어 이구동성으로 좋다고들 하였다. 김올가의 아침 돌잡이 의례부터 저녁 돌잔치 행사 내내 김올가가 한국 내 식구 중 유일하게 한국에서 태어났다는 이야기가 반복되었다. 이 자리에서는 창원과 안산의 일부 가족이 일 때문에 오지 못한 것에 대해 여러 사람이 아쉬워했다. 한국에 와서 자신들이 경험한 주야간 12시간 근무와 잦은 초과 근무에 대해 돈 버는 것은 좋은 일이지만 이를 '극한 상황'으로 이야기하였다. 우즈베키스탄에서는 상상하지도 못하는 근무 환경이라며, 오지 못한 가족을 안타까워했고, 일 때문에 못 온 가족의 상황을 불가피한 것으로 이해하는 분위기였다.

경기도 안산의 M의 여동생 M2와 그녀 아들들 그리고 안산의 L의 언니 L1은 조카 돌잔치에 가겠다고 휴가 요구를 한 일을 한국인 고용주나 매니저가 거절한 것에 대해 가족 의례가 얼마나 중요한지 한국인은 모른다고 두런거렸다. 또한, 러시아와 우즈베키스탄 가족들이 축하 메시지와 축의금을 보낸 것은 무척 잘한 일이라고 말한다. 비싼 항공로 올 것을 기대하지도 않았지만, 해외 가족들이 전화와 SNS 플랫폼을 통해 축하 인사를 하고 송금까지 한 것은 가족이니까 가능한 것이라고 말했다.

필자는 돌잡이와 돌잔치에 대한 참여관찰 기록을 참고하며 돌이 지난 후 며칠 뒤에 외할머니 M, 올가 부모 J와 L, 그리고 일부 광주 거주 가족과의 인터뷰를 통해, 돌 의례 준비와 진행 과정 전반에 걸쳐 동원된 가족의 인적·물적 자원 동원에 대한 윤곽을 잡았다. 돌 의례 준비 실무는 김올가 부모 몫이지만, 세심한 절차 내용은 주로 M의 자문을 통해 준비되었다. 발목 관절 질환으로 긴 시간 서 있기 어려워 직접 요리를 못했지만, M은 돌잔치에 준비되는 음식 목록과 재료 및 요리 방식 등을 딸이자 돌잔치 주인공의 엄마인 L에게 조언했다. 돌잔치에 초청할 하객 목록 작성과 하객 규모에 맞는 저녁 돌잔치의 세부적 준비는 M과 아기 부모 J와 L과 논의되었다. 돌잡이 상에 놓일 하얀 찰떡과 붉은 콩 및 연필과 실 등의 돌잡이 소품은 주거지 근방의 '월곡 시장'에서 엄마 L이 준비했다. 돌잔치 행사장과 음식 메뉴 및 돌잔치를 진행할 전문 사회자 예약 등 외부적 사안은 아이 아빠 J에게 맡겨졌다. 돌잔치 행사에 필요한 '가주리'(과줄) 등 특별한 의례 음식 구매와 돌을 축하하는 플래카드와 애드벌룬 등 소소하지만 챙겨야 하는 일들은 광주에 사는 J의 남동생들과 그들의 부인에게 배당되었다. 특히 고려인식당 K 카페에서 약 60명의 하객이 참여한 가운데 진행된 저녁 돌잔치에는 광주, 안산, 창원의 가족들이 음식 제공과 감사 인사 등에서 세심하게 자신의 역할을 하였다.

가족 인적자원을 통한 협력과 결속은 김올가 돌 의례의 참여와 돌잔치 준비 및 진행 등에 있어 일의 분화와 역할 수행으로 표출되었다. 그러나 '가족다움' 표출의 또 다른 중요한 측면인 물질적 자원의 동원도 중요하다. 이는 돌잡이 상에 식구들이 볼 수 있게 쏟아 내거나 봉투에 담아 아이 부모에게 개인적으로 전달하거나 불참 시 송금을 통한 금전의 부조 형태로 표출된다. 사실 가족 간의 물질적 지원과 돌봄은 갚음의 시기나 양을 정확히 계산하지 않는 이른바 '일반적 호혜성'의 원리를 따르는 경향이 있다.

김올가 돌잔치에 들어온 현금 부조 총액은 약 4백 오십만 원인데, 가족원들로부터 4백만 원 가까이가 들어왔다고 한다. '고려인 마을'에 사는 김올가 아빠 J의 남동생 J1은 100만 원을 봉투에 담았고, J3와 J4는 각각 20~30만 원을 돌상에 내놓았다. J1이 상당히 큰 금액을 조카 돌 의례에 내놓은 것은 형 J가 가족의 맏이로서 러시아에 있던 자신과 다른 동생들을 한국으로 불러 정착시킬 때 물질적으로 크게 도와준 대에 대한 일종의 보답이라고 말한다. 다른 동생들도 광주 정착 과정에서 J의 도움을 크고 작게 받아 온 바라 정확히 계산할 수는 없지만, 이 과정에서 J의 현금지출이 적지 않았을 것이라고 말한다. 정확한 계산이 전제되지 않은 이러한 물질적 자원의 지원은 조카 C의 돌 의례를 통해 동생들이 형과 오빠의 호의에 답하는 형태로 볼 수 있다. 안산과 창원에서 온 가족들은 오지 못한 가족들의 부조까지 김올가 부모에게 전달하였다.

한편 주인공 C의 친할아버지 F와 외조부모 M과 S도 20~50만 원 범위에서 현금을 부조했다. 노동시장에서 경제활동을 할 수 없는 70세의 F와 몸이 불편한 M과는 달리 외조부 S(66)는 광주 광산구 소재 요양병원에서 간병인 일을 하며 경제활동 중이다. 외할머니 M은 김올가의 언니 C1(여, 14)과 오빠 C2(남, 12)의 돌 의례는 우즈베키스탄에서 치러졌는데, 당시 아이들 부모인 J와 L이 경제력이 없어 두 손자의 돌 의례 경비 대부분을 양가 부모들이 지원했다고 말한다.[99]

돌 의례 수행과 '장소 만들기'

장소place 또는 지역성locality은 사회적 구성물, 다시 말하면 '사회적 행사나 경험'의 결과나 성취 등으로 이해되어야 한다. 인류학자 아팟두라이Appadurai, 1996는 사람들은 장소나 지역성을 주어진 또는 당연한 것으로 받아들이지 않는다고 주장한다. 다시 말해 사람들은 구체성을 만들어내고 유지하기 위해 규칙적인 행사나 경험을 실천하지 않으면 지역성을 유지할 수 없다고 생각한다. 이러한 '장소 만들기'는 사람들을 특정한 장소로 모이게 하는 의례와 문화적 실천을 통해서 가능하다고 주장한다. 또한, 거의 무의식적으로 기억, 정서, 이미지화 및 사회성을 작동하게 하여 사람들이 지역성에 동일시하게 되는 일상적인 활동을 통해서도 장소 만들기가 가능하다.

장소 만들기는 고려인처럼 낯선 장소로 이주한 사람들에게는 특별한 의미가 있다. 이들은 구소련권 지역을 떠나 한국에 정착한 가족과 친지를 제외하고 특별한 연고가 없어 한국에는 자신들의 장소가 없다는 생각, 다시 말해 '장소를 잃은'dis-placed 상황에 부닥쳐 있다고 생각한다. 고려인들은 기존의 한국 내 장소들을 단기간 내에 자신의 것으로 취하려고 생각하지 않는다. 가족 네트워크를 통해 연쇄 이주해 광주, 안산, 창원 등에 정착한 가족들에게 김올가의 돌 의례는 특별한 의미가 있을 수 있다. 특히 광주의 고려인 식당에서의 돌잔치에서 고려인에게 익숙한 방식으로 의례 또는 문화적 행사가 수행된 것은 '장소 잃은' 다소 혼란한 상황에서 익숙함을 경험함으로써 광주라는 지역, 구체적으로는 고려인 집거지와의 친밀성을 높일 기회로 작용할 수 있다.

아침 돌잡이부터 저녁 돌잔치 파티 행사 과정 내내 김올가가 양가 가족 중 유일하게 한국에서, 구체적으로는 광주지역에서 태어났다는 점이 특히 강조되었다. 하객 대부분이 고려인이었던 돌잔치 파티 석상에서 조부모 세대들이 발화한 덕담은 이를 잘 보여준다. 손녀가 광주에서 태어나 돌잔치 행사를 하게 된 것은 고려인을 한국, 구체적으로는 광주에 연결해주고 있음을 강조하였다. 가장 먼저 외할머니인 M은 아래와 같이 덕담하였다.

> 존경하는 손님 여러분, 저의 손녀 김올가가 소련이 아닌 한국에서, 광주에서 태어났다는 것은 우리에게 너무 특별한 일이며… 아이가 한국에서 건강하고 행복하게 여기서 살면서 한국 사람으로 살아가기를 기원합니다.(M, 62)

다음으로 친할아버지인 F(70)가 "더 무엇을 바라겠는가. 손녀의 건강과 행복이 전부이지요. 우리 손녀가 한국에서 좋은 미래를 꿈꾸기를 진심으로 바랍니다."라고 간략히 말하고, 다음의 외할아버지 S의 덕담은 상당히 오래 이어졌다.

> 우리는 우즈베키스탄에서 왔고 더 넓게는 소련의 여러 지역에서 왔는데, 한국은 우리를 이 자리에 다시 모이게 했습니다. 우리가 어디서 시작되었는가. 우리의 전통은 한반도에서 시작되었습니다. 특히 한국

> 에서 태어난 손녀 올가의 건강과 행복을 빌고, 여러분의 건강과 모든 일이 잘되기를 바라며, 한국에서 어렵지만, 여러분의 모든 일이 잘 해결되기를 바랍니다. 광주에서 이렇게 손녀 돌잔치 하게 된 데에는 신○○ 센터장과 이○○ 목사의 노고가 아니었으면 불가능했기에 이들에게 감사를 드립니다.(S, 66)

강제 이주 2~3세대에 해당하는 조부모 세대의 메시지에는 고려인의 기원지가 한반도이고, 이산된 고려인을 한곳으로 모이게 한 곳이 한국이라는 점, 그리고 광주에서 출생한 김올가가 자신들을 한국과 연결하고 있는 점이 강조되었다. 조부모 세대의 덕담들이 한반도에서 시작된 돌과 같은 전통이 구소련권에서 유지되어 '고려식' 전통이 되고, 고려식 전통이 자신들이 사는 광주에서 실천되고 있음을 강조하고 있는 것으로 보인다.

한편 조부모 세대의 구체적 발화처럼 직접적 메시지는 아니지만, 김올가의 돌잔치에 구소련권에서 통용되는 유머와 게임 그리고 러시아 노래와 우리말 민요, 식당 가득한 러시아와 고려인 음식 냄새와 우즈베키스탄 빵 맛 등의 감각적 소통과 물리적 실천도 잔치에 참여한 고려인에게 구소련권에서의 공유된 삶이 한국, 구체적으로는 행사가 치러지는 광주에서 반복될 수 있는 것을 말하고 있다. 김올가의 돌잔치와 같은 의례와 일종의 문화적 실천은 고려인 이주자가 정착국가인 한국과 정착지인 광주를 함께 살만한 곳으로 느끼게 하는 이른바 '장소 만들기' 경험이 일어나는 것으로 이해된다.

필자는 2018년 연말쯤의 김올가 가족들과의 추가 인터뷰 과정에서 이들 가족의 '한국살이'에 대해 이야기를 나눌 기회가 있었다. 광주에서 출생한 김올가와 이제 십 대에 들어간 두 자녀 C1(14)과 C2(12)를 두고 있는 J와 L 부부는 앞으로 자녀와 함께 살아가야 할 곳을 우즈베키스탄도 러시아도 아닌 한국으로 생각하고 있었다. 부부는 소련 붕괴 후 이산된 가족들 대부분이 마침내 한국에서 모이게 된 점을 한국에 살아야 할 첫 번째 이유로 언급했다. 실제 지난 2018년 2월의 돌잔치에 모인 가족들을 포함해 김올가 부모 양가에서 각각 1명의 형제자매 가정을 제외한 모든 가족원이 한국에서 살고 있다. 자신들이 한국 시민권자나 영주권자는 아니지만, 범법행위만 하지 않는다면 한국에서 체류 기간을 갱신할 수 있는 '재외동포비자'(F-4) 소지자들이라는 점을 이들은 한국에 머물 두 번째 이유로 말한다. 다시 말해 다른 이주자와는 달리 재외동포인 자신들은 한국에 살 수 있는 제도적 장치가 있으며, 재외동포법이 자신들에게 더 유리하게 변화될 것을 기대하고 있다. 2019년에 '재외동포법' 시행령이 두 자녀와 같은 4세대 고려인 아이들도 재외동포 범주에 포함되게 변화될 수 있다는 소식도 같은 맥락에서 이해될 수 있다.[100]

광주에서 한국어로 공교육을 받는 김올가 언니(14)와 오빠(12)는 광주에서 살고자 하는 의지가 강해 보인다. 필자가 '집'과 '장소'에 대한 아이들의 생각을 청취하고자 두 아이와 이야기를 나누었다. 이들은 집에 대해 우즈베키스탄에서 살던 곳도 가끔 생각나지만, 엄마 아빠와 외할머니 그리고 많은 가족이 사는 광주 아파트가 '진짜' 집인 것 같다고 서슴지 않고 말했다. 이들은 월곡동에는 수많은 또래 고려인 친구가 있고, 골목골목과 공원 그리고 청소년문화센터 등에서 고려인 친구와 러시아어로 놀아도 쳐다보는 사람이 없어서 좋다고 말한다. 두 아이는 월곡동에서 ‘고려인종합지원센터’가 주관하는 여러 행사에 참여하고, 그곳에서 행사에 참여하는 수많은 고려인을 자주 보기 때문에 월곡동이 이제는 낯설지 않다고 말한다.

외할머니 M의 생각은 자녀들과 다르지만 결국 한국에서 살지 않겠는가 생각한다고 말하였다. 그녀는 사망한 전 남편이 묻혀 있고 자녀들과는 교류를 갖지 않는 자신의 먼 친척 일부가 남아 있는 우즈베키스탄과 고향 올말리크가 문득문득 생각난다고 말한다. M은 통장으로 자동 입금되는 우즈베키스탄 정부 연금을 정리할 겸 큰딸 가족도 만나고, 올말리크의 자신의 집을 관리하기 위해 매년 한 번씩 우즈베키스탄을 방문하고 있다. 큰딸 가족과 시간을 보내는 며칠이 지나면 자신도 모르게 한국으로 돌아가고 싶어서 하는 자신을 발견하고 가끔은 놀랜다고 말한다. 아마 더 많은 자녀가, 특히 자신이 키운 C1과 C2가 있는 광주에 하루라도 빨리 가고자 하는 자신을 보면 아마도 한국에 살수도 있을 것 같다고 M은 말한다.

사실 김올가 돌 의례에서 M은 몸이 불편해 음식 장만 등 직접 육체적인 일을 하지 못했지만, C의 돌 의례 전반을 자문하고 조언해 준 할머니 ‘바부쉬카’babushka이다. 구소련시대의 할머니 ‘바부쉬카’는 가족생활의 중심에 있어서 자녀 양육과 일상적 가족사에 핵심적 구실을 해 왔다. M도 광주에 와서 몸이 불편하기 이전까지 딸 부부를 위해 손자녀를 돌보고 가사를 전담하는 등 이주 생활에서 가족이 재건되는 데에 핵심적 역할을 했다. M은 한국의 가족이 한자리에 모였던 손녀 돌 의례를 주관했고, 주기적으로 가족에 얽힌 이야기를 아들 부부와 손자들에게 이야기하고, 돌잔치 음식 준비에서처럼 가족의 음

식 전통을 이어가는 등 광주에 '가족을 만드는'family-making 당사자인 셈이다.[101]

고려인 일생 의례의 전망

1990년대 초 우즈베키스탄 독립 국가 형성 이후 고려인 가족의 구소련권으로의 생계 목적의 광범위한 이주는 고려인 가족 구성원의 이산을 가져와 강제 이주 이후 또 한 번 가족의 결속을 위협하는 요인으로 작용하고 있다. 2000년대 이후 우즈베키스탄을 비롯한 구소련권 고려인의 한국으로의 대규모 이주가 이어지고 있다. 전형적인 가족 연쇄 이주를 통해 가족의 많은 수가 한국에 정착하게 되면서, 이들 고려인에게 한국은 새로운 잠정적 정박지가 될 가능성을 보여주고 있다. 광주광역시에서 수행된 김올가 돌 의례에 관한 이 연구는 '고려인 마을'이라는 특정한 장소에 가족의 중심지 역할을 할 새로운 정박지가 만들어지고 있음을 돌 의례를 둘러싼 가족들의 이주와 정착 및 인적·물질적 자원의 동원 및 가족의 결속 표명 등을 통해 보여주고 있다.

돌 의례 참여 여부를 중심으로 다양한 이주의 궤적을 지닌 가족 개인의 이주 서사가 의례 내내 이야기되었고, 이러한 개별적 이주 서사에는 축하 메시지 전달과 축의금 송금 등과 연결되어 표출되는 가족다움과 가족 결속에 대한 메시지가 담겨 있었다. 김올가의 돌이라는 의례와 문화적 실천 과정에서 국내·외 가족 구성원은 저마다 적절하다고 생각하는 방식으로 인적·물질적 자원을 지원하고 분화된 역할에 참여함으로써, 가족 구성원 스스로와 돌잔치 하객으로 대변되는 고려인 사회를 향해 비록 불안정한 체류자 신분이지만 가족다움과 일체감이 유지된 정상적 가족임을 표명하고 있다.

김올가 돌잔치 상의 의례 음식에서 찰떡과 증편이 생략되는 등 음식 가짓수만 줄었을 뿐, 돌 의례 전반을 볼 때 우즈베키스탄 돌 의례의 내용과 구조의 지속성이 발견된다. 광주광역시의 '고려인 마을'과 같은 국내 고려인 집거지에서, 돌 의례를 포함한 일생 의례(보다 일반적 표현으로 고려인 '민속문화')가 구소련권에서 내면화된 익숙한 구조대로 빈번하게 수행되고 있는 것이 오늘의 현실이다. 돌을 비롯한 일생 의례가 자신의 집거지에서 수행되는 것에 대해 고려인이 부여하는 의미와 의례에서 드러나는 구소련권에서 공유된 감각적 소통과 실천은 무의식적으로 고려인의 기억과 정서 및 사회성을 작동시켜 고려인 자신들을 집거지에 동일시하게 되는 소위 '장소 만들기' 경험이 일어날 수 있다고 생각된다.

김올가 돌 의례에서 가족마다 제 나름대로 '가족다움'이 확인되었지만, 가족 대다수가 불안정한 체류자격에도 불구하고 자신과 자녀의 미래를 한국에서 준비하고 있는 것으로 보인다. 김올가의 가족들이 광주광역시 '고려인 마을'이란 특정 민족 집거지에서 친숙한 가족원들과 고려인 이웃들과 일상을 어울려 지내는 것 외에도, 돌 의례를 비롯한 고려인 일생 의례라는 문화적 실천에 자주 참여하는 것은 이들 가족이 광주광역시 '고려인 마을'이라는 새로운 장소에 가족을 재건할 수 있는 문화적 힘으로 작용할 것으로 생각한다. 특히 김올가의 외할머니인 '바부쉬카'babushka는 한국 이주 생활에서 광주의 '고려인 마을'에 가족과 집이 재건될 수 있게 하는 일에 핵심적인 역할을 하는 것으로 생각된다.

한편 김올가 가족처럼 한국으로 가족 대다수가 이주해 있는 상황에서 우즈베키스탄을 향하던 일생 의례의 구심력은 점진적으로 약해질 가능성도 짐작해 볼 수 있다. 더 나아가 우즈베키스탄 고려인의 한국으로의 이주가 더욱 심화하면 한국과 우즈베키스탄과의 초국적 관계도 점진적으로 약화하고, 이를 통해 일생 의례와 같은 상징적인 영역에서도 본국의 중요성이 점차 약화할 것인지 향후 추가적인 연구가 필요할 것으로 보인다.

1장 고려인 초국적 가족과 돌봄 문화

Abrahamson, M. 1996. "Urban Enclaves: Identity and Place in America". Review by David M. Hummon. *Contemporary Sociology.* 25:6.

Al-Ali, N. 2002. "Loss of Status or New Opportunities? Gender Relations and Transnational Ties among Refugees". in D. Bryceson and U. Vuorela(eds.). *The Transnational Family: New European Frontiers and Global Networks.* New York: Berg.

Baldassar, L. 2008. "debating culture across distance: transnational families and obligation to care". in R.Grillo(ed.). *The Family in Question: immigration and ethnic minorities in multicultural Europe.* Amsterdam: Amsterdam University Press.

Baldassar, L. Baldock, C.V. & Wilding, R. 2007. *Families Caring across Borders: Migration, Aging and Transnational Caregiving.* London: Palgrave Macmillan.

Baldassar, L. & Laura Merla(eds.). 2014. *Transnational Families, Migration and the Circulation of Care: Understanding Mobility and Absence in Family Life.* New York: Routledge.

Bartley, A. and Spoonley, P. 2008. "Intergenerational transnationalism: 1.5 generation Asian migrants in New Zealand". *International Migration.* 46(4).

Bernhard, J. P., Landolt, P. and L. Goldring. 2005. "Transnational, Multi-local Motherhood: Experiences of Separation and Reunification among Latin American Families in Canada". *CERIS Working Paper.* 40.

Bryceson, D. and Vuorela, U. 2002. "Transnational Family: in the Twenty First Century". in D. Bryceson and U. Vuorela(eds.). *The Transnational Family: New European Frontiers and Global Networks.* New York: Berg.

Bushin, N. 2009. "Researching family migration decision-making: a children-in-families approach". *Population, Space and Place.* 15(5).

Carling, J., Menjivar, C. and Schmalzbauer. 2012. "Central themes in the study of transnational parenthood". *Journal of Ethnic and Migration Studies.* 38(2).

Coe, C., Reynolds, R., Boehm, D., Hess, J., and Rae-Espinoza, H. 2009. *Everyday ruptures: Children, youth, and migration in global perspective.* Nashville, TN: Vanderbilt University Press.

Dreby, J. 2007. "Children and power in Mexican transnational families". *Journal of Marriage and Family.* 69(4).

Dreby, J. and T. Adkins. 2012. "The Strength of Family Ties: How US Migration Shapes Children's Ideas of Family". *Childhood.* 19(2).

Escriva, A. 2005. "Aged Global Care Chains: a Southern-European contribution to the field". International Conference on Migration and Domestic Work in Global Perspective. Wassenaar. 26-29 May.

Fernandez-Kelly, P. and R. Schauffler. 1996. "Divided Fates: Immigrants Children and the New Assimilations". *The New Second Generation.* edited by A. Portes. New York: Russell Sage Foundation.

Gardner, K. 2002. "Death of Migrant: transnational death rituals and gender among British Sylhetis". *Global Networks.* 2(3).

Gardner, K. 2012. "Transnational Migration and the Study of Childhood: an Introduction". *Journal of Ethnic and Migration Studies.* 38(6).

Gianelli, G. and Mangiavacchi. 2010. "Children schooling and parental migration: empirical evidence on the left-behind generation in Albania". *Labour.* 24.

Hochschild, A.R. 2000. "Global Care Chains and Emotional Surplus Value". in Will Hutton and Anthony Giddens(eds). *On the Edge, Living with Global Capitalism.* London: Vintage.

Holloway, S. and Valentine, G. 2000. *Children's Geographies: Playing, Living, Learning.* Abingdom: Routledge.

Horn, V. Schweppe, C. and S. Um. 2013. "Transnational Aging: A Young Field of Research". *Transnational Social Review: A Social Work Journal.* 3(1).

Horn, V. and C. Schweppe(eds.). 2016. *Transnational Aging: Current Insights and Future Challenges.* New York: Routledge.

Izuhara, M. S. Shibata. 2000. "Breaking the Generational Contract? Japanese Migration and Old-Age Care in Britain". in *The Transnational Family: New European Frontiers and Global Networks.* eds. D. Bryceson and U. Vuorela. Oxford : Berg Publication.

James, A. C. Jenks and A. Prout. 1998. *Theorizing Childhood.* Cam- bridge: Blackwell.

Jenks, C. 1996. *Childhood.* New York: Routledge.

King R. and J. Vullnetari. 2009. "The intersections of gender and generation in Albanian migration, remittances and transnational care". *Human*

Geography. 19(1).

King R., E. Cela, T. Fokkema and J. Vullnetari. 2014. "The migration and wellbeing of the zero generation: transgenerational care, grandperenting, and loneliness amongst Albanian older people". *Population, Space and Place.* 20.

Lamb, S. 2002. "Intimacy in a transnational era: the remaking of aging among Indian Americans". *Diaspora.* 11.

Laoire, C. N. 2011. "Narratives of 'Innocent Irish Childhoods': Return Migration and Intergenerationl Family Dynamics". *Journal of Ethnic and Migration Studies.* 37:8.

Levitt, P. and M. Waters. 2002. *The Changing Face of Home: The Transnational Lives of the Second Generation.* New York: Russell Sage Foundation.

Lie, M. L. S. 2010. "Across the Oceans: Childcare and Grandperenting in UK Chinese and Bangladeshi Households". *Journal of Ethnic and Migration Studies.* 36(9).

Mand, K. 2002. "Place, gender and power in transnational Sikh marriages". *Global Networks.* 2(3).

Mazzucato, V. and Schans, D. 2011. "Transnational families and the well-being of children: Conceptual and methodological challenges". *Journal of Marriage and Family.* 73(4).

Messey, D.S. 1999. "Why Does Immigration Occur? A Theoretical Synthesis". *The Handbook of International Migration: The American Experience.* Charles Hirschman et. al. eds. New York: Russell Foundation.

Mosksal, M. and N. Tyrrell. 2016. "Family migration decision-making, step-migration and separation: Children's experiences in European migrant worker families". *Children's Geographies.* 14(4).

Olwig, K.F. 2002. "A Wedding in the Family: home making in a global kin network". *Global Networks.* 2(3).

Pantea, M. 2012. "Grandmothers as Main Caregivers in the Contexts of Parental Migration". *European Journal of Social Work.* 15(11).

Parrenas, R.S. 2001. *Servants of Globalization: Women, Migration and Domestic Workers.* Stanford: Stanford Univ. Press.

Parrenas, R.S. 2005. "Long distance intimacy: class, gender and intergenerational relations between mothers and children in Filipino transnational families". *Global Networks.* 5(4).

Punch, S. 2012. "Studying Transnational Childhood: A Multi-sited, Longitudinal Ethnographic Approach". *Journal of Ethnic and Migration Studies.* 38(6).

Purkayastha, B. 2005. *Negotiating Ethnicity: Second Generation South Asian Americans Traverse a Transnational World.* New Brunswick: Ruters University Press.

Reitz, J. G. and K. Somerville. 2004. "Institutional Change and Emerging Cohorts of the 'New' Immigrant Second Generation: Implications for the Integration of Racial Minorities in Canada". *Journal of International Migration and Integration.* 5(4).

Salih, R. 2002. "reformulating tradition and modernity: Moroccan migrant women and the transnational division of ritual space". *Global Networks.* 2(3).

Sorensen, N.N, & Guarnizo, L.G. 2007. "Transnational Family life Across the Atlantic: The Experience of Colombian and Dominican Diaspora". in J. Besson & K. F. Olwig(eds.). *Living Across Worlds: Diaspora, Development and Transnational Engagement.* Geneva:

IMO.

Treas, J. 2008. "Transnational Older Adults and Their Families". *Family Relations.* 57.

Treas, J. and S. Majumdar. 2004. "Caregivers and Kin Keeping: Contribution of Older People to America's Immigrant Families". *Journal of Comparative Family.* 35.

Tsuda, T. 2009. "Why Does the Diaspora Return Home?". *Diasporic Homecomings : Ethnic Return Migration in Comparative Perspective.* T. Tsuda(ed.). California: Stanford University Press.

Vullenetari, J. & R. King. 2008. "'Does your granny eat grass?' On mass migration, care drain and the fate of older people in rural Albania". *Global Networks.* 8(2).

Walsh, K. and L. Näre(eds.). 2016. *Transnational Migration and Home in Older Age.* New York: Routledge.

White, A. C. N. Laoire, N. Tyrrell and F. Capena-Mendez. 2011. "Children's Roles in Transnational Migration". *Journal of Ethnic and Migration Studies.* 37(8).

Yeats, N. 2009. *Globalizing care economies and migrant workers: explorations in global care chains.* Basingstoke: Palgrave MacMillan.

Yeats, N. 2012. "Global care chains: a state-of-the-art review and future directions in care transnationalization research". *Global Networks.* 12(2).

Yeoh B. et al. 2013. "Between two families: the social meaning of remittances for Vietnamese marriage migrants in Singapore". *Global Networks.* 13(4).

Zecher, M. 2007. "care of older persons in transnational settings". *Journal of Aging Studies.* 22.

Zeitlyn, B. & K. Mand. 2012. "Researching Transnational Childhoods". *Journal of Ethnic and Migration Studies.* 38(6).

Zentgraf, K.M. and N.S. Chinchilla. 2012. "Transnational Family Separation: A framework for Analysis". *Journal of Ethnic and Migration Studies.* 38(2).

Zhou, Y. R. 2012. "Space, time, and self: rethinking aging in the contexts of immigration and transnationalism". *Journal of Aging Studies.* 26.

Zhou, Y. R. 2013. "Transnational Aging: the impacts of adult children's immigration on their parents' later lives". *Transnational Social Review.* 3(1).

Zontini, E. and Reynolds, T. 2007. "ethnicity, families and social capital: caring relationships across Italian and Caribbean transnational families". *International Review of Sociology.* 17(2).

2장 고려인의 한국 이주와 '고려인 마을' 정착

성동기. 2012. "체제 전환기에 나타난 우즈베키스탄 고려인 독립세대의 정체성 문제와 대응방안 고찰". 『역사교육』. 121.

스미스(남영호 외 역). 2010. 『초국적 도시이론』. 서울: 한울아카데미.

스토커(김보영 역). 2004. 『국제 이주』. 서울: 이소출판사.

이채문·박규택. 2003. "중앙아시아 고려인의 러시아 극동지역 귀환이주". 『한국지역지리학회지』. 9:4.

정근식. 2013. "우즈베키스탄의 민족국가형성 20년 궤적과 전통의 재구성". 전경수 엮음. 『우즈베키스탄에서 배운다』. 서울: 민속원.

Body, M. 1989. "Family and Personal networks in International Migration:

recent developments and agendas". *International Migration Review.* 23:3.

Koser, K. 2007. *International Migration.* New York : Oxford.

Levitt, P. 2003. "You Know, Abraham was really the first immigrant: religion and transnational migration". *International Migration Review.* 37:3.

Messey, D.S. et. al. 1987. *Return to Aztlan: the social process for international migration from Eastern Mexico.* Berkeley and Los Angels: University of California.

Messey, D.S. et. al. 1993. "Theories of international migration: a review and appraisal". *Population and Development Review.* 19:3.

[인터넷자료]

KOTRA 우즈베키스탄 근로자 임금동향. http//global.kotra.net/service(2013년 11월 20일 검색)

3장 고려인 '초국적 가족'의 형성과 변화

김게르만. 2004. "소련방 붕괴 이후 러시아 고려인의 이주현황". 러시아 고려인 역사 140년: 성찰과 새로운 인식, 재외동포재단과 재외한인학회 공동주최 국제학술회의.

김성진. 2013/2014. "중앙아시아 국가들의 국제이주: 현황과 요인". 『중소연구』. 37:4.

김혜진. 2010. "러시아 로스토프주 내 고려인 사회의 형성과정과 특징". 『동북아역사논총』. 28.

성동기. 2010. "중앙아시아 고려인 이주의 새로운 유형과 연구과제". 『한민족연구』. 8.

심헌용·김재기. 2004. “러시아 재이주 한인의 난민적 상황과 인권보호”. 『민주주의와 인권』. 4:1.

오정은·강희영·성동기. 2014. 『한-CIS 관계증진을 위한 CIS출신 동포 활용방안: 국내체류 경험 고려인을 중심으로』. IOM 이민정책연구원 연구보고서.

윤성학 외. 2011. 『한·중앙아시아 인적자원의 교류현황과 활성화 방안』. KIEP.

이은정. 2014. “우즈베키스탄 고려인의 귀환이주: 대구지역 고려인의 사례를 중심으로”. 『지방사와 지방문화』. 18:1.

이천영. 2014. “국내체류 고려인동포에 대한 정책방향”. 『‘재외동포의 국내 체류 지원’ 정책토론회발표집』.

Ambrosini, M. 2015. "Parenting from a distance and processes of family unification: A Research on the Italian Case". *Ethnicities.* 15:3.

Artico, E. 2003. *Latino Families Broken by Immigration: the adolescents' perspective.* New York: Lfb Scholarly.

Erel, U.(ed.). 2012. "Special Issue: Transnational Care in Europe: Changing Formations of Citizenship, Family, and Generation, Social Politics". *International Studies in Gender, State & Society.* 19:1.

Hochschild, A.R. 2002. "Love and Gold". in B. Ehrenreich and A. Hochschild(eds.). *Global Women: nannies, maid and sex workers in the new economy.* New York: Owl Books, 2002.

Huang, S. et al. 2012. "Caring for the elderly: the embodied labour of migrant care workers in Singapore". *Global Networks.* 12:2.

Kofman, E. 2004. "Family-related migration: A critical review of European studies". *Journal of Ethnic and Migration Studies.* 30:2.

Marcus, G.E. 1995. "Ethnography In/Of the World System: the emergence of multi-sited ethnography." *Annual Review of Anthropology.* 24.

Parrenas, R.S. 2001. *Servants of Globalization: Women, Migration and Domestic Workers.* Stanford: Stanford Univ. Press.

Piper, N. 2000. "Globalization, Gender and Migration: the Case of International Marriage in Japan". J. Cook et al.(ed.). *Towards a Gendered Political Economy.* Basingstoke: Macmillan.

Schmalzbaur, L. 2004. "Searching for Wages and Mothering from Afar: the case of Honduran transnational families". *Journal of Marriage and Family.* 66.

Truong, T. 1996. "International Marriage and Social Reproduction for Theory, Policy, Research and Networking". *Asian and Pacific Migration Journal.* 5:1.

Zentgraf, M. & Z. Chinchilla. 2012. "Transnational Family Separation: A Framework for Analysis". *Journal of Ethnic and Migration Studies.* 38:2.

[인터넷 자료]

Parpiev, Z. "who is behind remittances?: a profile of Uzbek Migrants", http://www.undp.org(2015년 3월 5일 검색).

4장 고려인의 노부모에 대한 '초국적 돌봄'

김용환. 1999. "가족과 친족생활". 『우즈베크스탄 한인동포의 생활문화』. 국립민속박물관.

박명규. 1996. "중앙아시아 한인의 집합적 정체성과 그 변화," 한국사회사학회논문집 편. 『중앙아시아 한인의 의식과 생활』. 문학과 지성사.

오정은·강희영·성동기. 2014. 『한-CIS 관계증진을 위한 CIS출신 동포 활용방안: 국내체류 경험 고려인을 중심으로』. IOM 이민정책연구원 연구보고서.

이정옥. 1996. "중앙아시아 한인 가족 구조의 변화". 『중앙아시아 한인의 의식과 생활』. 한국사회사학회논문집. 4.

이천영. 2014. "국내체류 고려인동포에 대한 정책방향". 『'재외동포의 국내 체류 지원' 정책토론회 발표집』.

장준희, 2011. "중앙아시아 고려사람의 공동묘지에 나타난 문화 정체성". 『한국문화연구』. 21.

Baldassar, L. 2008. "debating culture across distance: transnational families and obligation to care". in R.Grillo(ed.) *The Family in Question: immigration and ethnic minorities in multicultural Europe.* Amsterdam: Amsterdam Univ. Press.

Baldassar, L. & Baldock, C. V. 2000. "Linking migration and Family Studies: Transnational Migrants and Care of Ageing Parents". in Biko Agozino(ed.). *Theoretical and Methodological Issues in Migration Research: Interdisciplinary and International Perspective.* Aldershot: Ashgate.

Baldassar, L. Baldock, C.V. & Wilding, R. 2007. *Families Caring across Borders: Migration, Aging and Transnational Caregiving.* London: Palgrave Macmillan.

Baldassar, L. & Laura Merla(eds.). 2014. *Transnational Families, Migration and the Circulation of Care: Understanding Mobility and Absence in Family Life.* New York: Routledge.

Gouldbourne, H. & Chamberlayne, M. 2001. *Caribbean, Families in Britain and Transatlantic World.* Basingstock Macmillan.

Mason, J. 1999. "Living away from relatives: kinship and geographical reasoning". in McRae, S.(ed.). *Changing Britain: Families and Households in the 1990s.* Oxford University Press.

Pertierra, R. 2005. "Mobile Phones, Identity and Discursive Intimarcy". *Human Technology.* 1:1.

Thomas, C. 1993. "Deconstructing concepts of care". *Sociology.* 27.

Treas, J. 2008. "Transnational Older Adults and Their Families". *Family Relations.* 57.

[인터넷 검색]

Parpiev, Z. "who is behind remittances?: a profile of Uzbek Migrants", http://www.undp.org(2015년 3월 5일 검색).

5장 고려인 노년 세대의 '조부모 노릇'

기계형. 2011. "젠더의 시각에서 본 중앙아시아 고려인 이주: 우즈베키스탄 고려인 여성의 행위자로서의 경험과 역사적 기억을 중심으로". 『역사학보』. 212.

김미숙. 2010. 손자녀를 돌보는 조모의 돌봄 만족감에 영향을 미치는 요인, 경기대학교 사회복지대학원. 석사학위논문.

이정옥. 1996. "중앙아시아 한인 가족 구조의 변화". 『중앙아시아 한인의 의식과 생활』. 한국사회사학회논문집. 4.

정근식. 1996. "중앙아시아 한인의 생활과 문화". 『중앙아시아 한인의 의식과 생활』. 한국사회사학회논문집. 4.

Ashwin, S. ed. 2000. *Gender, State and Society in Soviet and Post-Soviet Russia.* London: Routledge.

Fogiel-Bijaoui, S. 2013. "Babushka in the Holy Land: Being a Russian-Israeli Grandmother in Israel Today". *Journal of Comparative*

Family Studies. 44:6.

Izuhara, M. S. Shibata. 2000. "Breaking the Generational Contract? Japanese Migration and Old-Age Care in Britain". in *The Transnational Family: New European Frontiers and Global Networks.* eds. D. Bryceson and U. Vuorela, Oxford : Berg Publication.

Kuthterin, S. 2000. "Fathers and patriarchs in communist and post-communist Russia". In *Gender, State and Society in Soviet and Post-Soviet Russia.* eds. S. Ashwin. London: Routledge.

Tolstokorova, A. 2012. "Zhdi i pomni menya's: Ukrainskaya transnational' naya sem'ya kak objekt gendernogo analisa". *Diaspry.* 3.

6장 고려인 아동의 한국 이주와 정착 및 정체성

Bartley, A. and Spoonley, P. 2008. "Intergenerational transnationalism: 1.5 generation Asian migrants in New Zealand". *International Migration.* 46(4).

Blunt, A. and Dowling, R. 2006. *Home.* London: Routledge.

Fassetta, G. 2014. "The Social and Symbolic Aspects of Languages in the Narratives of Young Migrants". *Language and Intercultural Communicatio*n. 14:3.

Folg-Olwig, K. 1997. "Cultural Sites: Sustaining Home in a Deterritorialized World". in Fog-Olwig, K and K. Hastrup(eds.). *Siting Culture: The Shifting Anthropological Object.* London: Routledge.

Gupta, A. and J. Ferguson. 1997. "Culture, Power, Place: Ethnography at the End of the Era". in A. Gupta and J. Ferguson(eds.). *Culture, Power, Place: Explorations in Critical Anthropology.* London and Durham: Duke Univ. Press.

Hladnik, M. 2010. "Children and Childhood in Migration Contexts, Dve Domovini, Inśtitut za slovesko izseljenstvo, Ljubljana". *SLOVENIE.* 32.

Mand, K. 2003. Gendered Places, Transnational Lives: Sikh Women in Tanzania, Britain and Indian Punjab. unpublished MPhil dissertaion. University of Sussex.

Orellana, M. 2001. "The work kids do: Mexican and Central American immigrant children's contributions to households, schools and community in California". *Harvard Educational Review.* 7:3.

Schwalgim, S. 2004. "Why Locality Mattrers: Diaspora Consciousness and Sedentariness in the Armenian Diaspora in Greece". in W. Kokot and C. Alfonso(eds.). *Diaspora, Identity and Religion: New Directions in Theory and Research.* Lonodn: Routledge.

7장 고려인 초국적 가족의 일생 의례, '돌잔치' 중심으로

강정원. 2016. "중앙아시아 고려인의 이주와 민속문화". 『글로벌 한국학과 이주와 이산의 인류학』. 서울대학교 인류학과 학술발표논문집.

강정원 외. 2017. 『중앙아시아 고려인 전통생활문화, 우즈베키스탄』. 민속원.

강정원 외. 2017. 『중앙아시아 고려인 전통생활문화, 카자흐스탄』. 민속원.

강정원 외. 2018. 『중앙아시아 고려인 전통생활문화 키르기스스탄』. 민속원.

김병학. 2013. "영상물에 나타난 카자흐스탄 고려인의 통과의례: 돌잔치, 혼인잔치, 환갑잔치를 중심으로". 『인천문화연구』. 10.

국립민속박물관. 1999. 『우즈베키스탄 한인동포의 생활문화』. 국립민속박물관출판부.

국립민속박물관. 2000. 『까자흐스딴 한인동포의 생활문화』. 국립민속박물관출판부.

김엘레나. 2014. 『우즈베키스탄 고려인의 통과 의례에 관한 연구』. 한국외국어대학원 국제관계학과 석사학위논문.

Appadurai, A. 1996. *Modernity at Large: Cultural Dimensions of Globalization.* Minnesota: University of Minnesota Press.

1장 고려인 초국적 가족과 돌봄 문화

1 다른 아시아 국가 출신 단순 노동력을 최대 4년 10개월 체류시키다 귀국시키는 '순환형' 노동력으로 인식한 것과는 달리 조선족과 고려인에게는 방문취업비자(H-2)에서 일련의 조건을 갖추면 '재외동포비자'(F-4), '영주권'(F-5) 등으로 전환하여 국내 체류 기간 연장의 가능성을 열어놓았다는 점에서 한국 정부가 재외동포에는 더 우호적인 정책을 시행하고 있다고 이해될 수도 있다.

2 나눔방송 운영자는 고려인 관련 후원 등 크고 작은 내용을 방송 외에 같은 내용을 약 1만 명에 문자로 보내며, 트위터, 페이스북, 카카오톡 등 SNS를 통해 광주시와 전국적으로 네트워크를 맺고 있는 내국인에게 보낸다. 주로 고려인 공동체가 직면한 어려움과 행사 관련 소식을 접한 사람들은 고려인센터에 대한 후원으로 이어지게 한다.

3 이 개념을 비판하는 연구자들의 목소리는 다음과 같다. 여성 가사노동자를 전 지구적 경제의 무기력한 희생자로만 묘사하고 있다(Ryan, 2011). 엄마와 자녀의 이별은 이주와 가족 주기의 특정한 단계에 해당한다. 즉, 자녀와 함께 이주하는 것, 자녀를 두고 떠났다가 본국이나 이주 국가에서 재결합하는 것 등은 가족 단위가 제도적이고 개인적인 기회, 본국과 이주 사회가 제공하는 자원과 구속 요인에 따라 선택된 특정한 전략의 산물이다. 이런 점에서 '전 지구적 돌봄 고리'의 시각은 이주자 가족 구성원의 행위성(agency)을 강조하지 않고 있다(Huang et al. 2012; Erel, 2012).

4 '일반적 호혜성'은 재화나 서비스를 다른 사람에게 제공하되 어떠한 보답도 기대하지 않는 호혜성을 말한다. 일반적 호혜성은 모든 사회에서 가족을 유지하는 데 중요하며, 부모는 본인이 원해서나 의무감 때문에 자녀에게 물질적·정서적인 것들을 제공하나 자녀가 보답할 시기와 방식에 대해 정확히 계산하지 않는다.

5 국제이주의 맥락에서 자주 등장하는 '인재 유출'(brain drain) 개념도 일반적으로 한 국가에서 고급 인력들이 다른 국가, 특히 산업 선진국으로 이주하여 다른 국가에서 활용됨으로써 남아 있는 국가의 사회·경제적 상황에 심각한

부정적 영향을 주는 현상을 말한다. 특히 인재 유출은 개발도상국이 직면했던 가장 심각한 문제의 하나였으며 이들 국가발전에 장애로 인식되었다.

6 국내 고려인 가운데 10대 말~20대 초에 결혼하는 사람들이 적지 않기 때문에, 50대 후반이면 조부모 세대가 되는 사례가 드물지 않았다. 본 연구대상 가운데 50대 후반에 해당하는 3가구의 조부모는 방문취업비자인 H-2 비자로 입국하여 공장을 다니거나 시간제 일을 하고 있어서 경제적 주체로 간주할 수 있지만, 이들 역시 광주에 거주하는 성인 자녀와 손자녀에게 다양한 도움을 주는 조부모 세대에 해당한다.

2장 고려인의 한국 이주와 '고려인 마을' 정착

7 어머니는 혼자 살지만, 장모는 자신의 부인이 이전 혼인 관계에서 낳았던 딸과 함께 살기 때문에 더 많은 돈을 송금한다. 현재 광주에는 김겐나디 부부와 이들 사이에 낳은 아들 1명이 있다.

8 우즈베키스탄 정부는 2012년 8월 1일부로 자국에서 근무하는 근로자(외국인 투자기업 포함)를 대상으로 1년 차부터 22년 차까지 최저임금을 규정하는 'Single Tariff System'을 발표하였다. 이에 따르면 사무직에 근무하는 1년 차 직원의 최저임금은 미화 약 92달러, 10년 차 직원의 최저임금은 미화 약 198달러 정도이다. KOTRA 우즈베키스탄 근로자 임금동향, http//global.kotra.net/service (2013년 11월 20일 검색). 허아나스타샤의 2005년 자신이 받았던 고교 교사 급여는 미화 50불이었다. 이 금액으로 밥은 먹고 살지만 고기는 구경조차 할 수 없다고 그녀는 말한다.

9 더 나아가 이들 지역의 동포 가운데 단순 노무 업종 취업 우려가 없는 고학력자, 기업인, 문화예술 및 전문직 종사자 등에 '재외동포비자' F-4 자격을 부여하였으며, 재외동포 가운데 국적취득 요건을 갖추었으면 영주 자격인 F-5 자격 신청이 허용되었다.

10 한국의 생활 정보, 고용 가능성, 임금 수준 등의 정보는 국제전화와 인터넷 외에 빈번히 본국을 방문하는 고려인에 의해 주변 고려인에게 직접 전파된다. 국내 러시아와 중앙아시아 국가 출신 외국인이 가장 밀집해 있는 서울 광희동에 있는 우즈베키스탄인이 운영하는 여행사 '타슈켄트시티'의 광주 분점이 2012년 11월 광산구 산정동에 문을 열었다. 대리점 주인인 고려인 박갈리나(여, 24)에 따르면 여권 갱신 등 업무 외에 가족과 친지를 만나기 위해 매월 평균 40여 명 이상의 광산구 거주 고려인이 자신의 여행사로부터 타슈켄트행 항공권을 구매한다고 한다. 특히 떨어진 가족과 설을 함께 쇠기 위해 작년 12월에는 60명 이상의 광산구 고려인이 자신의 여행사를 이용했다.

11 페르가나 주에 있는 안디잔주의 인구는 약 250만이며 안디잔시의 인구는 약

26만 명이다. 이 지역의 고려인은 독립 이전에 약 3천 명이었으나 이들은 이후 카자흐스탄, 러시아, 한국 등으로 이주하여 현재는 약 6백 명으로 줄었다(정근식, 2013:197).

12 새날학교는 국제결혼과 이주노동으로 한국에 정착한 외국인의 중도 입국 자녀를 위한 학교로 2009년 2월에 개교하였다. 고려인 자녀를 포함해 다른 국적 외국인 자녀 61명이 재학하고 있다. 2014년 현재 재학 중인 고려인 학생의 입학 연도별(2010년 1명, 2011년 4명, 2012년 7명, 2013년 6명) 현황은 2011년 이래 지속해서 고려인의 유입이 늘어가고 있음을 말해준다. 새날학교 재학생은 광산구 일대의 공립학교에 원적을 두고 위탁학교인 새날학교에서 한국어 중심 교육을 받으며, 한국어 수준이 향상되면 원적 학교로 돌아간다. 2013년 고등학교 과정이 신설되었으며, 지난 2년 사이에 2명의 새날학교 출신 고려인 학생이 외국인 특례입학으로 지역대학에 진학하였다.

3장 고려인 '초국적 가족'의 형성과 변화

13 우즈베키스탄 정부는 자국의 국민 중에 이주노동자가 존재한다는 것을 공식적으로는 부인한다. 이 때문에 정확한 우즈베크인의 국가별 이주자 현황을 알 수 없으며, 자국민의 타국에서의 성적 착취와 노동착취에 아무런 공식적 대응을 하지 않고 있다. 우즈베키스탄 정부가 이주 문제에 관해 중앙아시아와 러시아 등과의 대화채널 구축을 하지 않는 것은 우즈베키스탄이 이주 문제에서 발생하는 부정적인 국제적 평판을 두려워하기 때문이라고 전문가들은 보고 있다. 윤성학 외, 『한·중앙아시아 인적자원의 교류 현황과 활성화 방안』, KIEP(2011), pp.123-125.

14 고려인의 연해주 이주를 둘러싸고 심헌용·김재기는 1990년대 초반에는 내전이 있었던 타지키스탄 고려인이 주를 이루고 후반기에 우즈베키스탄 등의 고려인이 이주하였다고 주장한다. 심헌용·김재기, "러시아 재이주 한인의 난민적 상황과 인권보호", 『민주주의와 인권』 제4권 1호(2004). 하지만 김게르만은 이미 1990년대 초반부터 우즈베키스탄 고려인의 연해주 이주가 대규모로 시작되었다고 주장한다. 김게르만, "소련 붕괴 이후 러시아 고려인의 이주현황", 러시아 고려인 역사 140년: 성찰과 새로운 인식, 재외동포재단과 재외한인학회 공동주최 국제학술회의(2004).

15 황타티아나 형제자매가 체류하는 러시아의 로스토프 지역은 1950년대 중후반부터 고려인 계절 농민들의 유입이 활발했던 곳이다. 특히 2000년대 중반 이후 새로운 고려인 집단 거주 지역으로 드러나기 시작한 것은 한국 정부의 관심이 일조했다. 2006년 이후 한국 사절단이 로스토프 지역을 방문하여 '비닐하우스사업'을 진행하였는데, 이 프로젝트는 한국의 비닐하우스 농업기술

을 전수하여 농업에 종사하는 지역의 고려인을 돕기 위한 목적으로 시작됐다. 현지 고려인 사회는 이 프로젝트로 한국에서의 지원은 물론 로스토프주 정부로부터 5만㎡의 땅을 배분받았다. 김혜진, "러시아 로스토프주 내 고려인 사회의 형성과정과 특징", 『동북아역사논총』 제28호(2010), pp.345-346.

16 송크세니야의 어머니인 황타티아나에 대한 인터뷰는 2014년 12월 말에 타슈켄트 그녀의 집에서 수행된 바 있다. 필자는 2015년 8월에 딸 부부의 집에 방문차 온 어머니 황타티아나를 광주에서 다시 만날 수 있었다. 어머니에게 딸의 한국 합류의 제안을 거절한 이유를 묻자, 어머니는 "우리는 소련 시절을 보내고 러시아어로 모든 것을 배웠기 때문에 모든 시스템을 공유했던 러시아에 사는 것이 좋다. 러시아에 있으며 내 집에 있는 것 같고 러시아에서는 시민권 취득도 어렵지 않다."라고 말하면서 러시아로의 이주를 소망했다.

17 이 연구의 김미하일(남, 46), 박발렌틴(남, 30), 송요시프(남, 40)는 이 제도를 통해 2005년에 한국에 입국하여 단순 노무 분야에 종사한 바 있다. 김미하일은 2005년에 입국하여 인천에서 문짝 제조공장에서 일했는데 적은 임금에 심한 노동을 견디지 못해 공장을 이탈하여 미등록체류자 생활을 2010년까지 지속하였다. 박발렌틴은 2005년에 광주에 정착하여 하남공단에서 근무하다 2008년에 귀국하였다. 송요시프도 2005년에 취업관리제로 입국하여 근무지 이탈하고 2년 동안 광주에서 미등록체류 생활을 했으며 2008년에 귀국하여 2011년에 H-2 비자로 재입국하였다.

18 '이주의 여성화'에 관련된 연구들은 국제 이주에서 남성 이주노동자가 먼저 혼자서 이주 대상국에 정착하여 나중에 본국의 아내와 자녀를 불러 이주 가족을 형성하는 기존 이주 형태와는 달리, 여성이 이주화를 이끄는 현상이 국제 이주의 약 50% 이상을 차지하는 이주 현상을 말한다. 서구 산업 선진국과 아시아의 일부 선진국에서 주로 가사 노동 분야에 종사하는 필리핀과 스리랑카 등 남반구 아시아의 여성들이 가족을 본국에 남겨두고 혼자 이주하여 돌봄 노동시장에 종사하면서 본국의 자녀에 대한 초국적 돌봄을 수행하는 이주 현상을 지칭하는 개념이다. Truong, T. "Gender, International Marriage and Social Reproduction for Theory, Policy, Research and Networking", Asian and Pacific Migration Journal vol. 5, no. 1(1996); Piper, N. "Globalization, Gender and Migration: the Case of International Marriage in Japan", J. Cook et al.(ed.), Towards a Gendered Political Economy, (Basingstoke: Macmillan, 2000).

19 박발렌틴의 두 명의 누나 부부는 광산구에 거주한다. 한 명은 한국 남성과 혼인하였다. 김마리나의 남편은 타슈켄트에서 사망했으며 그녀의 딸은 타슈켄트의 친정어머니가 돌봐주고 있으며, 친언니 가족은 광산구에 살고 있다.

20 그러나 2015년 1월 초에 필자가 타슈켄트에서 만났던 어머니 최에카테리나는 아직 아들의 이런 계획을 알지 못하고, 러시아의 둘째 손자의 공부가 끝나면 보고 싶은 큰아들이 머지않아 귀국할 것으로 생각하고 있었다. 어머니는 아들이 한국에 간 뒤에 집안 수리할 일이 생길 때면 아들 생각이 많이 난다고 한다. 가기 전에 늘 아들이 수도와 전기를 고쳐주러 방문했기 때문이다.

21 최엘레나의 이전 혼인에서 낳은 딸(15)은 우즈베키스탄 호레즘(Khorezm) 주의 주도 우르겐치에서 친정어머니(59)가 돌보고 있다. 최엘레나는 친정어머니 용돈과 딸 양육비 명목으로 매월 미화 200불을 송금하고 있다. 남편 김드미트리도 이전 혼인에서 낳은 남매를 카자흐스탄에 키우는 생모에게 양육비로 매월 일정 금액을 송금하고 있다. 사실 김드미트리와 최엘레나는 9년 전에 러시아에서 만나 재혼하였으며 타슈켄트의 딸(6)은 둘 사이에서 태어난 아이이다.

22 2009년에 개교한 중도입국자녀 위탁교육 기관인 '새날학교'는 광주광역시 광산구에 있다. 매년 국비 약 6억 원의 지원을 받는 기관으로써 2015년 1월 현재 105명의 재학생이 있는데 이 가운데 55명의 학생이 고려인이다. 고려인 청소년의 입국이 급증하면서 현재 새날학교에 입학을 기다리는 인원만도 약 50명 이상이다. 새날학교 입학이 어려워 일반 학교로 배정된 고려인 아이들은 한국어를 구사할 수 없어 수업을 제대로 따라가기 힘들어해서 일반 학교장이 고려인 아이들을 수용하는 것을 꺼리고 있다.

23 사실 한국의 성인 자녀는 본국에 남아 있는 노부모를 가까이에서 돌보지 못하지만 다양한 형식의 '초국적 돌봄'을 실천하고 있다. 우즈베키스탄의 열악한 경제적 여건에서 소액의 연금으로 노년을 보낼 수 없는 노부모를 위해 광주 고려인 성인 자녀는 부모에게 정기적·부정기적 송금을 하고 있다. 물질적 지원 외에 정보통신기술을 이용해 본국의 노부모에게 규칙적인 안부 전화를 하는 등 부모에게 관심을 보여줌으로써 부모를 정서적으로 지지를 하고 있다. 또한, 많은 경비가 요구되는 일이지만 가능한 본국 방문을 통해 노부모에게 직접적인 돌봄을 제공하고자 한다.

24 2019년 9월부터 시행되어, 대부분 4세대 이후에 해당하는 고려인 아동과 청소년들이 19세가 되어도 우즈베키스탄으로 돌아가지 않고 가족과 함께 국내 정주할 수 있게 되었다. 그러나 연구 당시인 2015년 상황에서 만 19세가 되어 우즈베키스탄으로 귀국한 김○○는 가족 분거의 상황을 막기 위해 동신대 한국어 과정에 등록했는데, 비싼 학비를 감당하지 못하는 가족의 경제적 형편으로 다시 가족 생이별이 되었다는 내용을 담은 '고려인종합지원센터' 이사장의 보고서는 어렵게 한국에서 이룬 가족 재결합이 위기에 처한 상황을 잘 보여주고 있다. 이천영, "국내 체류 고려인동포에 대한 정책 방향", 『'재외

동포의 국내 체류 지원' 정책토론회 발표집』(2014), p. 28.

25 우즈베키스탄 우르겐치에 살던 최엘레나의 어머니(58)는 2012년에 자궁암 진단을 받아 광주로 모셔져 지역 국립대학병원에서 자궁암 수술을 받았다. 어머니는 2015년 6월 초 경과 검사를 위해 다시 광주를 방문하여 큰딸 집에 머물고 있다. 이번에 광주의 최엘레나의 자매는 내년에 어머니를 광주로 모셔 함께 살기로 합의를 했다. 우르겐치에 혼자 계셔서 자매가 늘 신경 쓰는 것보다 어머니를 가까이에서 모시면서 병간호를 하기 위해서 가족 재결합을 하기로 하였다. 이 밖에도 광주의 최에브게니의 형제자매가 부모님을 광주로 모시고 싶은 것도 어머니가 오랜 세월 동안 다리 관절염으로 거동이 불편해 하기 때문인데, 한국의 질 좋은 의료기술을 통해 부모님의 만성질환을 완화해 주고 싶어서다.

26 2014년 말에 필자가 우즈베키스탄에서 인터뷰 한 최에브게니의 어머니는 당시 낯선 땅에서 살고 싶지 않고 한국의 기후가 습하다는데 자신은 이런 기후가 싫어 한국에서 살지 않겠다고 말한 바 있다. 그러나 이번 한국 방문을 통해 그녀의 생각이 변하였다. 그녀는 모든 자녀가 한국에 있고 인근의 자녀들이 한국에서 한번 살아보자는 말에 생각을 바꾼 것으로 알려졌다.

27 최근 들어 한국에서 운전면허를 취득하고 승용차를 운전하면서 직장에 다니는 젊은 세대 고려인의 수가 부쩍 늘었다. 본 연구의 최에브게니 외에 박발렌틴(30) 등도 올 초에 약 1천만 원~1천 5백만 원대의 중고 승용차를 구입한 바 있다. 두 사람 모두 한국에서 영구 정착할 계획을 구체적으로 가지고 있다.

28 그러나 본 연구대상 가족들 가운데 소수는 독립 이후 급작스럽게 여러 국가로 생존을 위해 분투하는 과정에서 흩어진 후 가족과 친족 간의 연결이 단절되어 생사도 알 수 없는 사람도 있었다.

4장 고려인의 노부모에 대한 '초국적 돌봄'

29 2015년 8월 말 현재 한국에 체류하는 우즈베키스탄 국적자는 47,134명이며, 이 가운데 고려인은 방문취업비자(H-2) 소지자 14,150명과 영주권비자(F-4) 소지자 5,149명 그리고 영주권비자(F-5) 711명을 합친 20,010명이다. 그러나 동반 및 거주 비자 등을 소지한 고려인까지 포함한다면, 25,000명 내외의 우즈베키스탄 출신 고려인이 국내에 체류할 것으로 추정된다. 2010년 6,475명, 2012년 12,325명, 2014년 17,658명 등으로 국내 우즈베크 고려인의 수는 급증한다(2010년~2015년 법무부 출입국·외국인정책 『통계연보』).

30 필자가 2015년 1월 초에 타슈켄트에서 만났던 박아나톨리아 남동생 박블라디미르는 타슈켄트시 국가병원 의사였는데 2015년 8월에 러시아로 국제 이

주하여 의사로 일하고 있다. 또한 김에르네스트(56)의 둘째 아들은 우즈베키스탄에서 의대를 졸업하고 현재 모스크바에서 의과대학원을 다니고 있으며 러시아에서 의사 생활을 하고자 한다.

31 광주광역시에 거주하는 고려인의 약 95% 이상은 우즈베키스탄 출신인데, 거소지 신고가 의무로 되어 있는 재외동포비자(F-4) 소지 우즈베키스탄 고려인 가운데 292명이 광주광역시에 체류하며, 이들의 약 95%에 해당하는 276명이 광산구에 체류하고 있다.

32 광주지역의 연구대상 10개 가정 가운데 1개 가정은 필자의 우즈베키스탄 현지 조사 기간에 부모님이 러시아의 친인척 집을 방문할 계획이 잡혀 우즈베키스탄 부모님 인터뷰 대상에서 제외되었다. 따라서 9개 가정의 부모님이 우즈베키스탄 현지 조사의 연구대상이 되었다.

33 광주에 체류하는 김그레고리는 언어 등 여러 이유로 한국에서 영주권을 취득하기가 쉽지 않다고 생각한다. 그는 한국에서 모은 돈으로 타슈켄트에 아파트 한 채를 구입하여 후일 아들에게 주고, 자신은 '시온고' 마을에 사는 부모님과 함께 살면서 부모님을 모실 계획이라고 말한다. 그의 큰누나는 한국 남자와 결혼했으니 한국에서 살 것이고, 막내 여동생은 동생이자 여성이기 때문에 그가 부모님을 돌보는 것을 당연하게 생각한다.

34 2015년 5월 광주에서 만난 황류드밀라씨의 어머니(78)는 둘째 큰딸과 큰딸만 있는데, "아들이 없어도 딸이 엄마 환갑도 챙겨주었다"라고 주변 고려인들에게 자랑하고 다녔다고 필자에게 말했다. 그녀는 딸만 있는 경우 환갑잔치를 하지 않는 예도 있다고 말한다.

35 타슈켄트의 의사인 박블라디미르(남, 39)에 따르면 국가병원과 개인병원의 의료비에 큰 차이가 있는데, 예컨대 국가병원의 X-Ray 촬영 비용은 미화 약 1.5달러지만, 시설 좋은 개인병원에서는 미화 15달러 내외를 요구한다.

36 백세르게이 형도 2005년부터 2007년까지 부산에서 노동 경험이 있어서 동생의 한국 생활을 매우 잘 이해하고 있다. 형이 한국노동으로 번 돈은 현재 부모님이 거주하는 아파트를 구입할 때 크게 도움이 되었다. 백세르게이가 한국행을 결심하는 데에 형의 한국 생활의 경험이 도움이 되었다.

37 송금을 받는 박아나톨리아 부모님은 돌보고 있는 손녀의 유치원과 학원비용 등으로 실비를 지출하고 남은 돈을 저축해 자녀가 귀국한 후 돌려줄 생각을 하고 있다. 어머니는 2013년에 아버지 병원비로 아들이 보낸 미화 500불과 매월 정기적으로 보내는 돈 일부를 돌려주기 위해 저축하고 있었다.

38 아나톨리아 부부처럼 이전 혼인한 가족원에게 정기적인 금액을 송금하는 사례를 광주의 고려인 가족 중에 찾기 힘들지 않았다. 2015년 11월에 여권 변경을 위해 우즈베키스탄을 방문하는 김엘레나는 한국으로 돌아오는 길에 우

르겐치 친정어머니에게 맡긴 이전 혼인에서 낳은 딸과 타슈켄트의 시어머니께 맡긴 딸 모두를 데리고 입국하여 한국에서 함께 생활할 계획이다.

39 국경을 두고 멀리 떨어져 있는 초국적 가족원들이 상호 일상적 삶에 지속해서 개입하고 있는 바를 '부재적 존재'(absent presence)라 지칭한 페티에라(Pertierra 2005)는 ICTs의 혁명적 발달은 이주자의 '여기와 저기의 동시 존재'를 가능하게 했다고 주장한다.

40 광주의 박안드레이(남, 45) 부부가 한국에서 체류하는 동안 박안드레이의 어머님이 두 명의 딸을 5년 이상 우즈베키스탄 안디잔에서 돌보다가 2012년에 한국으로 합류하였다. 그는 어머님이 한국에 오셔서야 그간 혈압과 당뇨로 고생하시고 있는 것을 알게 되었다. 박안드레이처럼 통신기술을 이용해 부모의 건강을 알고 싶어 하지만 부모는 일반적으로 자신의 건강함과 무탈을 강조함으로써 이국땅에 사는 자녀의 근심을 덜어주려 한다. 자녀들이 우즈베키스탄 방문을 해서야 또는 부모가 한국을 방문해서야 부모의 질환 발병 사실을 아는 경우가 적지 않다.

41 우즈베키스탄의 국민은 해외로 출국 시에 출국비자(exit visa)를 받아야 한다. 우즈베키스탄 정부는 출국비자가 자국민의 테러로부터 보호라는 명분 때문에 발급한다고 주장하지만, 야당과 인권단체들은 자국민을 서방 세력과 접촉하거나 특히 반체제 인사의 출국을 통제하기 위한 것이라고 비판한다. 이 비자의 유효기간은 2년이며 발급 시 미화 약 25불에 해당하는 경비가 소요되며, 출국비자 없이 출국하려는 사람은 무거운 벌금 또는 최대 10년 징역형에 처해질 수 있다. 단 우즈베키스탄 국적자가 러시아를 포함한 독립국가연합(CIS) 국가로 출국할 때는 출국비자가 면제된다. 이 비자 발급을 위한 소요 시간은 약 2주라고 알려졌지만 실제로는 20~30일 이상 소요된다고 한다. 따라서 2년 유효기간이 만료되는 고려인 방문자는 출국비자까지 받기 위해서는 최소 1개월 이상은 체류해야 한다. 2019년 1월 1일부로 우즈베키스탄의 출국비자 제도는 폐지되었다.

42 김엘레나 언니 부부는 한국인과 결혼해 광주에 사는 30년 지기 친구가 광주로의 정착을 도와줘 2008년부터 광주에 살고 있다. 박아나톨리아와 김엘레나 부부는 2011년에 광주에 사는 언니 부부의 도움으로 광주에 와서 언니 집에서 4개월 신세를 지고 독립했다. 이는 사실상 국제 이주의 맥락에서의 돌봄이 가족과 친족원 외에도 친구 등으로 확장되어 순환되어 감을 보여준다.

43 광산구 '고려인 마을'에 진출한 일용직 용역회사는 공장에 근무하지 않는 장년과 노년층을 대상으로 전남 나주와 문평 일대의 배·블루베리·아로니아 농장에 필요한 일손을 공급하고 있다. 출발 시각부터 귀가 시간까지 약 12시간 소요되는 일일 노동에 대한 일당은 대략 6~6만 5천 원 사이이다. 매일 30~

40명 이상의 고려인이 농장일 뿐만 아니라 '2015 광주 유니버시아드 대회' 처럼 일회적인 행사에도 일용직으로 공급된 바 있다. 최근 두 개의 용역회사의 사무실이 '고려인 마을'에 개업하여 고려인은 안정적인 시간제 일을 구할 수 있게 되었다. 특히 용돈이 필요한 장년과 노년층에게 일용직은 호응이 매우 좋은데, 이들은 이런 일을 '아르바이트'라고 부른다.

44 필자는 송크세니야 어머니 황타티아나를 2014년 12월 말에 타슈켄트에서 다른 가족들과 함께 만나서 인터뷰를 한 바 있다. 우연히 황타티아나가 2015년 6월에 한국 자녀를 만나기 위해 광주를 방문하여 필자는 다시 황타티아나를 대상으로 2015년 8월에 인터뷰할 기회를 가질 수 있었으며, 두 번째 만날 때는 타슈켄트에서의 만남보다 훨씬 친밀한 분위기에서 인터뷰가 진행되었다.

45 황타티아나는 우즈베키스탄에서 건강검진을 받는 것보다 의료기술이 뛰어난 한국에서 검진을 받고 가면 "믿음이 생겨 의심이 없다."라고 말한다. 2년 전 검진에서 신장과 위가 좋지 않다고 해서 약을 받았고, 신장에 작은 혹이 있다고 했는데 이번 검진에서 이 혹을 확인하고 싶다고 했다.

46 2명의 어머니는 딸의 이전 결혼으로 낳은 아이를 보거나 이혼한 딸의 아이를 돌보고 있고, 3명의 어머니는 광주에 있는 성인 자녀 부부의 아이들을 돌보고 있다.

47 최에브게니 어머니는 필자가 2014년~2015년 3주간 타슈켄트 현지 조사 기간에 에브게니 집에서 심층 인터뷰를 하면서 만난 바 있는데, 우연히 2015년 8월에 광주에서 다시 만나게 되어 인터뷰를 재차 할 수 있었다. 이번이 처음 한국 방문인 알렉산드로 어머니와의 대화를 통해 며느리 출산을 위해 우즈베키스탄에서 준비해 온 물품, 고려인 산후 조리방식, 체류 기간의 활동 계획 등에 관한 이야기를 들을 수 있었다.

48 최에브게니는 한국에 영주 거주할 계획으로 한국 운전면허를 취득하고 승용차를 구입하고자 계획했는데, 어머니의 방문에 맞춰 계획보다 조금 앞당겨 승용차를 구입했다. 그의 4명의 형제자매 모두가 한국에 체류 중이고 부모님은 2016년에 한국으로 합류할 계획이다.

49 광주의 일부 성인 자녀와 그들을 방문하는 부모들은 의료 사각지대에 놓여 있다. 현재 의료보험 없는 고려인 중환자를 위해 광주 고려인종합지원센터는 광주광역시의 일부 대형 병원과 의료지원협약을 맺어 병원비 일부를 감면받고 있다. 또한, 막대한 병원비를 감당하지 못하는 고려인 가족을 위해 고려인종합지원센터의 대중매체인 '나눔방송'과 SNS를 통해 한국인, 주로 광주시민을 대상으로 수술비 모금 운동을 자주 하는 편이다. 물론 이러한 모금 운동에 광주에 거주하는 고려인들도 소액이나마 참여하고 있다. 고려인종합지원

센터와 광주의 고려인공동체가 돌봄 실천에 개입되었으면 중범위적 수준의 요인들도 고려되어야 한다.

50 관광비자로 우즈베키스탄을 방문하는 외국인은 도착 후 3일 이내에 외국인 등록을 해야 하며 호텔에서만 투숙해야만 한다. 민간인 집에서 기거하기 위해서는 비즈니스 비자 등 다른 비자가 있어야 하는데, 이런 비자 발급에는 많은 서류가 필요하여 번거롭다. 우즈베키스탄은 출국비자를 통해 내국인의 출입국을 통제할 뿐만 아니라 입국하는 외국인의 동선도 통제하는 편이다.

51 타슈켄트에서 만난 한세르게이 어머니(64)는 본인의 삼성 스마트폰으로 한국의 아들이 보낸 손주의 유치원 생활에 관한 사진을 필자에게 보여주면서 아들과 딸이 자주 전화를 하고 손주들 사진도 보내준다고 말했다. 한국에 가서 살고 싶기도 한데 비자 문제가 있어서 안타깝다고 말한 바 있다.

52 2015년 9월에 '고려인종합지원센터' 새 건물은 광주광역시 기업인, 시민, 지자체 등의 후원금 약 2억5천만 원으로 개원하였다. 고려인 중도 입국 자녀의 수가 급증하여 위탁 교육기관인 '새날학교'뿐만 아니라 광산구 내 초등학교가 이들 자녀를 수용하고 있다. 아직은 구체적인 지원은 눈에 띄지 않지만 2013년에 전국 최초로 '광주광역시 고려인주민지원조례'가 제정되어 지자체의 재원이 고려인을 위해 공식적으로 지원될 수 있는 법적 기반이 갖추어져 있다.

53 민간 차원의 지원과 지자체 차원의 지원 결합의 산물로 '광주광역시 고려인주민 지원조례'가 2013년에 국내 최초로 제정되었으며, 경기도 안산과 광주광역시에서 활동하고 있는 고려인 지원단체들은 '재외동포의 국내 체류 지원'을 위한 정책토론회에서 '고려인동포특별법'의 조속한 통과와 이를 통한 고려인의 사회보장 영역의 확대를 지속해서 주장하고 있다.

54 광주광역시에 있는 김발레르(남, 52)는 재외동포비자(F-4)를 취득한 후 우즈베키스탄의 네 명의 자녀들을 한국으로 불러 가족 재결합을 했다. 현행법상 만 19세가 된 고려인 동포는 본국으로 귀국해 만 25세가 되던 해에 방문취업비자(H-2) 또는 F-4비자를 취득하여 한국에 입국할 수 있다. 김발레르씨의 아들 김블라직은 만 19세가 되자 모든 가족이 한국에 살고 있음에도 불구하고 혼자서 우즈베키스탄으로 돌아가야 함으로써 가족 모두 이별의 아픔을 다시 경험해야 했다(이천영 2014: 28).

5장 고려인 노년 세대의 '조부모 노릇'

55 국내 고려인 가운데 10대 말-20대 초에 결혼하는 사람들이 적지 않기 때문에, 50대 후반이면 조부모 세대가 되는 사례가 드물지 않았다. 본 연구대상 가운데 50대 후반에 해당하는 3가구의 조부모는 방문취업비자인 H-2 비자

로 입국하여 공장을 다니거나 시간제로 일하기 때문에 경제적 주체로 간주할 수 있지만, 이들 역시 광주에 거주하는 성인 자녀와 손자녀에게 다양한 도움을 주는 조부모 세대에 해당한다.

56 최표트르 부부는 2016년 초에 광주 고려인 마을의 자녀들과 재결합 하여 현재 막내아들과 함께 거주하고 있다.

57 우즈베크 고려인이 매월 받는 연금 규모는 젊은 시절 일했던 기간과 내용에 따라 차이가 있지만 적게는 미화 50불에서 많게는 미화 200불 정도의 규모이기 때문에 치솟는 물가 등을 고려할 때 연금만으로는 최저생활을 면하기 힘든 실정이다.

58 우즈베키스탄에서 한국으로 입국 시에 조부모들은 한국의 성인 자녀와 손자녀에게 줄 우즈베키스탄 소시지 등의 육류 가공품, 견과류, 건과일 등을 가져오다가 세관에서 검사를 받고 금지 품목은 압수당하지만 대부분 아무런 문제없이 이들을 국내로 반입하고 있다.

59 고려인종합지원센터에서 운영하는 '새날어린이집'은 한국 어린이집보다 원비가 저렴하고 이른 아침부터 늦은 시간까지 아이를 맡고 있다는 장점이 있다. 이 때문에 2016년 현재 약 30명의 고려인 아동이 새날어린이집에 다니고 있다. 그러나 최근 자녀를 한국유치원에 보내는 고려인 부모가 크게 늘었다. 이들 부모는 러시아어만 사용하고 나이별 반 편성이 되어 있지 않으며 보육 자격증이 없는 교사가 가르치며 야외활동 등 체험 활동을 하지 않는 점을 고려인보육원인 새날어린이집의 단점으로 생각하고 있다. 고려인 자녀의 부모들은 한국에서 초등학교에 다니고 향후 한국에서 생활해야 할 자녀를 위해서는 한국어를 자연스럽게 배울 수 있는 한국유치원에 보내는 것이 더 유리하다고 주장한다.

60 인터뷰 당시에도 김크세니야(여, 65)는 필자에게 가정통신문의 해석을 요청하였다. 2016년 추석 행사를 앞두고 월요일 유치원 등교 시에 한복과 송편 만들 때 필요한 앞치마 및 머리 두건을 아동 편에 보내주라는 요청이 통신문 안에 포함되어 필자가 이를 설명해 주었다.

61 이들 부부 모두 50대 말의 연령대에 있으며 부부가 경제활동을 하고 있다, 2명의 '젊은' 할머니는 시간제로 공장에 다니고 1명은 고려인 식당을 경영하고 있다. 이들은 손자녀 돌봄과 가사를 남편과 며느리가 분담하고 있는데, 남편이 가사 분담하고 있는 한 사례는 3년 전 남편이 공장에서 산업재해를 당해 시간제로 아르바이트를 하고 있으며 그의 부인은 제조업 공장에서 전일제로 일하고 있다. 며느리가 가사와 육아를 분담하는 사례는 '젊은' 시어머니가 시간제로 일하고 며느리들이 전일제로 일하거나 전업주부(시어머니가 고려인 식당을 운영함)인 경우다.

62 고려인 아동이 러시아어를 쓰고 읽는 데에 어려움을 생각해 주로 초중등 학생들의 방과 후 학교에 해당하는 '고려인아동지원센터'에서 주간 학습 교육 프로그램에 러시아어 알파벳부터 쓰기 학습을 포함해 카자흐스탄과 우크라이나 출신 교사들이 러시아어를 교육하고 있다. 어린 고려인 아동뿐만 아니라 초등학교 고학년 고려인 아동이 러시아어 쓰기부터 공부하는 예도 적지 않다.

63 한국 초등학교에 재학 중인 한국어 구사 능력이 좋은 고려인 아동들은 등하굣길이나 학교에서 고려인 아동을 만나더라도 러시아어를 의도적으로 사용하지 않으려 한다. 이는 외모와 한국어 구사 능력으로 보아 한국인일 것으로 생각하던 일반 한국 학생들이 고려인 아동끼리 만나 러시아어를 구사하는 순간 '이방인' 취급을 하기 때문이다.

64 광주의 고려인 마을에서 고려인 식당 영업으로 성공하여 점포의 수를 점차 늘려가고 있는 김빅토르(56) 부부의 경우는 우즈베키스탄으로부터 많은 친인척을 초대하여 자신의 식당 일에 취업시킴으로써 폭넓은 친인척 네트워크를 광주 광산구 월곡동 일대에 구축하고 있다. 그는 2016년 현재 광주에만 자신과 부인의 친인척을 합쳐 50명 이상이 된다고 주장한다.

65 고려인 마을에서 방이 3개 있는 개인 주택과 오래된 아파트에 거주하는 소수의 고려인이 있는데, 이들은 주거비용으로 대략 월 45~55만 원 정도를 지출하고 있다. 월곡동 지역의 개인 주택 방 1~2칸의 월세는 대략 25~30만 수준이다.

66 국내 고려인 할머니들이 한국 생활 가운데 한국어 구사 능력의 부족으로 한국인과 의사소통이 되지 않는 등 일상에서 겪는 어려움은 다양하다. 특히 한국유치원에 다니는 손자녀를 돌보는 할머니들이 공통으로 경험한 어려움의 하나는 유치원에서 매주 한 번씩 보내는 '가정통신문' 해독이 안 돼 준비물을 제대로 준비시키지 못하는 것이다.

67 최나탈리야는 2013년에 광산구에 정착하였지만, 현재까지 본인 혼자 다닐 수 있는 지역은 고려인종합지원센터, 월곡 시장, 홈플러스 광산점, 산정공원 등 월곡동과 산정동 일대에 제한되어 있다.

68 고려인 노년 세대 가운데 장기간이 요구되는 골·근육계 치료는 2~3개월 체류하는 노년 세대의 본국 방문 시에 이루어지는 경우가 많았다. 이는 언어와 경비 요인 때문이기도 하지만, 한국 생활에서 일상적으로 손자녀 돌봄과 가사 전담을 하면서 만성질환 치료를 받기는 실제 어려움이 따르고 성인 자녀의 '눈치'가 보인다고 말하는 할머니들이 있다.

69 물론 모든 고려인 노년 세대가 이런 경험을 무시당한 것으로나 또는 이와 유사한 상황으로 경험한 것은 아니다. 한국에 도착한 이후 본격적으로 한국어

공부를 시작한 장류다(69) 할머니는 집 근처 공원에서 알게 된 한국 할머니가 자신의 어눌한 말을 이해하려 노력하고, 자신의 모르는 것을 차분히 가르쳐준다며 한국 노인을 매우 친절한 사람들로 인식하고 있다. 장류다는 한국말을 잘하게 되면 한국문화도 배우고 싶다며 한국어 공부를 위해 요즘 '닥터스'라는 드라마를 즐겨본다고 말한다.

70 한국에 있는 성인 자녀도 노부모의 한국 체류를 선호한다. 이는 노부모의 가사와 육아의 돌봄이라는 이유 외에 자신들이 가까이에서 노부모를 돌볼 수 있다는 점 때문이다. 성인 자녀는 노부모가 우즈베키스탄에 있을 때 송금과 통신을 이용한 정서적 지지를 하는 등 '초국적 돌봄'을 제공해야 하지만, 한국에서 함께 노부모가 사는 경우 성인 자녀로서는 노부모의 건강과 안녕을 직접 확인할 수 있다는 장점이 있다.

6장 고려인 아동의 한국 이주와 정착 및 정체성

71 연구 기간 당시에 초·중학생들이 '고려인아동지원센터'에 프로그램에 참여했지만, '바람개비 꿈나무 아동지원센터'가 개원해 안정적으로 운영되기 시작한 2017년 중반 무렵부터 초등학생들은 바람개비아동센터로 그리고 중고등학생들은 '고려인청소년문화센터'라는 이름으로 개명된 기존 고려인아동지원센터로 각각 분리하여 참여하기 시작했다.

72 월곡동과 거리상 가까운 D와 HJ초등학교 외에도 W초등학교 17명과 Y초등학교 7명, 새날초등학교 3명을 제외한 나머지 초등학교에는 1~2명의 고려인 아동이 재학 중이다. 2017년 말 현재 공립 중학교를 마친 학생들은 일반 고등학교에 학력 저하와 한국어 구사력의 약화 등을 고려하여 새날고등학교로 진학하고 있는 형편이다. 일부 고려인 학생과 학부모가 대학진학을 위해 일반 고등학교 진학을 희망하지만, 학력 저하로 당사자들이 이를 포기하는 것이 현실이다.

73 Hladnik(2010 : 22)는 일반적인 두 가지 형태 외에도 해외에서 태어난 자녀를 형편상 본국의 가족에게 보내는 형태와 부모는 본국에 머물고 해외로 노동을 위해 아동을 보내는 아동 노동 이주도 언급하고 있다.

74 부모가 한국으로 이주할 당시 어린 시절에는 부모를 이해하지 못했던 아동들은 한국에서 살면서 부모가 돈을 벌기 위해 한국에 왔다는 것을 실감하게 된다. 필자와의 인터뷰에서 아동들은 부모가 자신의 나라에 일이 없어서 한국에 일하러 왔음을 또렷하게 이야기한다. 이들은 한국에서 부모와 함께 살면서 "일자리가 없어서 한국에 왔고 너희들의 장래를 생각해서 한국에 왔으니 공부를 더 열심히 해야 한다."라는 부모의 이야기를 반복적으로 듣게 되면서 부모의 이주 이유를 알게 되었다고 한다. 실제 발료자(남, 13)와 미하일(남,

13)은 "우즈베키스탄에는 일자리가 없어서 엄마 아빠가 한국에 와서 일하고 있다."라며 엄마와 아빠가 낮에 일을 너무 많이 하여 밤이면 피곤해하는 것을 자주 본다고 말한다.

75 6장의 고려인 아동에 관한 연구가 끝난 후인 2019년 7월 2일에 재외동포법 시행령 개정이 이루어져 외국국적동포 1세대의 후손을 몇 세대까지 외국국적동포로 인정해줄 것인지에 관해서는, 개정 전에는 외국국적동포 3세대까지만 외국국적동포로 인정해주었다. 그러나 이번 개정을 통해, 외국국적동포 1세대의 후손이라면 세대의 제한이 없이, 모든 후손이 외국국적동포로 인정될 수 있게 되었고, 재외동포(F-4) 체류자격을 허가받을 수 있게 되었다. 이 연구의 고려인 아동 대부분은 고려인 4~5세대에 해당하는데 이제는 세대와 관계없이 재외동포로 인정받게 되었다.

76 한국 생활이 상대적으로 오래된 주로 여학생들은 러시아 음악 외에도 한국의 아이돌 그룹의 노래도 좋아하기 때문에 핸드폰에 일부 한국 노래 예컨대 방탄소년단 등의 노래를 내려받아 듣는다.

77 2018년 3월에 고려인 중학교 졸업생 가운데 유일하게 J고등학교에 입학한 막심(남, 16)은 한국어와 학력이 너무 낮아 결국 새날학교 고등학생 반으로 전학하였다. 이러한 현실을 목격한 고려인 중학교 졸업생들 모두 일반 고등학교 진학을 포기하고 새날고등학교 진학을 희망하고 있다.

78 2017년 한 해 동안 강제 이주 80주년 행사들을 위해 카자흐스탄 어머니 중창단 등 중앙아시아 국가들에서 정치인, 미술가와 합창단원들이 고려인 마을을 방문하였다. 한국을 방문한 우즈베키스탄 노동부 장관의 방문이 있었고, 특히 고려인 출신 우즈베키스탄 교육부장관이 고려인 마을을 공식 방문하였을 때는 광주 고려인 공동체의 열렬한 환영 행사가 있었다. 이들 행사에 고려인 아동들의 우즈베키스탄 춤은 '단골' 공연으로 자리 잡았다.

79 발표자는 2017년 여름방학이 시작되기 이전인 7월 9일에 우즈베키스탄 타슈켄트에 형과 엄마와 함께 떠났다. 7월 24일 방학 시작 전이지만 만 16살이 되어 형이 자신의 개별 여권을 받기 위한 본국 여정에 함께 떠나 9월 초에 한국으로 돌아왔다. 이번 여행에서 발표자는 타슈켄트의 친할머니 집(본인이 함께 살던 집)에 머물면서 형의 여권 업무가 종료되고 엄마와 함께 러시아에 있는 외할머니를 보기 위해 다녀왔다. 방학 전 2주 동안 수업결손이 발생하더라도 이에 개의치 않으며 많은 수의 고려인 학생이 재학하고 있는 광산구 D초등학교 교감은 이런 사례는 고려인 학생들에게 비일비재하다고 한다.

80 오레가는 이런 자신의 주장을 계속 이어갔다. 우즈베키스탄에서 러시아 출신의 아빠를 만나 러시아에서 결혼 생활한 엄마는 반은 우즈베키스탄 사람이고

반은 러시아 사람이고, 우즈베키스탄에서 살다 한국으로 온 할아버지 할머니는 반은 우즈베키스탄 사람이고 반은 한국 사람이라는 자신만의 논리를 주장하였다.

81 오레가의 조부모처럼 광주에 거주하는 조부모 세대들은 손자녀에게 러시아어 읽고 쓰기를 가르치는 사례가 적지 않다. 특히 한국유치원에 다닌 후 한국 초등학교에 바로 입학한 고려인 아동일수록 러시아어를 읽고 쓰는 데 어려움이 많다.

82 방문취업비자 H-2는 최대 5년 동안 한국에 체류할 수 있지만, F-4 재외동포비자를 취득하면 국내에서 3년마다 연장을 할 수 있어서 체류자격에서 더 안정적일 수 있기 때문으로 해석된다. '재외동포법'은 고려인 3세까지만 동포로 인정하고 있으므로 이 연구의 대부분의 고려인 아동들이 속하는 고려인 4세들은 만 19세가 되면 재외동포비자를 발급받지 못해 본국으로 돌아가야 하는데 이럴 때 한국 가족들과 '생이별'하는 일이 벌어질 수 있다.

83 러시아인 엄마와 고려인 아빠를 두고 있는 비카의 엄마(42)는 2009년에 남편(42)과 함께 광주로 온 상당히 빠른 때 광주에 정착한 이주자이다. 그녀는 한국으로 이주를 빨리 와서 딸을 빨리 한국에 데려오게 되었는데 당시에는 딸이 고려인 친구가 없어서 외로워했는데 그만큼 한국 아이들과 만나 한국어를 말할 기회를 가질 수 있어 지금처럼 딸이 한국어를 잘하게 되었다고 매우 만족해한다.

7장 고려인 초국적 가족의 일생 의례, '돌잔치' 중심으로

84 연구대상자의 사생활 보호를 위해 이 연구에서 언급되는 모든 고려인의 이름은 가명으로 처리되었으며, 돌 의례 주인공인 김올가도 가명임을 밝힌다.

85 '고려인 마을' 역사박물관장 김병학이 카자흐스탄에서 수집한 2000년대 이후의 카자흐스탄 고려인 돌 의례 DVD 5편의 분석을 통해 카자흐스탄과 우즈베키스탄 고려인의 돌 의례 내용을 비교할 수 있었다.

86 우즈베키스탄에서 수행되는 돌 의례 절차와 내용은 2015년과 2018년의 우즈베키스탄 현지에서의 필자의 참여관찰, 광주광역시 고려인 이주민이 소장한 돌 의례 영상물, 김엘레나(2014)의 우즈베키스탄 고려인 통과의례 연구, 김병학(2013)의 카자흐스탄 고려인 일생 의례 관련 연구, 강정원 외(2017, 2018)의 단행본 등 기존 연구를 참고하여 정리되었다.

87 최근 2018년 참여관찰 시에는 우즈베키스탄 화폐인 숨(Sum)도 고액권(5만 숨)이 나와 여러 장의 5만 숨을 쏟아붓는 광경도 목격되었다. 2015년에 참여관찰 당시에는 고액권이 없어 미화 50불 또는 100불 지폐만 쏟아졌다.

88 쿠일룩 시장은 고려인의 숨결이 밴 곳이라 알려졌다. 시장 주변에 고려인 집단 거주 마을들이 인접해 있어 고려인들이 농장에서 생산된 농·축산물을 내다 팔기 편리했다. 쿠일룩 시장에서 머지않은 지역에 노력 영웅으로 칭송받았던 고려인 '김병화농장', '황만금농장', '뽈리타젤집단농장' 등이 있어 쿠일룩 시장은 고려인과 실제로나 상징적으로 매우 밀접한 관계에 있다.

89 돌을 포함한 고려인의 결혼과 환갑 의례에서 부모와 지인들이 빠짐없이 무대로 나와 주인공에게 덕담을 나누는 순서가 있다. 이런 방식의 덕담과 당부 이야기를 하는 방식은 캅카스지역 그루지야에서 생겨나 소비에트 시대를 거치면서 소비에트연방에 정착되었다. 이 방식이 구소련 모든 공민의 사교 문화에 스며 들어갔는데, 고려인의 일생 의례 잔치에도 들어와 자리를 잡은 지 오래되었다고 한다. 김병학, 「영상물에 나타난 카자흐스탄 고려인의 통과의례: 돌잔치, 혼인 잔치, 환갑잔치를 중심으로」, 『인천문화연구』 10, 163쪽.

90 구소련권 고려인 사회에서 '가주리' 또는 '까주리' 등으로 지칭되는 음식은 흔히 한과 중에 산자와 비슷한 의례 음식으로 국내에서는 '과줄'이라고 부른다. 밀가루 또는 찹쌀가루 반죽을 얇게 밀어 썬 후에 식용유에 튀겨 꿀, 엿, 조청 등을 바르고 쌀 튀밥 가루를 묻혀 먹는 것이다. 돌, 결혼, 환갑 의례 등에 필수로 등장하는 의례 음식의 하나에 해당한다.

91 필자는 광주광역시 고려인의 돌 의례를 4건 참여관찰 하였다. 이 연구에서 김올가의 돌 의례만을 다루는 것은 다른 의례를 주관하는 고려인 가족들보다 김올가 가족과의 친밀도가 높아 현지 조사 과정에서 더 풍부한 자료를 수집할 수 있었기 때문이다.

92 우즈베키스탄에서도 기쁜 일, 예컨대 돌과 결혼 및 환갑에는 장수하라는 의미로 국시나 당면처럼 면발이 긴 음식을 내놓고 상례와 제례 때는 이들 음식을 준비하지 않는다.

93 최근 한국 내 고려인 집거지에 일생 의례 잔치 전문 진행자로 활동하는 고려인의 수가 늘고 있다고 한다. 이들 대부분이 중앙아시아 현지에서도 전문 사회자로 활동했던 사람들이며 이 때문에 이들이 국내 잔치에서 사용하는 노래와 음악도 중앙아시아에서의 것들과 거의 같다.

94 돌, 결혼, 환갑의 '큰상 받기'에는 주인공이 앉은 좌석 양 측면에 가족이나 친구들이 함께 앉을 좌석들이 배치된다. 돌은 양측에 아이 부모가, 결혼은 신부 신랑 양편에 친구들이, 그리고 환갑은 주인공 나이와 비슷한 또래의 친족과 친구들이 앉는 구조를 띤다.

95 필자는 광주광역시 고려인 사회에서 2016년 이후 환갑 의례 2회, 결혼 의례 1회, 돌 의례를 4회를 참관할 수 있었다. 우즈베키스탄 현지에서 결혼 의례를 제외한 환갑과 돌 의례를 각각 2회 참여관찰 한 바를 토대로 볼 때 의례 내용

과 절차에 생략 등 다소 차이는 있지만, 기본적 구조는 우즈베키스탄 현지와 광주광역시에서 수행되는 것과 큰 차이가 없다는 것이 필자의 생각이다.

96 김올가 돌 의례에 참석한 경남 창원에서 온 D와 경기도 안산에서 온 M3는 우즈베키스탄의 타슈켄트에서 치러진 C의 언니 C1과 오빠 C2의 돌 의례에도 참석한 바 있으며, 당시 C1과 C2의 돌 의례에는 러시아와 우크라이나의 일부 친척도 참석했다.

97 우즈베키스탄 고려인의 러시아로의 국제 이주의 배경에는 어려운 경제적 상황 외에도, 우즈베크 민족 중심적인 행정·정치·경제 정책 시행과 우즈베크어를 공식 언어로 삼으로써 고려인과 같은 소수민족의 위축감이 고조되는 것도 이주의 배경으로 작용하였다.

98 사실 대부분 러시아에서 일하던 J의 동생들이 한국행을 결정할 당시 러시아의 경제 상황은 자원 의존적인 경제구조 특성상 서방의 제재와 국제 저유가에 취약해 경제난을 심하게 겪고 있었다.

99 고려인 사회에는 일반적으로 손자들, 특히 맏손자의 돌 의례가 거의 전적으로 조부모의 경제적 후원으로 수행된다고 알려져 있다. 필자는 2014년 이래 현재까지 광주광역시와 우즈베키스탄 타슈켄트에서 만난 적지 않은 고려인과의 인터뷰를 통해, 고려인 노년층뿐만 아니라 젊은 세대 고려인이 매우 빠른 나이에 결혼하고 있음을 알게 됐다. 대체로 여성은 20세 전후로 그리고 남성은 25세 이전에 초혼하는 사례가 많았으며, 17~19세에 결혼한 여성과 20세 전후에 결혼한 남성도 적지 않았다. 초혼 나이가 이처럼 빠른 점을 고려하면, 초혼 부부 자녀, 특히 첫 번째 자녀의 돌 의례 당시 아이 부모의 경제력이 거의 없는 경우가 적지 않으리라 짐작이 된다. 손자녀의 돌 의례에 대해 조부모 세대의 전폭적인 경제적 지원은 이런 상황에서 전개되는 것이 아닌지 생각된다.

100 실제로 2019년 1월에 재외동포법이 재외동포의 범위를 4세대 이후까지도 포함하게 개정될 예정임이 발표되어 2019년 9월부터 시행되어, 대부분 4세대 이후에 해당하는 고려인 아동과 청소년들이 19세가 되어도 우즈베키스탄으로 돌아가지 않고 가족과 함께 국내 정주할 수 있게 되었다.

101 필자의 김올가의 돌 의례와 관련해 M의 집을 여러 번 방문해 가족들에 대한 참여관찰과 인터뷰 과정에서, M은 한국에 가져온 여러 뭉치의 흑백사진을 필자와 가족에게 보여주며 소비에트 시절의 가족사에 얽힌 다양한 이야기를 해주었다. 손자녀인 C1과 C2는 할머니의 이런 광경이 낯설지 않다고 했다.